Toni Keppeler, Laura Nadolski, Cecibel Romero

Kaffee

Toni Keppeler
Laura Nadolski
Cecibel Romero

Kaffee

Eine Geschichte von Genuss und Gewalt

Farbfotografien von Toni Keppeler

Rotpunktverlag

Der Rotpunktverlag wird vom Bundesamt für Kultur mit einem Strukturbeitrag für die Jahre 2021 bis 2024 unterstützt.

www.rotpunktverlag.ch

Grundlage aller Grafiken und Grafiken S. 32 und 151: Laura Nadolski
Gestaltung der Grafiken, Karten, Umschlag und Satz: Trix Krebs
Fotografien: Toni Keppeler
Autorenfoto Toni Keppeler: Yvonne Berardi
Lektorat: Christiane Schmidt
Korrektorat: Jürg Fischer
Bildbearbeitung: typopoint GbR, Ostfildern
Druck und Bindung: Print Best, Estland

ISBN 978-3-03973-003-2
2. Auflage 2023

Dieser Titel ist auch als E-Book erhältlich.

Inhalt

Ach, wenn es doch Kaffee regnen würde!

Juan Luis Guerra

Einführung

Kaffee ist eine psychoaktive Droge. Das in seinen Bohnen enthaltene Koffein ist ein Alkaloid, so wie das Kokain im Kokablatt oder das Nikotin im Tabak. Es kann genauso süchtig machen. Regelmäßige Kaffeetrinker stehen ständig unter Drogen, denn Koffein wirkt länger, als man gemeinhin denkt. Seine Halbwertszeit liegt bei vier bis fünf, bei manchen Menschen sogar bei acht Stunden. Das bedeutet, dass von der Menge, die wir mit einem Kaffee am Abend zu uns genommen haben, mindestens die Hälfte um Mitternacht noch immer im Körper vorhanden ist und im Gehirn wirkt. Koffein muntert auf, macht wach und agil und verbessert die Konzentrations- und Leistungsfähigkeit – die ideale Droge für eine moderne Industriegesellschaft. Das unterscheidet Koffein von den meisten anderen Drogen. Opium etwa entspannt und macht schläfrig, Mescalin – auch das ein Alkaloid – ist halluzinogen. Für rational durchorganisierte Leistungsgesellschaften taugen solche Drogen ganz und gar nicht. Kaffee aber hatte von Anfang an ein fast symbiotisches Verhältnis mit dem Kapitalismus.

Kaffee verbreitete sich zu der Zeit in Europa, zu der auch das elektrische Licht und die Fabrik erfunden wurden. Der Aufbau einer Fabrik samt ihren Maschinen war eine große Investition. Sollte sie möglichst schnell rentabel sein, musste möglichst lange darin gearbeitet werden. Künstliches Licht machte die Nachtschichten erst möglich. Kaffee verhinderte, dass die Arbeiter bei den meist monotonen Handgriffen, die sie zu verrichten hatten, einschliefen. Wie wichtig er für die Arbeit an diesen Orten war, zeigt der Vergleich mit der vor seiner Verbreitung üblichen Diät. Mittel- und Nordeuropäer deckten da ihren Flüssigkeitsbedarf am Morgen meist mit einer Biersuppe. Und weil das Wasser verschmutzt war und krank machte, tranken sie, wenn sie Durst hatten, lieber Bier oder je nach Region auch Wein. Nach heutigen Maßstäben waren die Menschen damals den ganzen Tag über angetrunken. Für Fabriken waren sie so nicht sehr funktional. Sie wurden es erst durch den Kaffee. Insofern ist das schwarze Getränk die Droge der Industrialisierung.

Die Mithilfe bei der Zurichtung des Menschen auf monotone Fabrikarbeit ist nur eine der vielen dunklen Seiten des Kaffees. Es gibt auch helle. So war das Getränk für die Aufklärung wichtig. Zuvor gingen die Männer in eher dunkle Spelunken, tranken Bier oder Wein, und wenn sie zu viel davon hatten, schlugen sie sich und schliefen danach ein. In der Zeit der Aufklärung aber verbreiteten sich die Kaffeehäuser als Treffpunkte. Dort war man – eben wegen des neuen Modegetränks – hellwach und konzentriert und diskutierte sich die Köpfe heiß. Man versuchte, alles zu begreifen. Das Obskure, das Mythische, das Vage wurden blass und blässer. Damit verloren die Kirchen an Einfluss und mit ihnen die Feudalherren ihre göttliche Legitimation. Maximilien de Robespierre, Jean-Paul Marat und Georges Danton trafen sich in Kaffeehäusern mit ihren Mitstreitern und debattierten über die Grundlagen der Französischen Revolution.

Kaffee hat also auch eine Rolle bei der Geburt der europäischen liberalen Demokratie gespielt. Aber eben genauso bei der Verbreitung des Wirtschaftsliberalismus, der rationalen Produktion und der Ausbeutung von Menschen, die auch Sklaverei einschließt. Dieselben Franzosen, die Ende des 18. Jahrhunderts für die Freiheit, Gleichheit und Brüderlichkeit auf die Straße gingen, hielten gleichzeitig in ihrer Kolonie Saint-Domingue, dem heutigen Haiti, am wahrscheinlich brutalsten Sklavereiregime fest, das es jemals gegeben hat. Saint-Domingue war damals der weltweit größte Kaffeeproduzent.

Kaffee brachte oft den Tod. Schon im US-amerikanischen Bürgerkrieg 1861 bis 1865 verabreichten Generäle ihren Soldaten Kaffee, um sie genau dann in entscheidende Schlachten zu führen, wenn die Koffeinkonzentration in ihrem Blut am höchsten war. In Lateinamerika wurden Indígenas gewaltsam vertrieben, damit auf ihren Ländereien Plantagen angelegt werden konnten. In El Salvador kam es wegen des Kaffees 1932 sogar zu einem Völkermord. In Brasilien wurden für Plantagen große Teile eines Regenwaldgebiets abgeholzt, das fast so groß war wie der Amazonasurwald. Das hat Auswirkungen bis heute. Zum einen fehlt der Welt ein riesiger Speicher für Treibhausgase, zum anderen reagiert die aus dem Gleichgewicht gebrachte Natur mit Überschwemmungen und Erdrutschen. Mit dem Klimawandel werden die Naturkatastrophen dramatischer werden. Die Zukunft des Kaffees sieht mit steigenden Temperaturen und unberechenbareren Niederschlägen immer schwärzer aus. Pilze und Insekten, die die Pflanze bedrohen und schon heute nur mit Mühe unter Kontrolle gehalten werden, können in hochgezüchteten monokulturellen Plantagen ungehindert wüten. Kaffee könnte zu einem knappen Gut werden.

Dieses Buch will die Geschichten des Kaffees erzählen. Der erste Teil schafft dabei die Grundlagen: Was ist eigentlich Kaffee, wie kann er angebaut, wie aufbereitet, geröstet und schließlich getrunken werden. Dabei werden nicht nur verschiedene Methoden vorgestellt, sondern auch ihre Auswirkungen auf den Menschen, die Umwelt und das Klima diskutiert. Der zweite Teil erzählt dann die Geschichte des Kaffees. Sie beginnt in den Wäldern im Hochland von Äthiopien und führt von dort zu den Sufis Arabiens, die das schwarze Getränk als wachmachende Droge in ihren nächtlichen Zeremonien verwendeten. Im Jemen nahmen die Europäer zum ersten Mal die Bohnen wahr und machten sie zu einer Kolonialware, zunächst in Asien, dann in Lateinamerika und der Karibik, mit allen grausamen Begleiterscheinungen des Kolonialismus. Kaffee hat ganze Regionen für die Kolonialmächte sehr wertvoll gemacht. Er hat aber auch ganze Regionen wirtschaftlich und ökologisch zugrunde gerichtet und tut es noch heute. Er ist ein globalisiertes Agrarprodukt und für das Oligopol weniger Großhändler und Großröster ein extrem lukratives Geschäft. Die sozialen Bedingungen der rund 250 Millionen Menschen, die weltweit vom Kaffeeanbau leben, haben sich jedoch seit der Kolonialzeit kaum verändert. Und doch ist die Lage nicht nur düster. Es ist durchaus möglich, Kaffee so anzubauen, aufzubereiten und zu handeln, dass Umwelt und Klima geschont werden und die Menschen, die ihn produzieren, ein würdiges Auskommen haben. Solchem Kaffee wünschen wir einen wachsenden Markt.

Wir, das ist Latinomedia, ein kleines dreiköpfiges Journalismusteam, das seit seiner Gründung 2010 hauptsächlich über Lateinamerika berichtet und Büros in Tübingen und San Salvador unterhält. Cecibel Romero ist von uns dreien dem Kaffee am nächsten. Sie ist nicht nur Journalistin, sondern auch ausgebildete Kaffeeverkosterin, und sie hat zwölf Jahre lang in der Nähe von Juayúa in El Salvador auf einer kleinen Plantage umweltschonend und sozialverträglich Kaffee angebaut. Wegen zunehmender Ernteverluste durch den Klimawandel und wegen der hohen Kriminalität in der Gegend hat sie das Stück Land nach der Ernte 2021/2022 verkauft. Laura Nadolski ist Klima- und Umweltwissenschaftlerin. Als solche brachte sie einen Aspekt in dieses Buch, der für ihre beiden Mitautoren neu war und den wir so oder ähnlich in keinem der vielen Kaffeebücher, die in unseren Regalen stehen, gefunden haben. Toni Keppeler arbeitet seit vier Jahrzehnten über die politische und soziale Geschichte Lateinamerikas und der Karibik. Er hat sich schon mit anderen Pflanzen beschäftigt, die die Wirtschaft dieser Weltgegend prägen, mit Bananen etwa oder mit Koka, aber mit keiner so ausführlich wie mit Kaffee.

Wir haben bei den Recherchen unseren Schwerpunkt beispielhaft auf die lateinamerikanischen Anbaugebiete gelegt. Auf den dortigen Plantagen wachsen über sechzig Prozent des weltweit geernteten Kaffees, bei Arabicas sind es sogar über achtzig Prozent. Ökologische und soziale Sünden, die dort begangen wurden und noch immer werden, kamen und kommen so oder ähnlich auch in den Anbauregionen Afrikas und Asiens vor. Wir haben Dutzende Bücher und noch mehr wissenschaftliche Studien durchgearbeitet. Sie können dem Literaturverzeichnis entnommen werden. Wir haben viele Plantagen besucht, haben mit Kaffeebauern, professionellen Verkostern, Verbandsfunktionären und Historikern gesprochen. Und wir haben über hundert verschiedene Kaffees probiert. Wir hatten dabei Raritäten in der Tasse, die so teuer sind, dass man sie sich nur einmal im Leben leisten kann, aber auch lieblos aufbereitete Massenware, die so schlecht war, dass man sie nur einmal im Leben trinken will. Am Ende war unser Lieblingskaffee derjenige, der es schon am Anfang war: Café Cereza, der Kaffee, den Cecibel Romero angebaut, aufbereitet und geröstet hat. Das hat natürlich mit seiner Qualität zu tun – aber auch mit Gefühlen: Die letzte Ernte geht langsam zur Neige.

Beim Verfassen dieses Buchs haben sich Toni Keppeler, Laura Nadolski und Cecibel Romero aus Gründen der besseren Lesbarkeit für das generische Maskulinum entschieden. Wo immer es zur Verwendung kommt, sind damit weibliche, männliche, wie andere Geschlechtsidentitäten gemeint.

1

Die Bohne und ihre Verarbeitung

Wie der Kaffee von der Plantage bis in die Tasse kommt und wie dabei die Umwelt verschandelt wird

Mehr als eine Milliarde Menschen trinkt täglich Kaffee, aber nur eine kleine Minderheit davon hat jemals im Leben die Pflanze gesehen, von der er stammt. Kaum jemand weiß, dass Kaffee im Grund eine Steinfrucht ist wie die Kirsche. Man nennt sie auch so: die Kaffeekirsche. Sie ist, wenn sie reif ist, genauso rot wie eine Sauerkirsche, und es gibt auch wie bei den Kirschen gelbe und eher orange Varianten. Aber sie ist kleiner, der Stiel ist viel kürzer, und sie hat nicht nur einen Stein, sondern zwei. Die nennt man Bohnen, und sie sind der Grund, warum diese Pflanze weltweit von rund fünfzig Millionen Kaffeebauern angebaut wird. Nimmt man ihre Familien dazu, kommt man auf gut 250 Millionen Menschen, die direkt vom Anbau dieser Pflanze leben. Nach einer Schätzung der Weltbank kommen noch einmal 250 Millionen dazu, die indirekt, also in Aufbereitung, Handel und Vermarktung, ihr Geld mit Kaffee verdienen. Insgesamt also rund eine halbe Milliarde Menschen.

Der schwedische Naturforscher Carl von Linné hat diese Pflanze 1753 beschrieben und klassifiziert, aber er kannte nur eine Art, die er *Coffea arabica* nannte, weil er glaubte, sie stamme aus Arabien; tatsächlich liegt ihr Ursprung im heutigen Südsudan und im Hochland von Äthiopien. Inzwischen sind über fünfhundert Kaffeearten bekannt, die insgesamt in mehr als sechstausend Sorten vorkommen. Angebaut aber werden nur vier dieser Arten: vor allem *Coffea arabica* oder kurz »Arabica«, von der rund sechzig Prozent der weltweiten Produktion stammen, und *Coffea canephora,* die man wegen ihrer Widerstandsfähigkeit gegenüber hohen Temperaturen und dem Befall mit Insekten oder Pilzen gemeinhin »Robusta« nennt. Diese Art liefert rund vierzig Prozent der weltweiten Produktion. Die anderen beiden, *Coffea liberica* (kurz »Liberica«) und *Coffea dewevrei,* die auch »Excelsa« genannt wird, werden kaum angebaut und fast nur lokal vermarktet. Ihr Anteil liegt bei jeweils einem knappen Prozent.

Die Pflanze gehört, wie etwa auch die Gardenie, zur Familie der sogenannten Rötegewächse. Man nennt sie bisweilen Baum oder Bäumchen, meistens aber Strauch. Einzelne Arten können zwar, wenn sie nicht zurückgeschnitten werden, bis zu acht Meter hoch werden. Aber sie haben keinen dicken Stamm, an dem Kinder hinaufklettern könnten. Auch die Zweige sind dünn und flexibel. Der Stamm und auch die Äste bilden alle paar Zentimeter so etwas wie Knoten. Aus den unteren am Stamm sprießen nur Blätter, aus den weiter oben gelegenen dann die Äste, aus deren Knoten wiederum

Blätter und Blüten wachsen. Die Blätter sind oval bis länglich, von einem satten glänzenden Grün und je nach Sorte und Art unterschiedlich groß: zwischen acht und fünfzehn Zentimeter lang. Sie bleiben zwischen sieben und zehn Monaten am Baum, werden aber ständig reproduziert. Der Kaffeestrauch ist eine immergrüne Pflanze. Erfahrene Kaffeebauern erkennen die Sorte an den Blättern. Die zentrale Wurzel reicht rund einen Meter in die Tiefe. Die seitlichen Wurzeln mit feinen Wurzelhärchen liegen direkt unter der Oberfläche und nehmen die Nährstoffe aus dem Boden auf. Sie reichen horizontal etwa so weit wie die Äste.

Der Kaffeestrauch ist eine anspruchsvolle Pflanze. Er liebt porösen Boden und braucht viel Wasser. Vulkanische Böden in den Tropen sind deshalb der beste Standort. Arabicas gedeihen am besten in Gegenden, in denen zwischen 1500 und zweitausend Millimeter Regen im Jahr fallen, Robustas brauchen sogar zwischen zwei- und dreitausend Millimeter. Sie haben jeweils einen eigenen Temperaturkorridor, in dem sie sich wohlfühlen. Arabicas wachsen am besten zwischen 18 und 22 Grad Celsius, etliche Sorten halten aber auch 17 oder 26 Grad aus. Außerhalb dieses Temperaturkorridors jedoch nehmen Qualität und Ertrag ab. Sinkt die nächtliche Temperatur unter 17 Grad, verkümmern die Knospen. Bei 27 Grad und mehr kommt die Pflanze in Hitzestress; sie dehydriert, Blätter fallen ab. Die Pflanze produziert weniger Blüten und Früchte. Robustas vertragen mehr Hitze. Die Idealtemperaturen für diese Art liegen zwischen 22 und 28 Grad. Für beide Pflanzenarten, Arabicas und Robustas, sind Fröste absolut tödlich. Robustasträucher können sogar schon bei sechs Grad eingehen und vertragen auch keine längeren Zeiträume mit Temperaturen um die fünfzehn Grad. Bei günstigen Bedingungen aber wird ein Kaffeestrauch rund achtzig Jahre alt; so lange jedoch steht kaum eine Pflanze auf einer Plantage, weil ihre Produktivität nach dreißig Jahren kontinuierlich nachlässt. Die erste richtige Ernte liefert die Pflanze – je nach Art und Sorte – nach drei bis fünf Jahren.

Es sind vor allem klimatische Faktoren, von denen abhängt, wo Kaffee angebaut werden kann und wo nicht. Die Pflanzen brauchen eine lange Trockenperiode, eine relativ hohe mittlere Jahrestemperatur und vertragen keine Kälte. Dazu müssen in der Regenperiode die nötigen Niederschläge kommen. Aus diesen Gründen eignet sich der tropische Gürtel (siehe Grafik in der vorderen Klappe) am besten.

Die von den Arten bevorzugten Temperaturen bedingen dann auch die Höhenlagen: Arabicas gedeihen am besten zwischen tausend und zweitausend Metern Höhe. Darunter wird es zu warm, darüber zu kalt. Robustas dagegen sind Tieflandpflanzen. Sie werden meist auf Höhen zwischen dem Meeresspiegel und sechshundert Metern, in manchen Gegenden auch bis tausend Metern angebaut.

Kaffee kommt ursprünglich aus dem Wald. Er wuchs unter dem schützenden Blätterdach höherer Bäume. Er liebt den Schatten und das ausgeglichene Mikroklima im unteren Geschoss eines Urwaldes. Wenig Licht bedeutet aber auch weniger Fotosynthese, und das wirkt sich auf die Zahl der Blüten und Früchte aus. Solcher Kaffee ist zwar der ursprünglichste von allen, aber er hat sehr niedrige Erträge. Die wenigen Waldkaffees, die man bisweilen im Fachhandel findet – meist stammen sie aus Afrika – sind deshalb teurer als andere.

Die Blüten des Kaffeestrauchs sind weiß und klein; ein bis zwei Zentimeter große Kelche mit acht bis sechzehn Blütenblättern, wenn es sich um eine Kulturpflanze handelt. Die Blüten des wilden Kaffees haben nur zwei oder vier Blätter und sind auch viel weniger. Auf Ertrag gezüchtete Sorten sind, wenn sie blühen, von dichten Blütenbüscheln überzogen. Sie öffnen sich nach den ersten Schauern der tropischen Regenzeit, weshalb alle Sträucher gleichzeitig blühen. Eine Plantage duftet dann stark nach Jasmin. Doch der Zauber dauert nicht lange. Manche Blüten welken schon nach wenigen Stunden und spätestens nach drei oder vier Tagen ist auch die letzte abgefallen. Befruchtet wird der Kaffee durch Insekten oder durch den Wind. Nur Arabicasorten brauchen keine Helfer. Die Blüten sind zweigeschlechtlich; herabfallende Pollen können tiefer liegende Blüten befruchten.

Aus den befruchteten Blüten wachsen dann die Kaffeekirschen, kleine ovale Früchte von eineinhalb bis zwei Zentimetern Länge. Sie sind zunächst grün, werden dann gelb und schließlich rot, wobei es einzelne Sorten gibt, deren Früchte gelb oder orange bleiben. Weniger erfahrene Erntearbeiter haben mit solchen Kirschen Probleme. Es ist nicht auf den ersten Blick ersichtlich, welche schon reif sind und also gepflückt werden müssen und welche besser noch für ein paar Tage am Busch bleiben. Bei roten Früchten ist das einfacher. Man kann den Reifegrad auch mit kleinen Geräten bestimmen, die den Zuckergehalt des Fruchtfleisches messen. Arabicakirschen brauchen zwischen sechs und acht Monaten bis zur Reife. In tiefen Lagen mit höheren Temperaturen kann früher geerntet werden als in Hochlagen. Robustas brauchen neun bis elf Monate, Libericakaffee sogar elf bis vierzehn.

Eine Kaffeekirsche besteht aus mehreren Schichten. Sie ist in eine dünne, etwas ledrige Haut eingehüllt, darunter liegt das Fruchtfleisch. Das ist cremefarben und süßsäuerlich und schmeckt ein bisschen nach Honigmelone. Es hat eine Konsistenz wie glibberige Gelatine. Theoretisch könnte man es auspressen und einen Fruchtsaft daraus gewinnen. Aber die Schicht dieses Fruchtfleisches ist so schmal, dass der Ertrag nur gering wäre und sich der Aufwand nicht lohnte. Zwischen dem Fruchtfleisch und dem Samen ist zunächst die bräunliche sogenannte Pergamenthaut, darunter noch eine sehr viel dünnere Schicht, das sogenannte Silberhäutchen. Beide schützen die Samen des Kaffees, die beiden Bohnen ganz im Inneren. Sie liegen mit der flachen Seite, in deren Mitte eine kleine Furche ist, aneinander. Die gerundete Seite liegt nach außen. Frische Bohnen sind etwa einen Zentimeter lang und sechs Millimeter breit und wiegen, wenn sie getrocknet sind, ein halbes Gramm oder ein bisschen weniger. Bisweilen haben Kaffeekirschen auch nur einen Samen, der dann ganz rund ist. Solche sogenannten Perlbohnen – oft auch englisch *peaberry* oder spanisch *caracol* genannt – können bis zu fünf Prozent einer Ernte ausmachen. Sie werden später aussortiert. Sie können ein Zeichen für die mangelhafte Versorgung der Pflanze mit Nährstoffen sein, weshalb man sie früher für einen Defekt hielt. Heute gibt es Sorten, die auf die massenhafte Produktion solcher Perlbohnen gezüchtet sind. Sie ergeben, wenn sie hell geröstet werden, einen besonders milden Kaffee. Perlbohnen sind meist etwas teurer als ihre als Zwillinge herangereiften Geschwister.

Frische Kaffeebohnen sind fad und weitgehend geschmacklos. Aber sie enthalten einen Stoff, der süchtig machen kann: Koffein, ein Alkaloid ähnlich wie Kokain oder Nikotin, zusammengesetzt aus Kohlestoff, Wasserstoff, Stickstoff und Sauerstoff mit der chemischen Formel $C_8H_{10}N_4O_2$. Es kommt nicht nur in Kaffee vor, sondern auch in Tee, Mate, dem berauschenden afrikanisch-arabischen Kraut Khat und in winzigen Mengen auch in Kakao. Isoliert ist Koffein ein weißes flockenartiges Pulver, aber man sollte es nicht isoliert zu sich nehmen. Es ist sehr stark. Eine Arabicabohne enthält zwischen 0,8 und 1,2 Prozent Koffein, Robusta in etwa das Doppelte. Die Pflanzen produzieren diesen Stoff zum Selbstschutz. Er kann Bakterien und Pilze abtöten und Insekten unschädlich machen, indem er ihr Nervensystem durcheinanderbringt. Beim Menschen führt Koffein zur Steigerung der Leistungsfähigkeit und des Konzentrationsvermögens. Es hebt die Stimmung, kann asthmatische Beschwerden lindern und hilft bei niedrigem Blutdruck. Es ist fettlöslich und in der Lage, Zellmembrane mir nichts dir nichts zu passieren. Es gelangt deshalb schnell vom Magen und Darm in die Blutgefäße und darüber ins zentrale Nervensystem. Seine maximale Wirkung im menschlichen Körper entfaltet der Stoff in der Regel eine Stunde nach der Einnahme. Danach wird er langsam abgebaut. Er wird in der Leber chemisch umgewandelt und dann mit dem Urin ausgeschieden. Nach neueren Forschungen beträgt die Halbwertszeit vier bis fünf, bei manchen sogar bis zu acht Stunden. Das bedeutet, ein Mensch hat dann noch immer die Hälfte des zu sich genommenen Koffeins im Körper. Eine Tasse Kaffee enthält, je nach Bohnensorte und Stärke, zwischen zwanzig und fast 150 Milligramm des Stoffs.

Sorten und Arten – Klassiker, Exoten und Hybride

Die wahrscheinlich ältesten noch angebauten Arabicasorten sind Typica und Bourbon. Beide stammen ursprünglich aus dem Jemen. Die Vorfahren von Typica wurden gegen Ende des 17. Jahrhunderts von dort auf die heute zu Indonesien gehörende Insel Java gebracht. Von dieser damaligen holländischen Kolonie kam eine Pflanze Anfang des 18. Jahrhunderts in den Botanischen Garten von Amsterdam. Setzlinge, die aus Kaffeebohnen dieses Strauchs gezogen wurden, nahm ein Kapitän wahrscheinlich kurz nach 1710 – die Quellenlage ist nicht ganz eindeutig – auf die von Frankreich kolonisierte Karibikinsel Martinique mit. Von dort wurde sie über die Anbaugebiete Lateinamerikas verbreitet. Bourbon gelangte Anfang des 18. Jahrhunderts auf eine kleine Insel im Indischen Ozean, ebenfalls eine französische Kolonie, die man damals nach dem französischen Adels- und Königsgeschlecht Bourbon nannte; sie heißt heute La Réunion und ist, wie Martinique, noch immer französische Kolonie, ein sogenanntes Überseedepartement. Von dort kamen die Bourbonbohnen schon nach wenigen Jahren zunächst in die Karibik und dann nach Lateinamerika. Typica ist eine hohe Pflanze mit relativ großen Bohnen, die bei guter Pflege und Aufbereitung einen sehr guten Kaffee ergeben. Allerdings ist ihr Ertrag eher gering. Bourbon ergibt einen Kaffee mit viel Süße und liefert deutlich höhere Erträge als Typica. Fast neunzig Prozent der weltweiten Arabicaproduktion kommen heute aus Lateinamerika und der Karibik.

Weil Arabicas als zwittrige Pflanzen sich selbst befruchten, hat jede Bohne, aus der neue Setzlinge gezogen werden können, den exakt selben Gensatz. Genau das ist die Schwäche aller Arabicas: Wenn eine Krankheit eine Pflanze befällt, kann sie alle befallen und schnell eine ganze Plantage dahinraffen.

Die verschiedenen Arabicasorten sind untereinander sehr eng verwandt und haben ein nahezu identisches Erbgut. Etliche der verschiedenen Varianten, die es heute gibt, sind natürlich entstanden, gewissermaßen bei Unfällen in der Vererbungskette. Schon Bourbon gilt als eine natürliche Mutation von Typica. Auch Maragogype, eine in Brasilien entdeckte Sorte, ist eine Typicamutation, die sehr große Bohnen mit relativ niedrigem Koffeingehalt hat und einen milden Kaffee ergibt. Von Bourbon wiederum stammt eine ganze Reihe natürlicher Mutationen ab. So wurde 1937 in Brasilien die Sorte Caturra entdeckt, eine eher niedrige Pflanze, die kaum mehr als 1,8 Meter Höhe erreicht und deren Kirschen deshalb leicht geerntet werden können. Caturra ist heute vor allem in Kolumbien und Mittelamerika verbreitet und wird wegen des sehr hohen Ertrags geschätzt. Allerdings neigt dieser Strauch dazu, zu viele Früchte zu produzieren und sich deshalb schnell zu erschöpfen. Bourbonmutationen mit ähnlichen Charakteristiken sind Villa Sarchi aus dem gleichnamigen Städtchen in Costa Rica und Pacas, eine Sorte, die 1949 in El Salvador entdeckt wurde.

Mondo Nuevo, eine Sorte, die seit den vierziger Jahren in Brasilien angebaut wird, ist dagegen eine natürliche Kreuzung aus Typica und Bourbon. Sie wird wegen ihrer hohen Erträge und ihrer relativ hohen Widerstandsfähigkeit gegen Krankheiten kultiviert. Allerdings ist sie wegen ihres hohen Wuchses sehr windanfällig. Andere Sorten wurden gezielt gekreuzt. So wurde 1958 in El Salvador Pacamara geschaffen, eine Kreuzung aus Pacas und Maragogype. Die Pflanze hat, wie ihr Elternteil Maragogype, große Blätter, Früchte und Bohnen. Ihr Kaffee wird wegen des Geschmacks mit Schokoladen- und Fruchtnuancen geschätzt, er kann bei schlechter Pflege der Plantage aber auch eher krautartige Noten entwickeln. Weitere Sorten wurden nicht auf dem Feld, sondern ganz gezielt im Labor geschaffen und tragen nur Buchstabenkombinationen und Zahlen als Namen. Der vor allem in Kenia und Tansania angebaute SL-28 etwa wurde für eher trockene Anbaugebiete entwickelt. Die überdurchschnittlich großen Bohnen ergeben einen Kaffee mit deutlich fruchtigen Noten. Es gibt Kaffeeliebhaber, die schwören auf eine oder zwei bestimmte Sorten. Aber wie es beim Wein nicht nur auf die Traube ankommt, sondern auch auf Anbau und die Arbeit im Keller, ist auch beim Kaffee viel mehr als nur die Sorte entscheidend: der Boden, die Höhenlage, die Pflege der Plantage, die Aufbereitung und die Röstung.

Drei Sorten werden zu besonders hohen Preisen gehandelt. Geisha, Jamaica Blue Mountain und Kopi Luwak. Der Name Geisha hat nichts mit den traditionellen japanischen Unterhaltungskünstlerinnen zu tun. Er wird bisweilen auch Gesha geschrieben, weil der Ursprung dieser Sorte in einem äthiopischen Städtchen dieses Namens vermutet wird. Das costaricanische Forschungs- und Ausbildungszentrum Centro Agronómico Tropical de Investigación y Enseñanza (CATIE) hat die Bohnen in den frühen fünfziger Jahren nach Zentralamerika gebracht. Von Costa Rica gelangte die Edelsorte Anfang der sechziger Jahre nach Panamá, heute wird sie auch in Kolumbien und neuerdings fast überall in Zentralamerika angebaut. Sie hat nur geringe Erträge – was die Bohnen zusätzlich verteuert – und ergibt einen besonders weichen Kaffee, der fast ein bisschen an Tee erinnert. Jamaica Blue Mountain kommt, wie der Name sagt, aus den Blue Mountains im Osten der Karibikinsel Jamaika. Er ist eine natürliche Mutation von Typica und wird seit Mitte des 18. Jahrhunderts dort in großer Höhe angebaut. Die Berge sind meistens wolkenverhangen, und so reifen die Bohnen sehr langsam heran und entwickeln dabei besonders ausgeprägte Geschmacksnoten und Aromen. Jamaica Blue Mountain fehlt jegliche bittere Note. Das Anbaugebiet dieses speziellen Kaffees ist klein und das Angebot deshalb begrenzt. Das treibt den Preis in die Höhe. Wer ein Kilogramm gerösteter Bohnen für hundert Euro erhascht, hat ein Schnäppchen gemacht. Das ist fast noch günstig im Vergleich zu Kopi Luwak. Für diesen Kaffee werden bis zu vierhundert Euro pro Kilogramm verlangt. Es handelt sich dabei um halbverdaute Bohnen von wildem Waldkaffee, die von der freilebenden Schleichkatze Fleckenmusang gefressen und mit dem Kot wieder ausgeschieden wurden. Dieser Kaffee soll ganz besonders mild sein. Ursprünglich stammt er aus Indonesien, wo dieser Exkrementekaffee von Einheimischen gesammelt wurde, weil aller Plantagenkaffee für den Export bestimmt war. Zum ersten Mal wurde er 1883 von Alfred Brehm beschrieben. Kopi Luwak wird heute auch auf den Philippinen hergestellt. Nachdem diese Bohnen vor ein paar Jahren als exotisches Luxusprodukt durch die Medien gegeistert sind und in der Folge die Nachfrage stieg, wurden sie gezielt produziert. In Käfige gesperrte Fleckenmusangs werden nun mit einer Mischung aus Arabica-, Liberica- und Excelso-Bohnen gefüttert, um größere Mengen der teuren Ware zu erhalten. Die Bedingungen, unter denen die Tiere gefangen gehalten werden, und die Mengen an Bohnen, die sie fressen müssen, entsprechen ganz und gar nicht ihrem natürlichen Umfeld und Verhalten. Echter Kopi Luwak ist kein Kaffeegenuss, sondern Tierquälerei. Wer ihn unbedingt probieren will, greift besser zu einer deutlich billigeren Variante: Ein vietnamesisches Unternehmen hat die Darmenzyme der Schleichkatze isoliert und synthetisch nachgebaut und stellt damit einen gewissermaßen synthetischen Kopi Luwak her.

Robusta gehört da in eine ganz andere Kategorie. Er ist zweigeschlechtlich, weshalb seine Gensätze vielfältiger sind als die der Arabicas; es gibt eine Vielzahl von Varianten. Die Bohnen sind kleiner und runder als die von Arabicasorten. Aber die Erträge sind hoch und die Pflanze ist anspruchslos, sodass er sehr viel billiger produziert werden kann. Robusta wurde lange an der New Yorker Kaffeebörse nicht zum Handel zugelassen, weil man ihn für völlig wertlos hielt. Das daraus zubereitete Getränk hat zwar einen vollen Körper, aber nur wenig Säure. Robustakaffee schmeckt bitter und bisweilen auch nach verbranntem Gummi. Seine Stärke ist das viele Koffein, das er enthält. Robusta kann damit Insekten abwehren und ist resistent gegen Pilzbefall. In großen Mengen wird er erst angebaut, seit es löslichen Kaffee gibt. Bei diesem Produkt spielt der Preis eine viel größere Rolle als die Qualität. Auch Espressokaffee wird überwiegend aus Robustabohnen geröstet. Espressotrinker schätzen entweder seine Bitterkeit – oder sie überdecken sie mit viel Zucker. Seit man den Bohnen mit einem Dampfdruckverfahren etwas von ihrer Bitterkeit nehmen kann, wird Robusta auch mehr und mehr als billiges Auffüllmaterial in den Mischungen der Großröster verwendet. Üblicher Supermarktkaffee besteht heute zu etwa der Hälfte aus Robustabohnen. Der Geschmack und das Aroma dieser Mischungen jedoch kommt weiterhin von den Arabicas.

Auch Liberica hat sehr viel Koffein und kann deshalb Plagen viel besser abwehren als Arabicas. Seine Bohnen ähneln denen von Robusta, sind aber sehr viel härter und enthalten nur wenig Zucker, was wiederum einen bitteren Geschmack zur Folge hat. Dass er sich gegen Robusta nie durchsetzen konnte, liegt an der langen Zeit, die die Kirschen zur Reife brauchen. Von der Befruchtung bis zur Ernte vergehen bis zu vierzehn Monate. Liberica wird hauptsächlich in Westafrika, in kleinen Mengen auch in Indonesien, auf den Philippinen und in Vietnam angebaut. Excelsa ist wie Liberica eine afrikanische Pflanze und eher eine Rarität. Sie wurde 1904 am Tschadsee entdeckt. Die Bohnen gleichen in Aussehen und Geschmack dem Robusta, die Pflanze jedoch ist sehr viel kräftiger. Sie gedeiht selbst auf trockenen Böden und kann auch in regenarmen Jahren befriedigende Erträge liefern. Excelsa wird noch immer vor allem im Tschad angebaut.

Auf der Suche nach Sorten, die vom Geschmack her Arabicas entsprechen und gleichzeitig die Krankheitsresistenz von Robusta aufweisen, wurde 1917 auf der zu Indonesien gehörenden Insel Timor eine natürlich entstandene Kreuzung aus Arabica und Robusta entdeckt. Dieser sogenannte Timor Hybrid hat Eigenschaften von beiden Eltern. Aromen und Geschmacksnoten der Arabicas sind bei ihm genauso vorhanden wie die Bitterkeit des Robusta. Und vor allem: Er ist, wie Robusta, gegen die meisten Varianten des Pilzes *Hemileia vastatrix* resistent, der als sogenannter Kaffeerost für Arabicaplantagen verheerend sein kann. Seither versuchen sich Agronomen an immer neuen Kreuzungen zwischen dem Timor Hybrid und Arabicasorten. Das Ziel ist, einen Kaffee zu bekommen, der schmeckt wie die Arabicasorte; sein Erbgut soll aber auch die Gene von Robusta enthalten, die die Pflanze widerstandsfähig gegen Pilzbefall machen. Bei diesen Kreuzungen sind in den siebziger Jahren neue Sorten entstanden wie Catimor und Sarchimor, die es inzwischen in vielen Varianten gibt. Catimor ist eine Kreuzung aus Caturra und dem Timor Hybrid; bei Sarchimor ist die costaricanische Arabicasorte Villa Sarchi ein Elternteil. In Kolumbien sind die Plantagen heute mehrheitlich mit solchen neuen hybriden Sorten bestockt. Anderswo setzen sie sich nur langsam durch. Puristen schwören weiterhin auf reine Arabicas, trotz ihrer Anfälligkeit für Plagen. Sie sagen, man schmecke beim Kaffee aus den neuen Sorten eben doch noch die Bitterkeit von Robusta heraus.

Von der Baumschule auf die Plantage

Die meisten Kaffeebauern sorgen selbst für den Nachwuchs auf ihren Plantagen. Sie sortieren die besten Bohnen aus, um daraus neue Pflanzen heranzuziehen. Theoretisch könnte man sie direkt in die Erde stecken und sie würden bei der nötigen Bewässerung keimen und sprießen. Allerdings könnten Steinchen oder sonst ein Widerstand im Boden dazu führen, dass die Hauptwurzel nicht senkrecht nach unten wächst oder sich gar teilt, was dann Auswirkungen auf die Nährstoffversorgung der Pflanze und ihre Stabilität hätte. Man drückt die Bohnen deshalb vorsichtig in eine auf der Erde ausgebrachte Schicht aus Sand. Der wird zuvor mit heißem Wasser desinfiziert, um einem Befall mit Pilzen vorzubeugen. Die Bohnen müssen ganz mit Sand bedeckt sein, um sie vor der Sonne zu schützen, und regelmäßig bewässert werden. Nach drei Wochen sprießen dann die Keimlinge: ein dünner grüner Spross, der fünf bis sechs Zentimeter lang wird und oben die bräunliche Bohne trägt. Weil diese Jungpflanzen ein bisschen an Streichhölzer erinnern, nennt man sie in Lateinamerika oft auch so: *fosforitos*.

Wenn die Sprosse die ersten beiden Keimblätter entwickelt haben, werden sie mitsamt ihrer Wurzel vorsichtig aus dem Sand gehoben. Entspricht das Wachstum der Wurzel den Vorstellungen des Bauern, werden sie in einen kleinen schwarzen Plastiksack oder einen anderen Behälter mit gedüngter Erde umgesetzt. Diese Jungpflanzen brauchen viel Schatten und regelmäßig Wasser, weshalb größere Plantagen für ihre Baumschulen eine an Flugzeughangars erinnernde Halle aus Zweigen und Blätterwerk errichten und die Sprösslinge dort künstlich bewässern. Das ist sicherer als die Aufzucht im Freien, wo direkte Sonne und starke Regenschauer den zarten Pflänzchen schaden könnten. In dieser Halle bleiben sie bis zu vier Monate lang und werden mit Stickstoff, Phosphor, Kalium, Kalk, Magnesium und Schwefel gedüngt und regelmäßig auf einen möglichen Befall mit Krankheiten untersucht. Dann sind sie stark genug.

Bevor ein neues Feld mit Jungpflanzen bestockt wird, empfiehlt sich eine Untersuchung des Bodens. Kaffee mag einen neutralen Untergrund mit einem pH-Wert von um die sieben; ist die Erde zu sauer, führt das zu einem niedrigeren Ertrag. Man kann den pH-Wert mit Kunstdüngern, aber auch mit organischem Kompost korrigieren.

In den ersten Wochen auf freiem Feld brauchen die Pflanzen sehr viel Wasser, weshalb sie in der Regel mitten in der tropischen Regenzeit aus der Baumschule in die Plantage umgesetzt werden. Früher war es üblich, auf einer Fläche von eineinhalb auf zwei Meter eine Jungpflanze zu setzen. Heute wird meist sehr viel enger bestockt. Auf dem Platz, auf dem früher ein Kaffeestrauch stand, stehen heute oft drei oder gar vier. Zum einen gibt es Sorten, die auch eng aufeinander gepflanzt gut gedeihen und hohe Erträge bringen. Zum anderen reißen viele Kaffeebauern nach ein paar Monaten die schwächeren Pflanzen aus, um den stärkeren mehr Luft und Licht zu geben.

Es gibt fünf Arten, eine Kaffeeplantage anzulegen. Im kommerziellen Anbau sind nur drei davon gängig; die beiden anderen liefern so geringe Erträge, dass sie fast nur für den eigenen Konsum genutzt werden. Die natürlichste Pflanzung von allen ist die als Waldkaffee. Man pflanzt die Sträucher in großen Abständen in einem natürlichen Wald. Sie werden, wenn sie größer sind, zu einem Teil des Unterholzes. So wuchs Arabicakaffee in den Wäldern im Hochland von Äthiopien. Die Ernte ist zeitaufwendig, der Ertrag pro Hektar verschwindend gering. Aber es ist mit Sicherheit der umweltfreundlichste Kaffee, den es gibt. Der sogenannte Gartenkaffee ist dann, historisch gesehen, der Übergang von der Wild- zur Nutzpflanze. Die Sträucher werden in einem Garten angebaut, zusammen mit Gemüse und Obst. Solche Gärten gibt es in ländlichen Gegenden in Ostafrika oder im Hochland von Guatemala und im Süden von Mexiko noch immer. Ihre Ernte ist für den Hausgebrauch und wird allenfalls auf lokalen Märkten angeboten; für den kommerziellen Export sind die Mengen zu gering.

Zwei weitere Anlagearten sind dem ursprünglichen Waldkaffee nachempfunden, aber deutlich intensiver. Die Kaffeesträucher stehen unter Bäumen, die als Schattenspender gepflanzt wurden. Man unterscheidet dabei in diversifizierte Schattenproduktion und Monokulturen mit Schatten. In beiden sind heute vierzig bis fünfzig Prozent Schatten üblich. Die Kaffeesträucher haben so genügend Licht für kräftiges Wachstum und die Fotosynthese, von der die Erträge abhängen – je mehr Fotosynthese, desto mehr Blüten und Früchte kann eine Pflanze bilden. Gleichzeitig bieten die Schattenbäume Schutz vor Hitzestress und vor der Gewalt tropischer Wolkenbrüche. Bei diversifizierter Schattenproduktion stehen unterschiedliche Schattenbäume auf einer Plantage. Beliebt sind verschiedene Arten des Inga, eines Baums aus der Familie der Mimosengewächse, dessen Hülsenfrüchte gleichzeitig als organischer Dünger verwendet werden können. Ingas wachsen sehr schnell und werden nicht mehr als zehn bis fünfzehn Meter hoch – ideal, um darunter Kaffeesträucher anzubauen. Auf diversifizierten Plantagen stehen daneben oft Zitrusfrüchte als Schattenbäume. Auch Bananenstauden sind beliebt. Solche Plantagen schaffen ihren Besitzern ein zusätzliches Einkommen zum Kaffee. Neben den Zitrusfrüchten und Bananen kann auch das Holz der Ingabäume, das zum Feuern und in der Bauwirtschaft verwendet wird, verkauft werden. Auf Monokulturen mit Schatten stehen meist ausschließlich Ingabäume. Im Vergleich zu diversifizierten Plantagen machen sie weniger Arbeit, liefern aber kaum zusätzliches Einkommen.

Die ertragreichsten Plantagen sind Monokulturen in der prallen Sonne ohne jeglichen Schattenbaum. Es gibt sie vor allem in Brasilien und Vietnam, zum Teil aber auch in anderen Anbauregionen. Da den Böden solcher Plantagen die natürliche Nährstoffzufuhr durch die herabfallenden Blätter und Früchte der Schattenbäume fehlt, brauchen sie viel mehr chemische Düngemittel und erschöpfen sich doch schneller. Solche Monokulturen ohne Schatten werden für die Massenproduktion angelegt und zielen auf schnelle Profite. Sie sind, was die Biodiversität angeht, nicht nur pflanzlich verarmt. Auch Tiere, größere wie kleine, finden dort keinen Lebensraum mehr. Nicht einmal Zugvögel machen in solchen Pflanzungen Rast; es fehlt ihnen dort an Schutz und Nahrung. Kaffeeplantagen ohne Schattenbäume sind Plantagen ohne Vögel. Dass dort trotzdem bisweilen Bäume stehen, hat nichts mit dem Schutz der Sträucher vor der Sonne zu tun und schon gar nichts mit einem möglichen Lebensraum für Tiere. In Gegenden, in denen starke Winde wehen, werden oft schnell wachsende schlanke zypressenartige Bäume in Reihen gepflanzt, die rechtwinklig zur Windrichtung stehen. Sie sollen den Kaffee vor starken Böen schützen.

Beim Anlegen einer Plantage werden zunächst die Löcher für die Jungpflanzen gegraben. Die werden mit Düngern gefüllt, beim organischen Anbau mit Kompost. Ein Plantagenarbeiter mit Erfahrung kann bis zu zweihundert neue Kaffeesträucher an einem Tag in die Löcher setzen und diese dann mit Erde auffüllen. Danach wird, je nach Regen und Bodenbeschaffenheit, dreimal im Jahr oder auch öfter das Kraut entfernt, das zwischen den jungen Sträuchern wächst. Es sollen ihnen weder Licht noch Nährstoffe weggenommen werden.

In der Regel bringt man dreimal im Jahr Düngemittel aus. Einmal im Jahr werden die Pflanzen zurückgeschnitten, damit sie die gewünschte dichte Form annehmen. Auch sollen sie nicht zu hoch wachsen, weil das die Ernte erschweren würde. Beim Zurückschneiden schaffen gute Arbeiter zweihundert Pflanzen am Tag. Genauso werden Schattenbäume, so es sie gibt, regelmäßig beschnitten. Haben sie Ableger, werden die herausgerissen und eventuell an anderen Stellen eingepflanzt. All dies bedeutet, dass ein Kaffeebauer allein nicht mehr als zwei bis drei Hektar bewirtschaften kann. Für die Ernte brauchen kleine wie große Betriebe zusätzliche Arbeitskräfte.

Plantagen und was sie der Umwelt antun

Eines der größten Umweltprobleme, das Kaffeeplantagen verursachen, ist die Erosion. Sie ist im Grund ein natürlicher Prozess, der immer dann vorkommt, wenn Regen oder Wind auf Erde treffen. Lockere Krume wird weggeschwemmt oder weggeweht, und mit ihr verschwinden Nährstoffe. Solange Blätter und Zweige auf den Boden fallen und sich bei deren Zersetzung neuer Humus bildet, ist dieser Prozess nicht weiter tragisch. In natürlichen Wäldern werden wegen des schützenden Blätterdachs und der Bodenbewachsung kaum Sedimente abgetragen. Das gilt auch für den Anbau von Kaffee in Wäldern. Erosion ist bei dieser Produktionsmethode kein Problem. Sie nimmt aber zu, je mehr der Mensch in den natürlichen Pflanzenbestand eingreift und eine Plantage mehr und mehr auf hohe Erträge trimmt.

Schon allein die Bodenbedeckung spielt eine große Rolle. Kräuter, die auf Plantagen wachsen, werden oft entfernt, weil ihre Wurzeln den nur knapp unter der Oberfläche liegenden seitlichen Haarwurzeln der Kaffeesträucher Konkurrenz um die Nährstoffe machen können, was wiederum deren Wachstum beeinträchtigen kann. Ist der Boden aber nackt, kommt es zur sogenannten Spritzerosion. Man kennt das von Sommergewittern: Jeder schwere Regentropfen, der auf nackte trockene Krume fällt, schlägt eine Miniaturmulde in den Boden und lässt dabei ein paar Staubkörner aufspringen. Die werden umso schneller weggeschwemmt, je weniger Widerstand das abfließende Wasser antrifft. Weggeschwemmte Erde färbt in Kaffeeregionen die Flüsse in der Regenzeit schokoladenbraun. Schattenbäume bieten einen gewissen Schutz vor dieser Erosion. Zum einen fallen die Tropfen von ihren Blättern aus geringerer Höhe auf den Boden. Sie treffen also mit weniger Wucht auf die Krume und verursachen weniger Spritzerosion. Zum andern verlangsamen die von den Bäumen gefallenen Blätter den Abfluss des Regenwassers und schützen die Erde. So wurde in einer Anbauregion im Süden der indonesischen Insel Sumatra lange die gesamte Bodenbedeckung unter Kaffeesträuchern entfernt, was in der tropischen Regenzeit mit ihren heftigen Niederschlägen zu einer beschleunigten Erosion führte. Ein Forschungsteam um die Landwirtschaftsklimatologin Tumiar Afandi von der indonesischen Universität Lampung hat herausgefunden, dass zum Beispiel die Verwendung von Carabaogras und anderen in der Region natürlich vorkommenden Kräutern die Erosion erheblich vermindert, ohne das Wachstum der Sträucher und ihren Ertrag wesentlich zu beeinflussen.

Es ist schwierig, Durchschnittswerte für die Bodenerosion von verschiedenen Anbaumethoden zu bestimmen. In Zentralamerika nehmen Wissenschaftler für den dort traditionellen Anbau in biodiversen Schattenplantagen einen Verlust von 240 Kilogramm Erde pro Hektar im Jahr als Richtwert an. Er kann nicht einfach auf andere Anbauregionen übertragen werden. In Zentralamerika ist Bodenerosion unter anderem deshalb eines der größten Umweltprobleme, weil die Kaffeeplantagen, ähnlich wie die Mais- und Bohnenfelder, oft an steilen Hängen angelegt wurden. Vor allem nach Perioden der Dürre mit ausgetrockneten Böden fließen dann die Wassermassen von tropischen Sturzregen mit rasender Geschwindigkeit ins Tal und schwemmen dabei die nährstoffreiche Krume aus. Die Fruchtbarkeit solcherart erodierter Böden nimmt schnell ab. Zudem verringert sich ihre Fähigkeit, Wasser zu speichern. Bodenverlust bedeutet so gleichzeitig Wasserverlust. Die Pflanzen bekommen weniger Flüssigkeit und weniger Nährstoffe. Eine Zeitlang lassen sich die dadurch verringerten Erträge mit dem Einsatz großer Mengen von Düngemitteln verhindern. Das aber erhöht nicht nur die Produktionskosten, sondern schafft zusätzlich neue Belastungen für die Natur.

Auch wenn sich nur schwer Vergleiche anstellen lassen, so ist doch sicher, dass die Erosion umso mehr zunimmt, je weniger Schattenbäume vorhanden sind und je weniger der Boden mit Blattwerk und niedrigen Pflanzen bedeckt ist. Auf nackter Erde angebaute Plantagen in der prallen Sonne mögen zunächst die produktivsten sein, sie leiden aber auch am meisten unter dem Verlust der nährstoffhaltigen Krume; ihre Böden verlieren die Fruchtbarkeit am schnellsten. Und der Bodenverlust wird mit dem Klimawandel zunehmen. Wissenschaftler sind sich schon lange darüber einig, dass in vielen Kaffeeregionen mit steigenden Temperaturen die Zahl der extremen Regenfälle und von Dürreperioden zunehmen wird. Nichts schwemmt mehr fruchtbare Erde weg als ein Wolkenbruch nach einer Trockenperiode.

Plantagen mit Kaffeesträuchern in praller Sonne sind das Produktionssystem, das die wenigsten Treibhausgase zu binden vermag. Nach einer Studie der Salvadorianischen Stiftung für die Erforschung des Kaffees kann ein Hektar einer solchen Plantage gerade einmal 76 Tonnen CO_2 speichern. Eine Plantage, die ausschließlich Ingaarten als Schattenbäume verwendet, speichert immerhin 176 Tonnen pro Hektar, eine mit unterschiedlichen Schattenbäumen sogar 196 Tonnen, fast so viel wie ein Hektar Regenwald. Dies ist zumindest ein kleiner Ausgleich für den CO_2-Fußabdruck, den Kaffee bei seiner Produktion und Vermarktung ansonsten hinterlässt. Dazu später.

Diese Zahlen zeigen, dass monokulturelle Kaffeeplantagen in praller Sonne ein Umweltfrevel sind. Dort, wo sie heute stehen, stand früher in aller Regel natürlicher Wald. Der wurde gerodet, um das Gelände für Kaffee vorzubereiten, zum größten Teil mit Feuer. Das im Wald gespeicherte Kohlendioxid wurde dabei freigesetzt. Die folgende industrialisierte Plantage kann nur noch ein rundes Drittel davon wieder speichern. Die Umwandlung von Wald in landwirtschaftliche Fläche ist in den feuchten Tropen eine der Hauptquellen von Treibhausgasemissionen. Dort stehen über die Hälfte der weltweiten Biomasse. In Brasilien etwa wurde hauptsächlich für Kaffee, aber auch für andere landwirtschaftliche Produkte, für Minen und für die Besiedlung der Atlantische Regenwald so gut wie vernichtet. Er war ursprünglich gut viermal so groß wie Deutschland. Heute sind nur noch rund zwölf Prozent dieser Fläche im natürlichen Zustand. Auch in Kolumbien und Zentralamerika fielen große ursprüngliche Wälder dem Kaffeeanbau zum Opfer. Und egal, welche Art der Plantage danach dort angelegt wurde und wird, sie nimmt immer weniger CO_2 auf, als es der Wald zuvor vermochte.

Kohlendioxid ist nur ein Treibhausgas, das bei der Produktion von Kaffee freigesetzt wird. Darüber hinaus produziert die Plantagenwirtschaft auch Methan (CH_4) und Lachgas (N_2O). Sie alle haben die Eigenschaft, Wärme auf der Erde zu halten. Die Strahlung der Sonne nämlich ist kurzwellig, die genannten Gase lassen sie passieren, sodass ihre Energie die Erde erwärmt. Die von der Erde zurückgestrahlte langwellige Wärmestrahlung lassen sie aber nicht vollständig zurück ins Weltall. Sie wird von den Molekülen der Treibhausgase absorbiert, die dadurch ihre Umgebung erwärmen. Es kommt also zu einem doppelten Erwärmungseffekt, dem durch die Sonnenstrahlung und dem durch die von den genannten Gasen festgehaltene Rückstrahlung der Erde. Dieser Treibhauseffekt ist lebensnotwendig. Ohne ihn wäre die Erde für Menschen nicht bewohnbar, sondern durchschnittlich minus achtzehn Grad Celsius kalt. Aufgrund dieses natürlichen Treibhauseffektes herrschte in vorindustriellen Zeiten eine angenehme weltweite Durchschnittstemperatur von rund vierzehn Grad. Seit immer mehr Treibhausgase in die Luft entlassen werden, wird immer mehr Strahlungsenergie auf der Erde festgehalten, und entsprechend steigen die durchschnittlichen Temperaturen.

Der Treibhauseffekt
(Vereinfachte Darstellung)

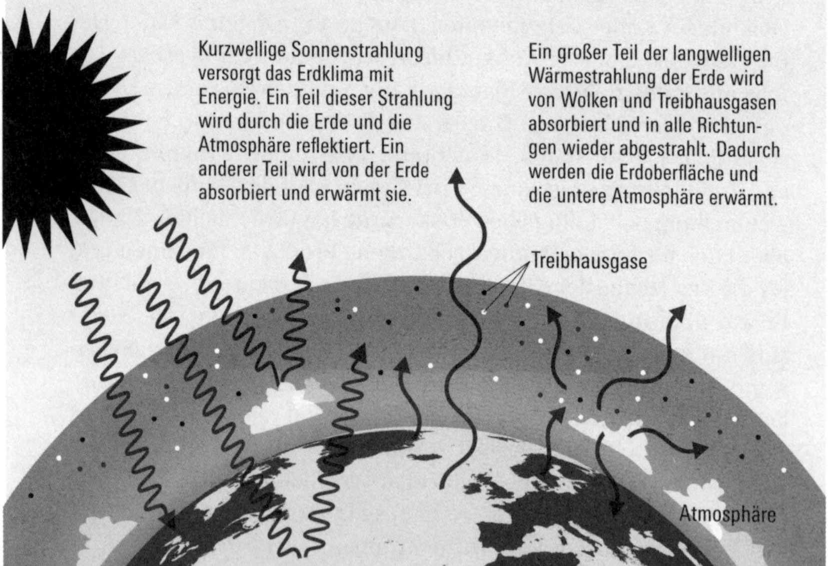

Kohlendioxid, das nicht nur beim Verbrennen fossiler Energieträger entsteht, sondern auch bei der Brandrodung von Wäldern, ist das wichtigste dieser Gase. Dahinter kommt gleich Methan, das rund vierzehn Prozent der Treibhausgasemissionen ausmacht. Methan gilt dabei als sogenannter kurzzeitiger Klimatreiber, weil es mit etwa zwölf Jahren eine relativ kurze Lebensdauer in der Atmosphäre hat. Von Kohlendioxid dagegen sind nach tausend Jahren noch immer zwischen fünfzehn und vierzig Prozent vorhanden. Dafür ist die Fähigkeit von Methan, Wärme in der Atmosphäre einzufangen und teilweise zurückzustrahlen (das sogenannte Erderwärmungspotenzial) etwa zwanzigmal höher als das von Kohlenmonoxid. Lachgas bleibt für über hundert Jahre in der Atmosphäre; sein Erderwärmungspotenzial ist sogar dreihundertmal so groß wie das von Kohlendioxid. Zudem zerstört dieses Gas die Ozonschicht. Sein Anteil in der Atmosphäre hat sich von 1750 bis 2018 um 22,5 Prozent erhöht, vor allem in den vergangenen fünfzig Jahren. Dieser Anstieg ist hauptsächlich auf die in der Landwirtschaft benutzten chemischen Düngemittel zurückzuführen, wobei Kaffeemonokulturen einen beträchtlichen Teil zu dieser Emission beitragen.

Düngemittel tragen nicht nur mit den von ihnen freigesetzten Treibhausgasen zur Erderwärmung bei. Große Mengen oder falsch eingesetzte Phosphate, Nitrate und Pestizide können auch den Boden belasten und seine Flora und Fauna zerstören. Zudem können sie durch den Regen aus den oberen Erdschichten ausgewaschen werden und ins Grundwasser gelangen und dieses mit für den Menschen giftigen Stoffen belasten. Trotzdem verwenden viele Kaffeebauern zu viel von diesen Düngemitteln. Sie sind davon überzeugt, dass mehr Agrochemie zu höheren Erträgen und also auch zu mehr Gewinn führen werde. Eine Studie aus Ecuador aber zeigt, dass das Gegenteil der Fall ist. Die Investition in Düngemittel erhöht die Produktionskosten. Zu viel Dünger führt zu chemischen Veränderungen des Bodens. Er liefert den Pflanzen zwar Stickstoff in Massen, unmittelbar nach der Düngung gibt der Boden aber sehr viel Lachgas in die Atmosphäre ab. Er verarmt an Nährstoffen und wird mit der Zeit immer saurer. Ein zurückhaltender Einsatz derselben Düngemittel hingegen führt zu deutlich geringeren Schäden in Boden und Atmosphäre und liefert trotzdem die gewünschten Erträge. Es kommt also auf die richtige Dosierung an.

Insgesamt ist die Land- und Forstwirtschaft für rund 23 Prozent

Die wichtigsten Quellen von Treibhausgasemissionen im Kaffeeanbau

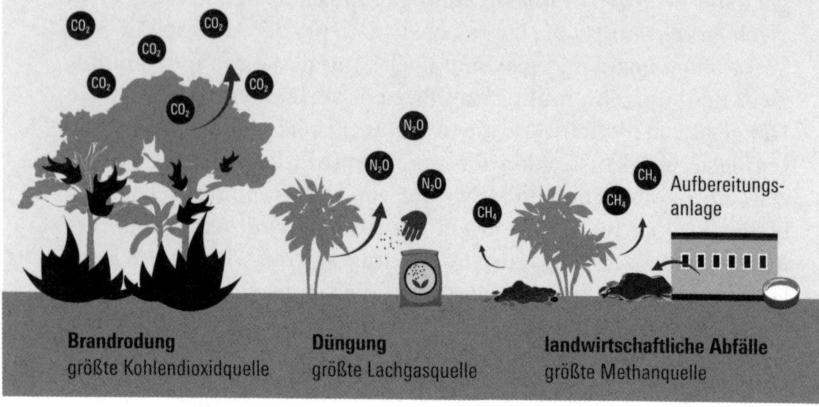

der vom Menschen gemachten Treibhausgasemissionen verantwortlich. Am meisten Kohlendioxid wird bei der Umwandlung von Wald in Plantagen oder in Weiden freigesetzt. Lachgas entsteht vor allem bei der Verwendung von Düngemitteln; Methan wird unter anderem bei der Zersetzung von Viehdung und von organischen landwirtschaftlichen Abfällen freigesetzt. Es gibt keine exakten Zahlen, wie viele Treibhausgase insgesamt bei der weltweiten Kaffeeproduktion freigesetzt werden. Einzelne Länderstudien aber kommen zu dem Schluss, dass die gesamte Produktions-, Liefer- und Verwertungskette von Kaffee nicht unwesentlich zur Erderwärmung allgemein und zu klimatischen Veränderungen in den Anbauregionen im Besonderen beiträgt.

Die vielen Plagen des Kaffees

Es gibt viele Plagen für Kaffee. Die beiden verheerendsten und am weitesten verbreiteten sind ein Pilz und ein Insekt, der Kaffeerostpilz, wissenschaftlich *Hemileia vastatrix*, und der Kaffeekirschenkäfer oder Kaffeekirschenbohrer, *Hypothenemus hampei*. Beide kommen in allen Anbaugebieten vor.

Den Kaffeerost erkennt man zuerst an kleinen hellgrünen Flecken im satten dunklen Grün eines Blatts. Diese Flecken werden langsam größer und färben sich zu einem bräunlichen Orange mit eher pulverartiger Konsistenz. Die Blätter werden schwach, viele fallen ab, die Fotosynthese geht zurück und damit auch die Produktion von Blüten und Früchten. Ein starker Befall mit diesem Pilz kann zu einer völligen Entlaubung einer Plantage und in der Folge zum Absterben der Sträucher führen. Der Pilz fühlt sich bei einer Temperatur von 22 Grad Celsius am wohlsten. Temperaturen darunter machen ihm zu schaffen. Zum Keimen braucht er Wasser auf den Blättern. Dann produziert ein einziger Pilz bis zu zweieinhalb Millionen mikroskopisch kleine Sporen, die vom Wind über Entfernungen von weit über hundert Kilometer verbreitet werden können. Kaffeerost befällt Arabicas, Liberica und zum Teil auch Gardenien. Robusta dagegen gilt als weitgehend resistent. *Hemileia vastatrix* ist jedoch sehr anpassungsfähig. Der Pilz existiert heute in Dutzenden verschiedener Stämme und Mutationen und befällt inzwischen auch einige hybride Sorten, die aus Arabicas und Robustas gekreuzt wurden, um sie widerstandsfähig zu machen.

Kaffeerost hat vor allem bei bereits geschwächten Pflanzen eine Chance, also etwa unter Hitzestress leidenden. Bei Epidemien hat sich gezeigt, dass Plantagen mit vierzig bis fünfzig Prozent Schatten zwar nicht verschont bleiben, aber sehr viel weniger infiziert werden als solche in der prallen Sonne. Auch organischer Anbau bietet einen gewissen Schutz. Biobauern kümmern sich in aller Regel mehr um natürliche Nährstoffe im Boden, ihre Pflanzen sind gesünder und damit auch widerstandsfähiger. Chemisch wird der Pilz meist mit Mischungen auf der Basis von Kupfersulfat bekämpft, wobei diese auch im biologischen Anbau zugelassene Agrochemie am besten wirkt, wenn sie präventiv eingesetzt wird. Sie verhindert das sogenannte Sporulieren, also die Sporenbildung des Pilzes und damit seine Verbreitung. Da *Hemileia vastatrix* in aller Regel in der Regenzeit zuschlägt, also in der Wachstumsperiode der Kaffeekirschen, empfehlen Handbücher für den Kaffeebauern, die Blätter der Sträucher vierzig Tage nach der Blüte zum ersten Mal mit einer Kupfersulfatlösung zu besprühen. Jeweils weitere vierzig Tage später soll diese Prozedur dann zweimal wiederholt werden. Wird erst nach der Sporulation gesprüht, hat die Chemie keine nennenswerte Wirkung mehr. Trockenzeiten übersteht der Pilz in der Pflanze, um dann gleich nach den ersten Schauern der Regenzeit mit der Sporenproduktion zu beginnen.

Der Kaffeekirschenbohrer ist ein kleiner schwarzer Käfer, der fliegen kann und nur 1,5 bis 1,8 Millimeter groß ist. Er stammt ursprünglich aus Afrika, ist heute aber in allen Kaffeeanbaugebieten verbreitet. Ein Befall kann zu schweren Ernteverlusten führen. Der Käfer mag besonders reife Früchte. Sein Einfallstor sind meist Kirschen, die nach der Ernte auf dem Boden liegen geblieben sind und sich dort langsam zersetzen. Die Weibchen bohren die Früchte an – daher der Name – und legen zwischen dreißig und 120 Eier hinein. Daraus schlüpfen nach vier Tagen 1,9 bis 2,3 Millimeter große gelblich-weiße Larven, die sich vom Fruchtfleisch ernähren. Nach zwei Wochen verpuppen sich diese Larven für eine Woche, dann ist eine neue Generation von Käfern entstanden. Sie verlassen die ausgelutschte Kaffeekirsche und suchen sich neue Wirtfrüchte. Wenn die Kaffeesträucher noch keine neuen Kirschen entwickelt haben, stirbt ein Teil der ersten Generation. Die anderen suchen sich vertrocknete Beeren, die nach der Ernte an den Zweigen blieben. Spätestens die nächste Generation findet dann genügend neue noch grüne Früchte. Innerhalb eines Jahres sind heute bis zu vier Generationen Käfer möglich. Befallene Kaffeekirschen bleiben kleiner, sie verfaulen am Strauch oder fallen herunter; sie haben deutlich weniger Gewicht als unbefallene, und oft sind ihre Bohnen beschädigt.

Die Pflege einer Plantage kann das Risiko eines Befalls deutlich herabsetzen. Wenn bei der Ernte auf den Boden gefallene Kaffeekirschen eingesammelt und die auf den Ästen verbliebenen nachträglich weggepflückt werden, finden einfallende Käfer keine Wirte. Genauso sollten frühreife Früchte gepflückt werden, weil die von den ersten Generationen neuer Käfer besonders geschätzt werden; sie sind leicht aufzubohren, ihr Fruchtfleisch ist süß und eine bessere Nahrung für die Larven. Zusätzlich können Feinde des Käfers auf der Plantage ausgesetzt werden, die für den Kaffee unschädlich sind. Sie zu besorgen, ist kein Problem. Sie werden gezüchtet und in Kaffeeregionen in Läden für Landwirtschaftsbedarf verkauft. Das Raubinsekt *Karnyothrips flavipes* etwa ernährt sich von den Eiern und Larven des Kaffeekirschenbohrers. Ähnliches gilt für eine Reihe von winzigen Wespen. Der für den Kaffeestrauch unbedenkliche Pilz *Beauveria bassiana* befällt die ausgewachsenen Käfer. Sie werden mit einer schimmelartigen weißen Substanz überzogen und sterben. Verbreitet sind auch Fallen für die Weibchen. In den Zweigen der Sträucher werden Plastikflaschen aufgehängt, die mit einem in Flüssigkeit aufgelösten Botenstoff gefüllt sind, der den Käferweibchen sexuelle Attraktivität vorgaukelt. Sie fühlen sich angezogen, fallen hinein und ertrinken.

Der Käfer kann auch mit einer ganzen Reihe von synthetischen Insektiziden bekämpft werden. Vor allem werden Endosulfan und Chlorpyrifos verwendet, die jedoch beide auch für Menschen giftig sind. Endosulfan wird als »moderat giftig« eingestuft, etliche Studien aber weisen darauf hin, dass es krebsfördernd ist. Chlorpyrifos kann unter anderem Koliken, Übelkeit, Durchfälle und Erbrechen, Schwindelgefühl, Kopfschmerzen und unscharfes Sehen verursachen, genauso wie Blutdruckabfall bis hin zu Krämpfen und Atemstillstand. Außerdem ist das Gift nicht nur für den Kaffeekirschenbohrer tödlich, sondern auch für Bienen, Amphibien und Fische.

Neben diesen beiden hauptsächlichen Plagen gibt es weitere Insekten, die zu Ernteverlusten auf Kaffeeplantagen führen können. Der nur zwei bis drei Millimeter große Schmetterling *Leucoptera caffeina* etwa legt seine Eier in die Blätter der Sträucher. Die können, wenn die Larven darin heranwachsen, abfallen und dadurch zu verminderter Fotosynthese führen. *Hammatoderus maculosus* ist ein zwei bis gut drei Zentimeter großer Käfer, der vor allem in Zentralamerika vorkommt und nicht die Kaffeekirschen, sondern die Stämme der Pflanzen aufbohrt, dort seine Eier ablegt und damit ihr Wachstum verlangsamt. Bei schlimmem Befall kann die Pflanze absterben. *Xylosandrus morigerus* ist ein eineinhalb bis zwei Millimeter großer Käfer, der nicht die Frucht oder den Stamm, sondern die Äste anbohrt. *Rhabdopterus jansoni,* der wegen seiner Form im Volksmund auch die »kleine Schildkröte« genannt wird, ein etwa acht Millimeter großer Käfer, schneidet Löcher in grüne Früchte und Blätter und kann die Kaffeebohnen zerstören. Die *Wurzelnematode* ist ein Fadenwurm, der im Boden lebt und die Wurzeln des Kaffeestrauchs befällt. In Kombination mit einer Trockenperiode kann er die Pflanze töten. Dazu kommen eine ganze Reihe Pilze, die in aller Regel wie der Kaffeerost die Blätter befallen. *Corticium koleroga,* der in Lateinamerika *mal de hilachas,* Fasernkrankheit, genannt wird, befällt nicht nur Blätter, sondern auch Früchte und Äste und überzieht sie mit einer Folie aus feinen Fäden. Die Blätter werden dunkel und fallen ab. Auch diese Krankheit kann zu einem totalen Ernteausfall führen.

Mit den wegen des Klimawandels steigenden Temperaturen nimmt der Druck all dieser Plagen auf die Plantagen heute merklich zu. Vor wenigen Jahren noch galten in Zentralamerika Höhenlagen über tausend Metern als sicher vor dem Kaffeerost, in Kolumbien lag die Grenze bei 1600 Metern. Dies hat den einfachen Grund, dass es in diesen Höhenlagen nachts kälter als 22 Grad Celsius wird, wodurch der Pilz verkümmert. Je höher Kaffee angebaut wird, desto kühler wird es in den Nächten und desto sicherer sind die Pflanzen vor dem Pilz. Mit dem Klimawandel aber wird es auch in höheren Lagen wärmer. So gibt es schon heute in Zentralamerika Rostausbrüche in 1600 Metern Höhe. Auf einzelnen Plantagen in Kolumbien hat sich der Pilz sogar schon in zweitausend Metern Höhe ausgebreitet. Vor ein paar Jahren noch galt dies als die Obergrenze, bis zu der Kaffeeanbau in Kolumbien überhaupt möglich ist. Selbst wenn man die optimistischsten Szenarien der Klimaforscher unterstellt, muss man davon ausgehen, dass es bis zum Jahr 2050 in allen Lagen Lateinamerikas zu Ausbrüchen des Kaffeerosts kommen kann.

Die Plage des Kaffeekirschenbohrers wird sich noch dramatischer verschlimmern. Mit steigenden Temperaturen entwickelt sich das Insekt nicht nur schneller und setzt damit mehr Generationen im Jahr in die Welt. Es klettert auch immer weiter in die Höhe und erreicht Plantagen, in denen es ihm noch ein paar Jahre zuvor zu kühl war. Eine Studie aus dem Südwesten von Äthiopien zeigt, dass bereits der jetzige Anstieg der Temperaturen in Ostafrika zu einer merklichen Verschärfung des Käferproblems geführt hat. 1967 scheint er lediglich in tiefen Lagen aufgetreten zu sein, dort, wo Robusta auf den Plantagen steht. Kaffeebauern, die im Hochland Arabicas anbauen, sagten in Umfragen aus diesen Jahren, den Kaffeekirschenbohrer nicht zu kennen. 2003 war er auch in ihren Anbaugebieten weit verbreitet. Selbst auf 1800 Meter Höhe wurde er schon entdeckt. Wegen seines massenhaften Auftretens brachen die Ernteerträge in dieser Region zwischen 2002 und 2009 um 35 Prozent ein.

Derzeit werden pro Jahr eine bis vier Generationen des Käfers geboren. Mit ansteigenden Temperaturen wird sich seine Reproduktion erheblich beschleunigen. Selbst die günstigsten Prognosen, die eine vorausschauende Umweltpolitik voraussetzen, gehen davon aus, dass bis 2050 fünf bis zehn Generationen pro Jahr entstehen können. Unter ungünstigen Bedingungen, also bei unveränderter Umweltpolitik, können es sogar elf bis sechzehn Generationen werden. Da jedes Weibchen mindestens dreißig Eier legt, bedeutet jede neue Generation wenigstens die dreißigfache Menge an Käfern im Vergleich zur jeweiligen Elterngeneration. Nach zwei Generationen sind dann aus einem Käfer neunhundert geworden, nach zehn oder fünfzehn Generationen lassen sich die Zahlen kaum mehr vorstellen. Die hierfür relevante Studie bezieht sich zwar auf die Anbaugebiete in Ostafrika. Aber auch in den Kaffeeregionen Lateinamerikas und Asiens steigen schon jetzt die Temperaturen, und der Käfer ist derselbe.

Kaffeebauern, die sich für den Klimawandel wappnen wollen, bleibt letztlich nur eines: Sie müssen ihren Kaffee unter Schattenbäumen anbauen. Das ergibt zwar in guten Jahren nicht die Spitzenerträge, wie sie Monokulturen in der Sonne liefern. Aber es gibt eine ganze Reihe von Studien, die zeigen, dass solche Plantagen nicht nur umweltverträglicher, sondern langfristig auch stabiler und widerstandsfähiger sind, und dass sie auch mit steigenden Temperaturen besser zurechtkommen.

Widerstandsfähiger sind sie unter anderem deshalb, weil von den Bäumen herabfallende Blätter und Zweige und auch einjährige Kräuter eine Art Mulchschicht bilden, die sich zersetzt und dem Boden wichtige natürliche Nährstoffe zuführt. Die Sorge vieler Bauern, dass die Schattenbäume in trockenen Perioden den Kaffeesträuchern das Wasser wegnehmen würden, ist unbegründet. Kaffeesträucher holen aufgrund ihrer flachen und vertikalen Wurzelbildung ihre Nährstoffe und ihr Wasser aus dem oberen halben Meter der Krume. Sie nehmen mit ihren Haarwurzeln das Wasser auf, wenn es versickert. Schattenbäume dagegen versorgen sich aus tieferen Erdschichten.

Wo natürliche Nährstoffe in den Boden gelangen, müssen keine synthetischen Düngemittel verwendet werden. Das senkt zum einen die Produktionskosten – der Preis chemischer Dünger hat sich in den letzten beiden Jahrzehnten vervielfacht; Agrochemie ist in Monokulturen nach den Arbeitskosten der größte Ausgabenposten. Zudem erhält natürliche Düngung die biologische Balance im Boden, laugt ihn nicht aus und verursacht keine Verunreinigung des Grundwassers. Biodiverse Schattenplantagen bieten Wildtieren Schutz und sind Rastplätze für Zugvögel. Und in schlechten Jahren sind Schattenbäume so etwas wie das Sparkonto der Bauern: Sie haben, wenn Zitrusfrüchte und Bananen auf ihren Fincas stehen, durch den Verkauf der Ernte zusätzliche Einnahmen, mit denen Ernteeinbrüche oder Tiefpreise beim Kaffee abgefedert werden können. Im äußersten Notfall können Schattenbäume auch gefällt und als Feuer- und Bauholz verkauft werden.

Im Zusammenhang mit dem Klimawandel aber ist der größte Gewinn von Schattenbäumen das Mikroklima, das sie schaffen. Zum einen schützen sie die darunterstehenden Kaffeesträucher vor starken Winden. Zum anderen hält ihr Blätterdach am Tag große Hitze ab. In der Nacht aber kühlt sich die Wärme des Tages in Bodennähe viel langsamer ab. Arabicas leiden vor allem unter extremen Temperaturschwankungen. Werden sie kontinuierlich für längere Zeit am Tag mehr als dreißig Grad Celsius ausgesetzt, geht ihr Ertrag zurück. Eine Studie auf Plantagen im brasilianischen Bundesstaat Minas Gerais ergibt, dass in Vollsonneplantagen sogar 38 Grad keine Seltenheit sind. Solche Werte bedeuten für die Pflanzen Hitzestress, sie dehydrieren. Die Durchschnittstemperatur liegt auf solchen Kaffeefeldern um 5,4 Grad höher als in sogenannten Agroforstsystemen, also in Plantagen mit biodiversen Schattenbäumen. Bei steigenden Temperaturen sind diese 5,4 Grad Unterschied ein für den Kaffeeanbau überlebenswichtiges Argument. Klimaforscher halten es für möglich, dass in den Kaffeeanbaugebieten von Minas Gerais und in höheren Lagen im Südosten des Bundesstaats São Paulo die Temperatur bis zum Jahr 2050 um bis zu 5,8 Grad ansteigen wird. Dort gibt es vor allem Vollsonneplantagen. Bleibt es so, müssen ihre Betreiber mit Ertragsverlusten von bis zu 92 Prozent rechnen. Besitzer von biodiversen Pflanzungen unter Schatten haben viel bessere Aussichten. Eine über zwölf Jahre laufende Vergleichsstudie in Minas Gerais zeigt die bessere Bodenqualität solcher Plantagen. Zwar ist die Neubepflanzung teurer als die einer Monokultur ohne Schatten. Langfristig aber ist ihr Gesamtertrag – Kaffee, Früchte und Holz zusammengenommen – um 43 Prozent höher.

Bauern, die ihre Ernte nicht zu den Weltmarktpreisen der New Yorker Börse verkaufen, sondern den hochpreisigeren Markt der Qualitätskaffees bedienen wollen, kommen um Schattenbäume gar nicht herum. Solche Plantagen liefern qualitativ besseren Kaffee. Eine Studie aus Costa Rica zeigt, dass das Fruchtgewicht und die Bohnengröße von Kaffee unter Schatten um rund fünfzig Prozent höher ist als auf Plantagen ohne Schatten. Auch das visuelle Erscheinungsbild von grünen und gerösteten Bohnen, das bei der Bewertung hoher Qualitäten eine Rolle spielt, schnitt bei Kaffee von Schattenkulturen deutlich besser ab. Bei der Verkostung vergaben die Juroren diesen Kaffees bessere Noten für die Säure und den Körper und lobten das Fehlen störender Nebenaromen. Ein Bauer bekommt dafür den drei- bis vierfachen Preis dessen, was für Massenware auf dem Weltmarkt bezahlt wird.

Von der Plantage in die Aufbereitungsanlage

Noch vor wenigen Jahren begann mit der Kaffeeernte eine große Wanderung in Zentralamerika. Ganze Familienverbände machten sich auf und zogen von den Ebenen hinauf ins Bergland, um dort auf den Fincas das Geld zu verdienen, das sie das Jahr über brauchten; das war nicht viel. Die meisten Familien hatten noch ein Stückchen Land zur Selbstversorgung, und es traf sich gut, dass Mais und Bohnen schon im August geerntet werden, die Kaffeelese aber erst Ende November oder Anfang Dezember beginnt. Sogar die Schulferien sind überall in Zentralamerika danach ausgerichtet. Sie beginnen Anfang Dezember, wenn die Kirschen in tieferen Lagen gelesen werden können, und enden im März, wenn die letzten Hochlagen abgeerntet sind. Es gab schon immer viel Kinderarbeit bei der Kaffeeernte, und es gibt sie noch heute.

Drei Monate verbrachten die Wanderarbeiter in den Anbauregionen. Viele zogen in dieser Zeit von Finca zu Finca. Sie wurden in einfachen Schobern untergebracht und schliefen oft auf der nackten Erde. Sie bekamen drei Mahlzeiten am Tag, die Tortillas genannten Fladen aus Maismehl, rote Bohnen und dazu ein bisschen Kaffee, alles in der Regel von lausiger Qualität. Aber nach diesen drei Monaten hatte eine Familie so viel Geld verdient, dass es für die Schuluniformen und Hefte der Kinder reichte, vielleicht auch für ein paar neue Schuhe und ein paar gebrauchte Kleider. Lebensmittel baute man selbst an.

Heute klagen Fincabesitzer, dass es immer schwerer werde, Wanderarbeiter zu finden. Die meisten armen Familien in Zentralamerika haben inzwischen mindestens ein Familienmitglied von einer Schleuserorganisation in die USA bringen lassen. Haben die Verwandten im Norden einen Job, überweisen sie jeden Monat einen Teil ihres Lohns an die Familie zu Hause. Das ist übers Jahr in der

Regel viel mehr, als man bei der Kaffeeernte verdienen kann. Denn nicht nur das Essen, auch die Bezahlung ist auf den Plantagen lausig. In Guatemala, Honduras und El Salvador findet man deshalb fast nur noch Wanderarbeiter aus Nicaragua, weil dort die Löhne noch niedriger sind. Aber auch die Nicaraguaner arbeiten inzwischen lieber bei der Zafra, der Zuckerrohrernte; dort ist die Arbeit der Schnitter zwar härter, aber sie wird deutlich besser bezahlt.

Der Lohn auf den Plantagen richtet sich nicht nach gearbeiteten Stunden oder Tagen, sondern nach geerntetem Gewicht. Viele Fincas werden deshalb nach der schnellsten Methode in Handarbeit abgeerntet, dem sogenannten *Strip-picking.* Dabei greift man einen Zweig zwischen zwei Finger und streift einfach alle Kirschen ab, die daran hängen; reife genauso wie unreife und überreife. Nach dieser Methode reicht ein Erntedurchgang. Man sammelt die abgezogenen Kirschen in einem Bastkorb, der um die Hüfte gebunden ist, und füllt sie dann in Säcke. Die werden vom Vorarbeiter gewogen, das tägliche Gewicht wird notiert, und am Abend vor der Lohnauszahlung werden die Beträge zusammengezählt. Der Vorarbeiter wiederum bekommt vom Verwalter die Lohnsumme für das abgegebene Gewicht ausgehändigt. Wenn er beim Wiegen die Erntearbeiter um ein paar Pfund betrügt, bleibt das Geld dafür in seiner Tasche. Geschichten von manipulierten Waagen oder sonstigen Betrügereien hört man auf fast jeder Finca.

Qualitätskaffee erfordert mehrere Erntedurchgänge. Die Arbeiter ziehen nicht ganze Äste ab, sondern pflücken nur die reifen Kirschen. Das ist mühsam, braucht sehr viel mehr Zeit und erhöht deshalb die Arbeitskosten. Auf Plantagen, deren Besitzer ganz besonders auf Qualität achten, gehen die Arbeiter bis zu zehn Mal durch die Reihen der Sträucher. Es ist klar, dass sie in derselben Zeit lange nicht die Mengen erreichen, die beim *Strip-picking* üblich sind. Manche Fincas bezahlen deshalb nicht nach Gewicht, sondern nach geleisteten Stunden, andere geben einen Bonus für besonders gleichmäßig reifes Erntegut.

Die kostengünstigste Methode der Ernte ist die mit Maschinen. Sie wird vor allem in Brasilien und Vietnam eingesetzt, weil dort die Voraussetzungen dafür gegeben sind. Erntemaschinen können nicht an steilen Hängen oder in zerklüftetem Gelände verwendet werden. Sie brauchen Plantagen in der Ebene, auf denen zwischen den Baumreihen gerade Wege freigelassen wurden. Solche Maschinen sind meist auf Lastwagen gebaut. Sie haben Greifer, mit denen die Bäume so lange geschüttelt werden, bis alle Kaffeekirschen abgefallen sind. Die werden mit großen Tüchern aufgefangen und dann über ein Saugrohr auf die Ladefläche des Lastwagens transportiert. Wie beim *Strip-picking* ist das Erntegut danach bunt gemischt. Reife rote Kaffeekirschen sind genauso darunter wie noch grüne, dazu Blätter und Zweige.

Das Lesegut muss danach sortiert werden. Früher wurde dies von Hand gemacht. Die Ernte wurde auf großen Tüchern ausgebreitet. Arbeiterinnen saßen auf dem Boden, pickten Blätter und Ästchen heraus und warfen sie weg und trennten die reifen von den grünen Kirschen. In Gegenden mit extrem niedrigen Löhnen wird dies noch heute so gemacht. Meist aber wird die Ernte in ein mit Wasser gefülltes Betonbecken geworfen. Grüne Früchte schwimmen dann auf dem Wasser, die reifen haben mehr Zucker, sind schwerer und sinken auf den Boden. Von dort werden sie abgesaugt. Auch die unreifen Kirschen finden Verwendung. Ihre Bohnen werden zu deutlich niedrigeren Preisen an Hersteller von löslichem Kaffee verkauft. Bei denen spielt die Qualität keine Rolle.

Die Ernte wird in der Regel in Säcke gepackt und zu einer Aufbereitungsanlage gebracht. In Lateinamerika nennt man diese Einrichtungen *beneficio,* was so etwas wie Veredelungsanlage meint, im englischsprachigen Raum schlicht *mill,* Mühle. Es gibt sehr kleine *beneficios,* die gerade die Ernte einer kleineren oder mittleren Finca verarbeiten können. Kaffeebauern, die den gesamten Prozess der Aufarbeitung bis hin zum Export selbst kontrollieren wollen, haben solche Anlagen auf ihren Plantagen. Es gibt aber auch riesige Fabriken, die die Ernte vieler Produzenten einsammeln und aufarbeiten. Große Kooperativen haben oft solche Anlagen. Vor allem in Costa Rica gibt es eigenständige *beneficios,* die die Ernte der umliegenden Plantagen auf- und die Bohnen nach der Aufbereitung gewinnbringend an Exportfirmen weiterverkaufen. Beim Transport der Kirschen von der Plantage zur Aufbereitungsanlage müssen die Säcke vor direktem Sonnenlicht geschützt werden. Die Früchte könnten sich sonst erhitzen und unkontrolliert fermentieren, was später im Kaffee zu unangenehmen Geschmacksnoten führen kann. Können die Kirschen nicht sofort verarbeitet werden, schüttet man sie in ein Becken mit frischem kühlem Wasser, um den Beginn der Fermentierung zu verzögern. Länger als zwei Tage aber sollten sie dort nicht liegen.

Die einfachste und älteste Art, Kaffeekirschen in exportfähige Bohnen zu verwandeln, ist die sogenannte Trockenverarbeitung. Man breitet die Früchte dazu in einer dünnen Schicht in der Sonne aus, auf einem Boden aus Tonfliesen oder Beton, oder auf sogenannten afrikanischen Betten. Das sind etwa bettgroße Rahmen auf Beinen, die mit einem Maschendraht überzogen sind. Sie haben den Vorteil, dass die Früchte von allen Seiten Luft bekommen. Auf dem Boden müssen sie regelmäßig gewendet werden, weil sie sonst Schimmel ansetzen können. Kaffeebohnen haben gleich nach der Ernte einen Feuchtigkeitsanteil von rund sechzig Prozent; der muss beim Trocknen auf elf bis zwölf Prozent gesenkt werden. Bei der trockenen Aufbereitung kann dies bis zu vier Wochen in Anspruch nehmen. Nachts deckt man die Früchte ab, damit nicht der Tau des Morgens den Flüssigkeitsverlust des Tages zuvor wieder ersetzt. Genauso müssen sie vor plötzlichen Regenfällen geschützt werden, die inzwischen mit dem Klimawandel auch in der Trockenzeit vorkommen.

Beim Trocknen werden die einst roten Früchte dunkelbraun bis schwarz und schrumpfen zusammen. Das getrocknete Fruchtfleisch und die Haut werden zu einer harten dünnen Hülle. Die wurde früher mühsam von Hand entfernt. Heute macht dies eine Maschine, die im Wesentlichen aus zwei schweren Eisenplatten besteht, zwischen denen die getrockneten Früchte gerieben werden, bis Fruchtfleisch und Haut platzen und abfallen. Die Bohnen, die noch immer von der Pergamenthaut und vom Silberhäutchen geschützt sind, kommen dann für dreißig bis sechzig Tage in ein Silo. Diese Ruhezeit vor der weiteren Verarbeitung verbessert ihre Lagerfähigkeit. Aus Fruchtfleisch und Haut lassen sich Industriezucker, Alkohol oder Biogas gewinnen. Sie können als Viehfutter oder organischer Dünger verwendet werden. Man kann damit aber auch einen süß-säuerlichen Früchtetee aufgießen, der im arabischen Raum als *Kisher* bekannt ist und in Lateinamerika gemeinhin *cáscara* (Schale) genannt wird. Für die wenigen Kaffeebauern, die ihn anbieten, ist er eine zusätzliche Einnahmequelle.

Das Trockenverfahren ist vor allem in Brasilien und Äthiopien verbreitet, wird aber auch in Haiti und Ecuador angewandt. Es galt lange als die billigste Art der Aufbereitung für eher minderwertigen Kaffee. Heute setzen auch Produzenten von hochpreisigem Qualitätskaffee auf dieses Verfahren. Weil die Bohne lange mit dem Fruchtfleisch in Kontakt ist, nimmt sie dessen Geschmacksnoten auf. Der

Kaffee schmeckt dann fruchtiger und hat eine angenehm frische Säure; europäischen Konsumenten, die an nass aufbereiteten Kaffee gewöhnt sind, empfinden ihn oft als rustikal und leicht vergärt.

Die Nassaufbereitung ist das am häufigsten angewendete Verfahren. Bei dieser Methode kommen die reifen Kirschen am besten sofort nach der Ernte oder eben nach einem oder zwei Tagen im Wasserbecken in eine Entpulpungsmaschine. Die besteht entweder aus zwei langsam gegeneinander rotierenden Zylindern, aus zwei beweglichen Platten, zwischen denen die Früchte zerquetscht und das Fruchtfleisch von der Bohne getrennt wird, oder aus einer langen, einem riesigen Korkenzieher ähnlichen Walze. Ist der Abstand zwischen Zylindern oder Platten zu eng, werden die Bohnen beschädigt. Ist er groß genug, bleiben Reste des Fruchtfleisches an den Bohnen kleben. Sie kommen deshalb nach dem Entpulpen zum Fermentieren in einen Wassertank. Wie lange sie darin liegen, hängt von der Höhenlage und der Temperatur ab. Je wärmer es ist, desto schneller läuft diese Gärung ab. Lässt man sie zu lange darin liegen, können die Bohnen einen leicht verfaulten Geschmack annehmen. Bei der Fermentierung wird das restliche Fruchtfleisch von den Bohnen gelöst und anschließend mit fließendem Wasser abgewaschen.

Die nassen Bohnen werden dann auf einem heute meist betonierten Hof ausgebreitet. Sie müssen regelmäßig mit großen Schiebern gewendet werden, um gleichmäßig zu trocknen und keinen Schimmel anzusetzen. Bis die Bohnen den gewünschten Feuchtigkeitsanteil von elf bis zwölf Prozent haben, vergehen in der Regel acht bis zehn Tage. In feuchteren Gegenden werden bisweilen Heizventilatoren eingesetzt, um den Trockenprozess zu beschleunigen. Werden sie jedoch zu schnell getrocknet, kann dies zu Qualitätsverlusten führen. Danach kommen die trockenen Bohnen, wie bei der trockenen Aufbereitung, zum Ruhen in ein Silo.

Umweltfrevel bei der Aufbereitung

Das größte Umweltproblem bei der nassen Aufbereitung ist das dabei entstehende Abwasser. Es ist dunkelbraun gefärbt, sehr sauer und enthält jede Menge schwer abbaubarer organischer Stoffe. In den Kaffeeanbaugebieten, die überwiegend in ärmeren Ländern ohne große Infrastruktur liegen, gibt es kaum Kläranlagen. Selbst in einem verhältnismäßig reichen Land wie Kolumbien bereiten nach einer Umfrage des dortigen Verbands der Kaffeeproduzenten Fedecafé nur elf Prozent der *beneficios* ihr Abwasser auf, und das auch nur notdürftig. Die anderen 89 Prozent schütten es einfach aufs Land oder leiten es in die nächstgelegenen Flüsse, Bäche und Seen. 94 Prozent der Kaffeeaufbereitungsanlagen kümmern sich dabei nicht um geltende Umweltgesetze oder nötige Genehmigungen – und es gibt niemand, der sie zur Verantwortung zöge. Bisweilen befinden sich auf dem Gelände der Kaffeefabriken auch Sickergruben für das Abwasser. Weil die nasse Methode der Kaffeeaufbereitung aber viel Wasser braucht, werden *beneficios* in der Regel in der Nähe von Flüssen gebaut. Bei Regengüssen können die Sickergruben schnell überlaufen und dann doch den Fluss verschmutzen. Zumindest ein Teil des Abwassers gelangt ohnehin über kurz oder lang ins Grundwasser.

Die Verschmutzung des bei der nassen Aufbereitung verwendeten Wassers kommt von der *pulpa,* dem Fruchtfleisch und der Schale, und vom sogenannten *mucílago,* dem Schleim, der die Kaffeebohnen umgibt. Beide zusammen machen 56 Prozent des Gewichts einer reifen Kaffeekirsche aus, wobei die *pulpa* mit vierzig Prozent den hauptsächlichen Anteil stellt. Auch bei der Fermentierung nach dem Entpulpen und beim abschließenden Waschen der Bohnen fallen weitere Abfälle an. Sie versetzen das Abwasser mit einer hohen Konzentration von organischem Material und Schwebstoffen. Das Fruchtfleisch besteht vor allem aus Proteinen und Zuckern, die Schleimbestandteile überwiegend aus Pektinen. Diese Kohlenhydrate sind Mehrfachzucker, die bei der Zersetzung in Alkohol umgewandelt werden. Dazu kommen Tannine, pflanzliche Gerbstoffe, die vor allem in den Schalen der Früchte vorkommen. Sie sind in üblichen Kläranlagen nur schwer abbaubar und färben das Wasser dunkelbraun. Zusätzlich ist das Abwasser mit Nitrat und Phosphat sowie mit Makromolekülen wie Koffein belastet.

Die zuckerhaltigen organischen Stoffe im Abwasser vergären zu Alkohol und CO_2, der Alkohol wird schnell in Essig oder Essigsäure umgewandelt. Hatte das den Flüssen entnommene Frischwasser vor der Nassaufbereitung noch einen neutralen pH-Wert von sieben, ist das Abwasser danach mit einem pH-Wert von vier tief im sauren Bereich und enthält kaum mehr Sauerstoff. Wird es einfach in den nächsten Fluss geschüttet, wird dieser trübe und bekommt einen stechenden Geruch. Für Fische, Amphibien und Kleintiere im Wasser kann die Brühe aus der Aufbereitungsanlage tödlich sein. Vor allem den Fischen geht mit der Zeit die Luft aus. Die organischen Bestandteile des Abwassers werden nämlich langsam weiter abgebaut, und dazu wird sehr viel Sauerstoff aus dem Wasser benötigt. Das Abwasser einer Tonne nass aufbereiteter Kaffeebohnen verbraucht dieselbe Sauerstoffmenge wie der Abbau der Exkremente, die zweitausend Menschen an einem Tag ausscheiden. Es liegt auf der Hand, dass das Wasser derart belasteter Flüsse auch dem Menschen schadet. Es kann Hautreizungen, Magenprobleme, Atembeschwerden und Übelkeit verursachen. Nicht einmal Plantagen sollte man damit bewässern.

Die dunkelbraune Farbe des Abwassers schadet vor allem den Wasserpflanzen. Sie brauchen die Strahlen der Sonne für die Fotosynthese und bekommen wegen der Färbung weniger davon ab. Sie können weniger Nährstoffe aufnehmen, wachsen langsamer und produzieren deshalb auch weniger im Wasser gelösten Sauerstoff, von dem aber für den Abbau der organischen Bestandteile des Abwassers wiederum sehr viel mehr gebraucht würde.

Nun ist die Kaffeeaufbereitung eine saisonale Arbeit, die nach drei, spätestens vier Monaten abgeschlossen ist. Danach haben belastete Gewässer acht oder neun Monate Zeit, um sich zu erholen. Vieles deutet darauf hin, dass diese Zeit nicht ausreichend ist. So haben Wissenschaftler in der Region Kaffa im Westen von Äthiopien Flüsse untersucht, an denen Aufbereitungsanlagen stehen, die das nasse Verfahren anwenden. Das Abwasser wird in dieser Gegend ungefiltert im Fluss entsorgt. Während die untersuchten Flüsse oberhalb dieser Fabriken das ganze Jahr über unbedenkliche Sauerstoffwerte aufwiesen, waren sie unterhalb in der Kaffeeverarbeitungssaison fast ohne jeglichen Sauerstoff. Fische und andere Wassertiere und Pflanzen litten auch noch Monate danach unter Sauerstoffmangel und starben. Und nicht nur die Wasserläufe, in die das Abwasser direkt eingeleitet wurde, waren belastet, sondern auch die Flüsse und Seen, in die diese münden. Dabei wäre es ganz einfach, diesen Umweltfrevel zumindest deutlich zu reduzieren. Die Zellstoffe der *pulpa* und die Pektine des schleimigen *mucílago* können mit Sieben aus dem Abwasser geholt werden. Solche Siebe werden allerdings bisher kaum irgendwo eingesetzt.

Neben der trockenen und der nassen Aufbereitung werden heute auch eine ganze Reihe von Mischverfahren angewandt. In Brasilien etwa ist die sogenannte Pulped-Natural-Aufbereitung verbreitet, die sehr viel weniger Wasser verbraucht als das nasse Verfahren. Wie bei der nassen Aufbereitung kommt die Ernte zunächst in ein Wasserbecken, um die reifen Früchte von den unreifen zu trennen. Danach gehen die reifen durch die Entpulpungsmaschine, um die Schale und den Großteil des Fruchtfleisches zu entfernen. Sie kommen dann aber nicht in Fermentierungstanks, sondern werden mit den Resten des Fruchtfleisches gleich auf dem Boden oder auf afrikanischen Betten getrocknet. Die Reste des Fruchtfleisches machen den Kaffee merklich süßer und körperreicher.

Das vor allem in Costa Rica und El Salvador angewandte sogenannte Honey-Verfahren verstärkt diesen Effekt und braucht noch weniger Wasser als die Pulped-Natural-Aufbereitung. Die Walzen oder Platten des Entpulpers werden so eingestellt, dass ein gewisser Prozentsatz des Fruchtfleisches an den Bohnen haften bleibt. Der kann zwischen zwanzig und hundert Prozent liegen. Je mehr Fruchtfleisch, desto süßer, fruchtiger und körperreicher wird der Kaffee – und desto weniger belastende organische Stoffe bleiben im Abwasser. Allerdings ist das Trocknen der Bohnen bei dieser Methode sehr viel aufwendiger. Man verwendet dazu in der Regel afrikanische Betten. Liegt mehr als eine einzige Schicht auf den Betten, sollten die Bohnen in den ersten drei Tagen jede Stunde gewendet werden. Sie brauchen genügend Luft, damit das Fruchtfleisch nicht zu gären beginnt und die Bohnen keinen Schimmel ansetzen. Je länger der Trockenprozess dauert, desto mehr Süße nehmen die Bohnen vom Fruchtfleisch auf. Man unterscheidet deshalb in gelben, roten und schwarzen Honey. Für den gelben werden die Bohnen in der Sonne getrocknet, für den roten in einer Mischung aus Sonne und Schatten. Für den schwarzen braucht die Trocknung am längsten, weil die Bohnen ganz im Schatten getrocknet werden. Ihr Kaffee hat am Ende die größte Süße und die ausgeprägtesten fruchtigen Noten.

In Indonesien ist die sogenannte halbtrockene Aufbereitung verbreitet. Bei ihr werden die entpulpten Bohnen nur kurz getrocknet, und zwar nicht wie bei allen anderen Verfahren bis zu einem Feuchtigkeitsanteil von elf bis zwölf, sondern nur bis gut dreißig Prozent. Dann werden sie in einer Maschine von der Pergamenthaut befreit, um erst danach weiter getrocknet zu werden. Es ist das einzige Verfahren, bei dem diese schützende Schicht nicht erst kurz vor dem Export entfernt wird. Die Bohnen werden deshalb nicht gräulich braun, sondern dunkelgrün. Solcher Kaffee hat seinen ganz eigenen Geschmack. Er hat weniger Säure, dafür mehr Körper. Und er entwickelt Noten von Holz, Gewürzen, Tabak, Leder und nasser Erde und schmeckt im Ganzen rustikaler. Man muss ihn mögen.

Egal, welche Aufbereitungsmethode angewandt wurde, der Kaffee muss vor dem Export immer für dreißig bis sechzig Tage in einem Silo ruhen. Dass dies die Lagerfähigkeit der Bohnen verbessert, ist ein reiner Erfahrungswert. Wird die Ruhephase nicht eingehalten, kann der Kaffee später unangenehm unreif schmecken. Was genau diesen Effekt auslöst, konnten Agronomen noch nicht ergründen.

Vor dem Export wird die Pergamenthaut in einer Trockenmühle entfernt. Man könnte dies auch später kurz vor dem Rösten tun, aber die Bohnen haben ohne diese schützende Schicht weniger Volumen und weniger Gewicht, was die Transportkosten senkt. Meist sind die Trockenmühlen kombiniert mit groben Sieben, in denen die Bohnen nach Größe sortiert werden. Es ist aber immer noch üblich, sie hinterher noch einmal von Hand nachzusortieren. Das hat nichts mit Ästhetik zu tun; die Röster legen Wert darauf, dass die Bohnen einer Lieferung in etwa gleich groß sind, weil unterschiedlich große Bohnen auch unterschiedlich lange Röstzeiten brauchen.

Das Verlesen von Hand ist eine monotone Arbeit, die zudem in aller Regel sehr schlecht bezahlt wird. Sie wird vor allem von Frauen verrichtet. Sie sitzen an langen Tischen, in großen Betrieben auch an Förderbändern, auf denen die Bohnen an ihnen vorbeiziehen und den Rhythmus der Arbeit vorgeben. Die Frauen achten dabei nicht nur auf die Größe der Bohnen, sondern auch auf ihre Farbe und auf eventuelle Beschädigungen. Ware, die nicht den Qualitätsansprüchen der Käufer entspricht, wird aussortiert und als Billigware für zweitklassigen oder löslichen Kaffee verwendet. Der Lohn dieser Arbeit ist ein nennenswerter Faktor der Produktionskosten. Doch sie verbessert die Qualität des Kaffees erheblich, wodurch auch wesentlich höhere Preise erzielt werden können.

Die Kennzeichnung der Bohnengröße ist regional verschieden. Kolumbien war das erste Land, das diese Klassifizierungen eingeführt hat. Damit sollte das Besondere der Bohnen hervorgehoben werden. Entsprechend suggerieren die Bezeichnungen Qualität. Bohnen mittlerer Größe werden *Excelso* genannt, die großen *Supremo.* Auch in Mittelamerika wird Größe mit Qualität gleichgesetzt. Hier tragen die größten Bohnen die Klassifizierung *Superior.* Die kleinsten werden mit der Abkürzung *PB* bezeichnet, was für *Peaberry* oder deutsch Perlbohnen steht, also die kleinen runden Kaffeesamen, die nicht als Zwillinge, sondern allein in einer Kirsche herangewachsen sind. In Afrika ist man prosaischer und verwendet schlicht zwei Buchstaben. Die größten Bohnen heißen AA, denen folgt die Größenordnung AB, die kleinsten tragen nur ein A. Auch dort ist es so, dass AA-Bohnen in der Regel höhere Preise erzielen.

Derart sortierte Ware wird am Ende in Säcke abgefüllt. Früher waren die ausschließlich aus Jute, heute sind billigere aus Plastikfasern gewobene Säcke üblich. Ein Standardsack enthält sechzig Kilogramm Bohnen; in Zentralamerika sind auch solche von 69 Kilogramm gängig. Die gefüllten Säcke werden vernäht. Für den Versand werden Container benutzt, die bis zu dreihundert Säcke fassen. Qualitativ minderwertige Ware, etwa für die Herstellung von löslichem Kaffee, wird zum Teil auch direkt in mit Plastikplanen ausgeschlagene Container geschüttet und dann beim Empfänger wie eine Lastwagenladung ausgekippt. Üblicherweise werden die Container per Schiff transportiert. Nur wenige hochpreisige Röstereien legen Wert auf den schnellen Transport im Flugzeug. Ob dieser etwas frischere Kaffee nach der Röstung dann tatsächlich besser schmeckt, ist zumindest diskussionswürdig. Zwar unterliegen die Bohnen als organisches Material einem Alterungsprozess. Bei trockener Lagerung aber wirkt der sich im ersten Jahr nur unwesentlich auf die Qualität aus.

Geschmacksnoten und Aromen

Ungeröstete Kaffeebohnen sind unscheinbar und blass und weitgehend geschmacklos. Wer sie kaut, schmeckt allenfalls so etwas wie ein nicht genauer definierbares rohes und ungewaschenes Gemüse, ein bisschen säuerlich und bitter, erdig und grasig. Die Bohnen sind noch weich und lassen sich deshalb nur mit Mühe mehr zerquetschen als mahlen. Wer trotzdem versucht, einen Kaffee damit aufzubrühen, bekommt ein ziemlich geschmackloses weißlich trübes Getränk, das ein bisschen Koffein enthält. Beim Rösten aber entwickeln sich mehr als 850 Aromen und über 700 Geschmacksnoten. Zudem werden die Bohnen doppelt so groß, verlieren aber gleichzeitig an Gewicht. Fertig geröstet sind sie so hart und brüchig, dass sie leicht gemahlen werden können.

Dass Kaffee nur in dieser Form für den menschlichen Gaumen attraktiv ist, weiß man seit über 1500 Jahren. Schon im alten Äthiopien kamen die Samen der im Wald gesammelten wild wachsenden Kaffeekirschen übers Feuer.

Aus Äthiopien kommt auch die älteste und einfachste Art der Röstung: Die getrockneten Bohnen werden auf einer gebrannten Tonscheibe, einer Metallplatte, in einem Kupferkessel oder einer Pfanne über dem offenen Feuer erhitzt. Sie müssen ständig gewendet werden, um nicht anzubrennen. Diese althergebrachte Art des Röstens war bis zu Beginn des 20. Jahrhunderts die einzige. Kaffeehäuser rösteten ihren Kaffee deshalb meist selbst; Hausfrauen kauften grüne Bohnen und rösteten sie zu Hause in einer Pfanne. In ländlichen Gegenden Ostafrikas und in Zentralamerika wird das noch immer so gemacht. Die Mengen einer solchen Röstung sind gering, meist für den Hausgebrauch oder gar nur zur sofortigen Zubereitung. Zum Kauf findet man solchen Kaffee allenfalls auf kleinen lokalen Märkten, wo auch ungeröstete Bohnen angeboten werden.

Anfang des 20. Jahrhunderts wurde der sogenannte Trommelröster erfunden. Es handelt sich dabei um eine geschlossene Metalltrommel, die über einer Hitzequelle rotiert. Dadurch werden die Bohnen in der Trommel ständig bewegt und sehr gleichmäßig geröstet. Mit einem Probenzieher können kleine Mengen von Bohnen entnommen werden, um den Röstgrad zu überprüfen. Es gibt Trommelröster, die nur wenige Kilogramm fassen. In die größten passt bis zu einer halben Tonne. Das Rösten in so einer Maschine dauert zwischen vierzehn und zwanzig Minuten, je nachdem, wie groß die Bohnen sind und wie dunkel man sie haben will.

Nachdem die Bohnen in die Trommel gefüllt sind, dauert es eine Weile, bis sie sich erhitzt haben. In dieser ersten Phase der Röstung wird die Restfeuchtigkeit verdampft. Die Bohnen verlieren bei dieser

Trocknung zwischen zwölf und zwanzig Prozent ihres Gewichts. Im Dampf entweichen auch rund zehn Prozent des Koffeins. In diesen ersten Minuten ändern sich Aussehen und Geschmack der Bohnen kaum. Erst wenn sie durchgetrocknet sind, werden sie bei Temperaturen von bis zu gut 180 Grad Celsius langsam zunächst gelb und dann braun; werden sie heißer, können sie verbrennen. Die Gase im Inneren der Bohnen weiten sich mit der Hitze aus und blähen sie langsam auf. Zunächst platzt das Silberhäutchen auf und fällt ab. Langsam entwickeln sich auch die ersten Aromen: Die gelbbraunen Bohnen riechen nach gekochtem Reis und frischem Brot. Wenn sie braun sind, bauen die Gase im Inneren – vor allem Wasserdampf und CO_2 – immer mehr Druck auf, bis die Bohne mit einem hörbaren Knacken aufplatzt. Es ist ein Geräusch, wie man es von Maiskörnern kennt, die zu Popcorn verarbeitet werden. Nun ist die Bohne doppelt so groß wie zu Beginn der Röstung und entwickelt ihre Geschmacksnoten und Aromen. Bei diesem komplexen chemischen Prozess werden unter anderem die vorhandenen Zucker karamellisiert und sorgen für Süße und die braune Färbung.

Nach dem Aufplatzen bestimmt der Röster, wann er den Vorgang abbrechen will. Zunächst hat der Kaffee sehr viel Säure, aber kaum Bitterstoffe. Je länger er geröstet wird, desto weniger Säure hat er, aber mehr Bitterkeit. In dieser Phase kommt es irgendwann zu einem zweiten Aufplatzen der Bohnen. Das ist nicht mehr so laut wie das erste Knacken, eher ein kaum hörbares Knistern. Die Bohnen sind dann so dunkel, dass sie sich nur noch für Espresso, türkischen Mokka oder ähnliche Zubereitungen eignen. Sie haben sehr viel Körper und Bitterkeit, aber kaum mehr feine Geschmacksnoten.

Der Röster entscheidet, welche Balance zwischen Säure, Körper und Bitterkeit er will. Er beendet den Röstvorgang nicht allein aufgrund der aus der Trommel gezogenen Proben, sondern entscheidet dabei vorausschauend. Die Bohnen sind nämlich, wenn sie aus der Trommel genommen werden, noch immer heiß und rösten eine Zeitlang nach. Sie werden in eine Kühlschale geschüttet und dort mit einem rotierenden Rechen gewendet, um möglichst schnell die Umgebungstemperatur anzunehmen. Industrielle Trommelröstereien blasen auch kalte Luft durch die Kaffeebohnen, um den Abkühlungsvorgang zu beschleunigen. Das hört sich an wie ein Düsenflugzeug kurz vor dem Start. Bisweilen werden die heißen Bohnen sogar mit Wasser besprüht, das dann verdampft und den Bohnen Hitze entzieht. Solcher Kaffee sollte bald zubereitet und getrunken werden. Er wird schneller schal als solcher, der an der Luft abgekühlt ist.

Röster unterscheiden eine ganze Reihe von Röstgraden, von sehr hell bis fast schwarz. Es gibt verschiedene Tabellen, die zum Teil auf der Basis optischer Messungen mit elektronischen Geräten zustande gekommen sind und die verschiedenen Typen der Röstung auf einer Skala einordnen, die von 95, sehr hell, bis 25, sehr dunkel, geht. Was darüber oder darunter liegt, gilt als ungenießbar. Grob lassen sich die verschiedenen Röstungen in hell, mittel, dunkel und sehr dunkel einteilen, wobei jeder Röstgrad andere Geschmacksnoten hervorhebt. Helle Röstungen haben einen eher leichten Körper und sehr viel Säure. Hervorgehoben werden vor allem Noten von Zitrusfrüchten. Mittlere Röstungen sind süßer, haben mehr Körper und sind, was Säure, Aromen und Geschmacksnoten angeht, ausgewogen. Dunkle Röstungen sind im Vergleich dazu weniger komplex. Sie haben mehr Körper, sind unter Umständen ein wenig bitter und heben die eher dunklen Geschmacksnoten von Schokolade und Kakao hervor; fruchtige Noten werden davon überdeckt. Die sehr dunklen Röstungen schmecken etwas rauchig, was daher rührt, dass die Zuckeranteile des Kaffees verbrannt sind. Nicht nur die Farbe, auch die Oberfläche der Bohnen ist bei verschiedenen Röstungen unterschiedlich. Helle und mittlere Röstungen haben eine eher stumpfe Färbung und sind trocken, dunkle glänzen ein wenig und sehr dunkle sehen aus, als ob sie eingefettet worden wären. Der Glanz kommt von im Kaffee enthaltenen Ölen, die bei längerer Röstung nach außen treten.

Trommelröster sind vergleichsweise langsam, aber auch schonend für die Bohnen. Sie werden heute vor allem in kleinen und mittleren Röstereien eingesetzt, die sich auf Qualitätskaffees spezialisiert haben. Daneben gibt es weitere Maschinentypen, die mehr Kaffee aufnehmen können und die vor allem schneller arbeiten. So wurde in den siebziger Jahren der Heißluftröster entwickelt, ein unten konisch zulaufender, senkrecht stehender Metallzylinder, in den von unten Heißluft gepresst wird, sodass die Kaffeebohnen durcheinandergewirbelt werden. Sie nehmen wegen des höheren Luftvolumens die Hitze schneller auf. Die Röstzeiten sind entsprechend kürzer. Ein Tangentialröster funktioniert im Prinzip wie ein Trommelröster. Allerdings rotiert bei ihm nicht die Trommel, sondern eine Art Schaufelrad im Inneren, das den Kaffee durchmischt. So können größere Mengen von Bohnen schneller und sehr gleichmäßig geröstet werden. Am schnellsten und effektivsten arbeiten Zentrifugalröster. Diese Maschinen enthalten Schalen, die sich so schnell drehen, dass die darin liegenden Bohnen gegen die Wand geschleudert und von dort wieder zurückgeworfen werden. Man kann sich den Vorgang vorstellen wie in einem Mixer ohne Schnittmesser. Die größten Exemplare können über eine Tonne Bohnen aufnehmen und sie innerhalb von neunzig Sekunden rösten. Sie verlieren dabei weniger Gewicht als in den anderen Maschinen, was am Ende eine größere Kaffeemenge ergibt. Die Qualität dieser Expressröstung aber lässt zu wünschen übrig. Zentrifugalröster werden deshalb vor allem bei der Herstellung von löslichem Kaffee oder von Supermarktmischungen eingesetzt.

Nach der Röstung enthalten die Bohnen viel Gas, vor allem CO_2. Das entweicht in den kommenden Tagen, weshalb viele Röster den Kaffee erst einmal drei Tage lang ruhen lassen, bevor er verpackt wird. Gerösteter Kaffee, der der Luft ausgesetzt wird, altert aber sehr schnell. Er verliert Aromen und Geschmacksnoten und wird langsam schal. Einfach in Tüten verpackte Bohnen sollten deshalb innerhalb von sieben bis zehn Tagen verbraucht werden. Die bei Supermarktkaffee oft zu findende Vakuumverpackung nützt nur, solange sie noch verschlossen ist. Sobald eine solche Verpackung geöffnet wird, strömt ein starker Luftzug ins vorherige Vakuum und setzt einen beschleunigten Alterungsprozess in Gang. Für Qualitätskaffee sind dreilagige Beutel üblich, die nach dem Befüllen sofort verschlossen werden, um weiteren Luftkontakt zu vermeiden. Sie sind meist mit einem Ventil ausgestattet, über die das weiterhin austretende Kohlendioxid entweichen kann. Wenn so eine Packung wie aufgeblasen wirkt, ist das kein Mangel. Es bedeutet lediglich, dass der Kaffee nach dem Verpacken noch viel CO_2 »ausgeatmet« hat. Auch für solche Verpackungen gilt: Wenn sie geöffnet werden, sollten die Bohnen so aufbewahrt werden, dass sie kein Licht und keine Feuchtigkeit abbekommen. Und sie sollten innerhalb einer guten Woche verbraucht werden.

Einen guten Kaffee zu beschreiben, ist bei mehr als 700 verschiedenen Geschmacksnoten und über 850 Aromen – es sind mehr als beim Wein – keine einfache Angelegenheit, wobei ein einziger Kaffee nie alle diese Nuancen besitzt. Für die Geschmacks- und Qualitätsprüfung des Kaffees gibt es ausgebildete Verkoster – wie beim Wein

Sommeliers –, die man in Lateinamerika *catadores* nennt. Eine Kaffeeprüfung ist entsprechend eine Verkostung beziehungsweise eine *catación;* neuerdings spricht man auch anglisierend vom *Cupping.* Nun lassen sich Geschmäcker und Gerüche kaum exakt bezeichnen, und so behelfen sich Kaffeeverkoster wie Sommeliers mit Vergleichen. Sie sprechen also von Duftnoten von Rosen, Jasmin oder auch faulender Erde und von Geschmacksnuancen von dunklen Beeren, Maracuja oder Leder; der Fantasie sind da keine Grenzen gesetzt.

Eine professionelle Verkostung ist eine ernsthafte Angelegenheit, die Zeit in Anspruch nimmt. Der Verkoster braucht ein Muster des Kaffees, den er bewerten soll, zusammen mit Informationen über die Herkunft und die Art der Aufbereitung. Er will also wissen, um welche Arabicasorte es sich handelt, wo sie in welcher Höhe und mit wie viel Schatten herangewachsen ist und ob sie nass, trocken oder mit einem anderen Verfahren aufbereitet wurde. Zunächst werden die ganzen noch ungerösteten Bohnen inspiziert. Man misst ihren Feuchtigkeitsgehalt und schätzt, wie hoch der Anteil von Bohnen mit einem Defekt ist. Bei kolumbianischem Kaffee etwa sind 75 Prozent eines durchschnittlichen Musters makellos. Die festgestellten Schäden erlauben dem Verkoster Rückschlüsse auf Probleme beim Anbau oder bei der Aufbereitung. Schwarze Flecken auf den Bohnen können zum Beispiel bedeuten, dass die Pflanze in der Entwicklungsphase der Früchte zu wenig Wasser bekommen hat, dass überreife herabgefallene Kaffeekirschen mit in die Ernte gelangten, dass die Fermentierung vor der Entpulpung oder vor dem Waschen zu lang war oder dass die Bohnen nach dem Trocknen noch einmal feucht geworden sind. Auch marmorierte zu helle Bohnen weisen darauf hin, dass sie nicht trocken genug gelagert wurden. Ein guter Verkoster kann über ein Dutzend möglicher Defekte erkennen und daraus schließen, ob der Pflanze Nährstoffe fehlten, ob die Plantage von Kaffeekirschenbohrern befallen ist, ob die Entpulpungsmaschine falsch eingestellt war und vieles mehr. Genauso kann ihm der Geruch von ungerösteten Bohnen Hinweise auf zu lange Fermentierung oder auch auf möglichen Schimmelbefall geben.

Die Verkostung des aufgebrühten Kaffees hat etwas fast Zeremonielles. Man wiegt zunächst zwölf Gramm des zu bewertenden Kaffees ab, mahlt die Bohnen mit einem mittleren Mahlgrad und schüttet das Pulver in eine schalenartige Tasse. Die führt man dann zur Nase, riecht und macht sich Notizen zu den Aromen. Dann werden zweihundert Milliliter Wasser darüber gegossen. Es soll 92 Grad heiß sein und keine anderen Zusätze oder Gerüche wie Chlor enthalten. Auf der Oberfläche des nun aufgebrühten Kaffees bildet sich dabei so etwas wie eine schaumige Kruste aus Kaffeepulver. Nach vier Minuten nähert sich der Verkoster, bis die Nase fast die Kruste berührt. Dann wird das wichtigste Instrument eingesetzt: der Kaffeeverkostungslöffel. Es handelt sich dabei um einen langstieligen runden Löffel, der ein bisschen kleiner ist als ein Suppenlöffel; dafür ist er etwas tiefer. Mit diesem Instrument bricht der Verkoster mit drei kreisenden Bewegungen die schaumige Kruste auf und riecht gleichzeitig, welche Aromen dabei freigesetzt werden. Danach wird mit demselben Löffel das aufgequollene Kaffeepulver aus der Tasse gefischt, sodass ein sauberes klares Getränk zurückbleibt. Dies lässt man zehn bis zwölf Minuten abkühlen. Dann kommt noch einmal der Löffel zum Einsatz. Man holt damit einen Schluck Kaffee aus der Tasse, schlürft ihn mit viel Luft in den Hohlraum des Mundes und lässt ihn auf alle Geschmackszellen wirken. Wenn viele Verkoster am Werk sind, ist die Geräuschkulisse nicht eben appetitlich. Die Laute, die da zu hören sind, gehen von schlürfendem Blubbern bis hin zu scharfem Pfeifen. Jeder Verkoster entwickelt mit der Zeit eine eigene Technik, mit der er am meisten Sinneseindrücke wahrnehmen kann. Ein Schluck allein genügt nicht. Der Kaffee wird auch auf seine geschmacklichen Veränderungen beim langsamen Abkühlen getestet. Werden mehrere Proben hintereinander verkostet und verglichen, spuckt man den eingesogenen Schluck wieder aus, um dem Körper eine Überdosis an Koffein zu ersparen. Zwischen den verschiedenen Proben werden die Sensoren im Mund mit Wasser und vielleicht etwas Weißbrot neutralisiert.

Bewertet werden der Geschmack des Kaffees, den man vor allem am hinteren Teil des Gaumens wahrnimmt; dazu die Säure, die man an der Zunge spürt. Sie kann herrlich frisch sein, aber auch an Essig erinnern. Mit dem Körper ist das Gefühl gemeint, das der Kaffee im Mund erzeugt. Wird er als leicht und zart empfunden, fast so wie Tee, oder eher als sämig und schwer. Und schließlich geht es um die Ausgewogenheit: Verbinden sich die verschiedenen Aromen und Geschmacksnoten zu einem harmonischen Ganzen oder sticht eine Eigenschaft hervor? Für all dies wurde ein Punktesystem entwickelt, das der Bewertung des US-amerikanischen Weinpapstes Robert Parker nachempfunden ist. Hundert Punkte ist der theoretische Höchstwert eines Kaffees. Ab 86 Punkten gilt er als Qualitätskaffee, Bewertungen von über neunzig sind eine besondere Auszeichnung. Solche Punktzahlen werden gerne von Röstern bei der Werbung für hochpreisige Kaffees eingesetzt. Letztlich aber ist alles Geschmacksache. Holländer etwa bevorzugen überwiegend den bitteren Robustakaffee, obwohl der bei solchen Bewertungen durchweg miserable Noten bekommt.

Sicher lässt sich der eine oder andere Kaffeeliebhaber von hohen Punktzahlen beeinflussen, im Grund aber geht es um etwas ganz anderes. Auch im aufgebrühten Getränk suchen die Verkoster nach Defekten, die ihnen Hinweise auf Fehler geben, die auf der Plantage oder in der Aufbereitungsanlage begangen wurden. Bei einem Kaffee mit einer an Essig erinnernden Säure etwa könnten zu viele überreife Kirschen im Erntegut gewesen sein, ein eher rau schmeckender Kaffee dagegen wurde wahrscheinlich zu früh geerntet. Riecht er nach Erde, könnte er nicht gleichmäßig und nicht lange genug getrocknet worden sein. Der Geruch könnte aber auch durch verschmutztes Wasser in der Aufbereitungsanlage verursacht worden sein.

Alle Informationen, die ein professioneller Verkoster bei der Inspektion der noch ungerösteten Bohnen und beim Schlürfen des gerösteten und aufgebrühten Getränks sammelt, sind wertvolle Hinweise für den Kaffeebauern. Er weiß dadurch, welche Schritte er im Produktionsprozess überprüfen und wo er gegebenenfalls eingreifen muss, um die Qualität seines Kaffees zu verbessern. Großbetriebe, die höhere Preise erzielen wollen, haben deshalb eigene angestellte Verkoster; kleinere Betriebe lassen ihre Bohnen regelmäßig von freiberuflich arbeitenden testen. Zwei oder drei Meinungen zu hören, ist dabei immer besser, als sich auf nur eine Stimme zu verlassen. Ein Verkoster mag noch so viel Erfahrung haben, Gerüche und Geschmäcker sind letztlich persönliche Empfindung.

Die Kunst der Zubereitung

Für die Zubereitung des Kaffees am Morgen zu Hause ist die Verkostungsprozedur viel zu aufwendig und langwierig. Es geht auch viel schneller. Die minimalen Utensilien, die man dazu braucht, sind eine Kaffeemühle, ein Topf, um das Wasser zu erhitzen, eine Kanne und eine Tasse. Kaffeemühlen sind deshalb wichtig, weil man Kaffee immer in ganzen Bohnen kaufen sollte, die man erst direkt vor der Zubereitung mahlt. Schon gemahlener Kaffee altert viel schneller. Das liegt schlicht daran, dass dieselbe Menge Kaffeepulver eine viel größere Oberfläche hat als ganze Bohnen und deshalb auch viel mehr Kontakt mit Luft. Zudem kann man nicht selbst festlegen, wie fein das Pulver sein soll. Je nachdem, für welche Zubereitungsart man sich entscheidet, braucht man aber verschiedene Mahlgrade. Auch billige elektrische Kaffeemühlen, die die Bohnen mit einem schnell rotierenden Messer zerschlagen, machen es schwer, den richtigen Mahlgrad zu treffen. Zudem behaupten Puristen, der Kaffee werde bei dieser Art des Mahlens erhitzt, sodass sich ein Teil der Aromen tragenden Öle verflüchtige. Es sollte also eine Mühle mit Kegelmahlwerk sein, egal, ob von Hand betrieben oder elektrisch. Man muss dafür nicht mehrere hundert Euro ausgeben. Die gewaltigen Preisunterschiede haben meist mehr mit der Marke und dem Design zu tun als mit der Qualität des Mahlguts. Frisch gemahlener Kaffee riecht und schmeckt in jedem Fall immer besser.

Für die klassische Zubereitung gibt man grob gemahlenen Kaffee in eine Kanne, schüttet Wasser darüber und wartet, bis sich das Pulver am Boden der Kanne abgesetzt hat. Fertig. Als Menge sind sechzig Gramm Kaffee auf einen Liter Wasser ein üblicher Standardwert. Das Wasser entnimmt man in der Regel einfach dem Wasserhahn. Ist es in der Gegend, in der man wohnt, stark mit Kalk belastet, empfiehlt sich ein entsprechender Wasserfilter; man wird den Unterschied schmecken. Es gibt einzelne Luxusbars, die das Wasser für die Kaffeezubereitung mit denselben Anlagen weicher machen, die auch teure Friseure verwenden; und es gibt Kaffeeliebhaber, die behaupten, das wirke sich merklich auf die Qualität aus. Bei stark gechlortem Leitungswasser ist Mineralwasser aus dem Supermarkt die bessere Wahl; es kann das billigste von allen sein. Über Jahrhunderte wurde Kaffee so zubereitet, türkischer oder griechischer Mokka werden noch heute so gemacht. Wer den schon getrunken hat, weiß: Am Ende bleibt immer Satz in der Tasse.

Der heute übliche Kaffeefilter aus einer Art Löschpapier wurde 1908 von der Deutschen Melitta Bentz erfunden. Sie ließ sich ihre Erfindung patentieren und baute zusammen mit ihrem Mann die nach ihrem Vornamen benannte Firma auf. Der Betrieb hatte nach den Unterlagen des Handelsregisters ein Startkapital von gerade einmal 73 Pfennig. 1909 präsentierte Bentz ihren Melittafilter bei einer Messe in Leipzig; der Erfolg war groß, die Firma florierte schnell. Es gibt sie bis heute, aber es gibt inzwischen auch viel Konkurrenz. Das Prinzip ist denkbar einfach. Man steckt einen Papierfilter in einen konisch sich verjüngenden Porzellanbehälter, heute ist er meist aus Plastik, der unten eines, zwei oder drei Löcher hat und auf den die Filtergröße abgestimmt ist. Der gemahlene Kaffee kommt hinein, dann wird langsam heißes Wasser darüber gegossen. Es tropft unten als Kaffee heraus. Die verwendeten Mengen sind dieselben wie bei der aufgekochten Variante, nur sollte kein grober, sondern ein mittlerer Mahlgrad verwendet werden. Das Wasser nämlich ist für eine deutlich kürzere Zeit mit dem Kaffeepulver in Kontakt als beim einfachen Aufguss. Um dieselbe Menge an Geschmack und Koffein zu extrahieren, braucht es deshalb mehr Oberfläche. Im Unterschied zur vorher gängigen Zubereitungsart bleibt beim Filterkaffee kein Satz in der Tasse – eben deshalb hatte Melitta Bentz mit ihrer Erfindung so großen Erfolg.

1933 erfand dann der Italiener Alfonso Bialetti die dritte Grundart der heutigen Kaffeezubereitung: die Espressomaschine für den heimischen Herd. Sie besteht aus drei Metallteilen. Unten ist der Behälter für das Wasser mit einem Überdruckventil. Darauf wird ein Siebfilter mit feinen Löchern gesteckt, in den das gemahlene Kaffeepulver kommt. Beide Teile werden dann mit der eigentlichen Kanne darüber verschraubt, unter deren Boden ein weiterer Metallfilter und eine Gummidichtung angebracht sind. Wenn das Wasser unten erhitzt ist, wird es als Dampf durch den Kaffee im Filter gedrückt, um dann oben über ein Rohr als Espresso in die Kanne zu laufen. Hier ist das Wasser noch kürzer mit dem Kaffee in Kontakt, weshalb dieser fast so fein wie Mehl gemahlen werden muss. Auch diese einfache Maschine war so erfolgreich, dass sie bis heute – neben vergleichbaren Konkurrenzprodukten – von Bialetti angeboten wird.

Es gibt weitere eher kuriose Methoden der Kaffeezubereitung. Die sogenannte Aeropress etwa besteht aus zwei ineinander gesteckten Plastikrohren. Das etwas dickere wird an einem Ende von einem Papierfilter abgeschlossen. Es wird mit heißem Wasser und Kaffeepulver gefüllt. Das dünnere und mit einem Gummipfropfen verschlossene Rohr dient dann als Stempel, mit dem der Kaffee durch den Filter gedrückt wird. Auf den ersten Blick wirkt dieser Apparat eher wie das Handwerkszeug eines Flaschners zum Freimachen verstopfter Abflussrohre. Der Vakuumbereiter dagegen ist ein Gerät aus zwei übereinander angebrachten Glaskolben und würde gut in ein Chemielabor passen. Es funktioniert nach demselben Prinzip wie Bialettis Espressomaschine. Die meisten heutigen Methoden der Kaffeezubereitung aber sind letztlich nichts anderes als Fortentwicklungen der drei Grundtypen.

Espressomaschinen gab es allerdings schon vor Bialettis Erfindung. Bereits 1902 hatte der italienische Unternehmer Luigi Bezzera das Patent für eine Dampfdruckmaschine angemeldet. Das Gerät, das für den Hausgebrauch viel zu groß und viel zu teuer war, erhitzte unter Druck das Wasser über den Siedepunkt hinaus und presste es dann durch einen Siebträger mit Kaffee. Die Erfindung war eine Attraktion. Es war die erste Maschine, in der Kaffee tassenweise frisch zubereitet werden konnte, und das so schnell, dass die Kunden dabei zusehen konnten. Ihr großer Nachteil, weshalb sie sich nicht durchsetzen konnte, war, dass der Kaffee miserabel schmeckte; der heiße Wasserdampf löste vor allem die Bitterstoffe aus dem Pulver. Man brauchte sehr viel Zucker, um diesen Espresso trinken zu können.

1946 erfand dann Giovanni Achille Gaggia, ein Landsmann von Bialetti und Bezzera, eine Maschine, die das Wasser nur noch auf neunzig Grad erhitzte und den Espresso deutlich milder machte. Diese Maschine war der Ausgangspunkt der Beliebtheit italienischer Kaffeezubereitung. Die funkelnde schnurrende dampfende Maschine aus Metall in einem Ambiente ohne Plüsch, dafür mit viel Chrom, Stahl und Glas wurde Anfang der fünfziger Jahre zum Herzstück der überall in der Welt kopierten italienischen Bar. Sie ist ein Ort für den schnellen Schwatz zwischendurch, man trinkt den Espresso im Stehen. Zudem hatte schon Gaggia festgestellt, dass man mit dem überschüssigen Dampf Milch aufschäumen kann. Statt eines einfachen Kaffees mit Milch servierte man in diesen Bars Cappuccino.

Für Filterkaffee gibt es inzwischen eine ganze Reihe von Varianten, deren häufigste sicher die elektrische Kaffeemaschine ist. Sie funktioniert genauso wie die Erfindung von Melitta Bentz, nur dass die Maschine das Erhitzen des Wassers und das Ausgießen über dem Kaffeefilter übernimmt. Für solchen wie auch für den klassischen Filterkaffee gibt es inzwischen neben den Wegwerffiltern aus Papier auch wiederverwendbare aus Stoff und Metall.

Die sogenannte Chemex ist eine stylische Weiterentwicklung der Zubereitung mit Papierfiltern. Sie wurde 1941 von dem deutschen Chemiker Peter Schlumbohm erfunden und erinnert ebenfalls ein bisschen an ein Chemielabor. Es handelt sich um eine Glaskaraffe in der Form einer Sanduhr, in die speziell gefaltete etwas dickere Papierfilter gelegt werden. Weil das Wasser durch diese Filter etwas langsamer sickert als durch handelsübliche, wählt man einen etwas gröberen Mahlgrad. Die Chemex gilt als eines der am besten designten Produkte der Moderne und wurde als solches 1958 ins Museum of Modern Art in New York aufgenommen.

Auch ein weiterer heute bei Kaffeekennern beliebter Filter kommt aus der Chemieindustrie. Der sogenannte Hario V60 wurde 2015 von der japanischen Firma Hario entwickelt, die eigentlich auf die Herstellung von Glasprodukten für Labore spezialisiert ist. Dieser Filter wirkt auf den ersten Blick wie der Klassiker von Melitta aus Porzellan. Allerdings ist er anders geschnitten. Der Kegel läuft in einem Winkel von sechzig Grad nach unten spitz zu – daher die Typenbezeichnung V60. Er hat nur ein kleines Loch und an der Innenwand geschwungene Wölbungen. Beides soll die Durchlaufgeschwindigkeit des Wassers verlangsamen. Natürlich funktioniert dieser Filter nur dann wie gewünscht, wenn die passenden Papierfiltertüten vom selben Hersteller verwendet werden.

Eine Weiterentwicklung der ersten aller Zubereitungsarten ist die sogenannte French Press oder Stempelkanne. Sie wurde vermutlich um 1850 in Frankreich erfunden, 1929 aber von dem italienischen Designer Attilio Calimani patentiert. Es handelt sich um eine rohrartige Kanne, in der grob gemahlener Kaffee mit erhitztem Wasser übergossen wird. Diesen Aufguss lässt man für vier Minuten ruhen, dann wird der Kaffee mit einem Siebstempel nach unten gedrückt. Der Stempel hält das Kaffeepulver am Boden der Kanne, in der Tasse bleibt weniger Satz. Solcher Kaffee hat mehr Schwebepartikel als Filterkaffee und ist deshalb trüber. Aber er kann alle Aromen und Geschmacksnoten entfalten. Jeder Papierfilter dagegen hält nicht nur das Kaffeepulver zurück, sondern filtert immer auch ein paar Nuancen heraus. Es gibt Kaffeeverrückte, die davon überzeugt sind, dass jeder Kaffee seine eigene Zubereitungsart brauche, dass der eine sich besser in der French Press entfalte und der andere in der Chemex. Letztlich muss man es selbst ausprobieren. Es ist, wie vieles beim Kaffee, Geschmacksache.

Die Ökobilanz des Kaffees

Die in der Gastronomie übliche Kaffeetasse enthält 125 Milliliter Wasser und wird mit durchschnittlich sieben Gramm Kaffeepulver zubereitet. Das ist nicht viel. Aber dahinter steckt sehr viel mehr. Bis so eine Standardtasse zustande kommt, wurden beim Anbau und in der Verarbeitung der Bohnen rund 140 Liter verbraucht. Nach einer Erhebung des Deutschen Kaffeeverbands trank jeder Deutsche im Jahr 2021 durchschnittlich 168 Liter Kaffee, also 1344 solcher Tassen. Das heißt, dass für den Kaffeekonsum dieses Durchschnittsdeutschen fast 190 000 Liter Wasser benötigt wurden. Trank er ausschließlich löslichen Kaffee, waren es etwas weniger. Zwar braucht man zur Herstellung eines Kilogramms Instantkaffees 2,3 Kilogramm Bohnen, aber es kommen nur rund zwei Gramm Pulver in eine Tasse. Statt knapp 190 000 benötigt der Durchschnittstrinker von löslichem Kaffee also nur gut 120 000 Liter Wasser im Jahr. Der weltweite Kaffeekonsum verbraucht in einem Jahr so viel Wasser, wie in eineinhalb Jahren den Rhein hinunterfließt, rund 110 Milliarden Kubikmeter. In Litern ausgedrückt, ist das eine Elf mit dreizehn Nullen dahinter. Da diese Mengen fast ausschließlich in den Kaffee produzierenden Ländern anfallen, exportieren diese also riesige Mengen ihrer natürlichen Ressource Wasser in die Konsumländer, wo die Kaffeetrinker meist keine Ahnung davon haben, was sie mit einer Tasse indirekt alles wegschlucken.

Man muss sich über diese Zahlen nicht erschrecken. Rund neunzig Prozent davon sind sogenanntes »grünes Wasser«; man kann es nicht wegsparen. Es fällt einfach als Regen vom Himmel und bewässert die Kaffeeplantagen. Kaffeesträucher brauchen nicht nur eine hohe Luftfeuchtigkeit, sondern auch genügend Regen. Sie werden deshalb in Regionen angebaut, in denen diese Voraussetzungen klimatisch gegeben sind. Vor allem Arabicas stehen meist in niederschlagsreichen Bergregionen. Wieviel Wasser sie brauchen, hängt nicht nur vom Klima ab, sondern auch von der Beschaffenheit des Bodens. Je mehr Wasser der speichern kann, desto weniger Regen kann fallen, ohne dass die Gesundheit der Pflanze darunter litte.

Problematisch wird es nur, wenn Plantagen in niederschlagsarmen Tieflandregionen angelegt werden. Das ist bei Robustas gar nicht so selten. In der brasilianischen Region Bahia etwa stehen Robustapflanzungen, die intensiv künstlich bewässert werden müssen. Ähnliches gilt für Vietnam. In solchen Gegenden wird sich über kurz oder lang die Frage stellen, wer das mit dem Klimawandel knapper werdende Wasser bekommen soll, der Mensch oder der Kaffee.

Bei der Verarbeitung des Kaffees wird nur ein geringer Teil der gesamten Wassermenge verbraucht. Der aber ist problematischer. Es handelt sich dabei nicht, wie beim Regen, um »grünes«, sondern um sogenanntes »blaues Wasser«. Das ist Wasser, das Flüssen und Seen oder dem Grundwasser entzogen wird und also nicht mehr vom Menschen benutzt werden kann. In vielen Regionen steht solches blaues Wasser schon heute nur begrenzt zur Verfügung. Wie viel von diesem Frischwasser verbraucht wird, hängt – wie im Kapitel über »Umweltfrevel bei der Aufbereitung« (Seite 44) beschrieben – von der Aufbereitungsmethode der Kaffeeernte ab. Am besten schneidet dabei das trockene Verfahren ab. Es braucht von der Ernte bis zum exportfertigen Rohkaffee überhaupt kein Wasser. Auch die Aufbereitung nach dem Pulped-Natural- oder dem Honey-Verfahren sind verhältnismäßig wassersparend. Wissenschaftler des kolumbianischen Kaffeeforschungsinstituts Cenicafé haben herausgefunden, dass reife Kaffeefrüchte so viel Flüssigkeit im Inneren haben, dass konventionelle Entpulpungsmaschinen auch ohne Wasserzufuhr Schale und Fruchtfleisch von den Bohnen trennen können. Wird diese Erkenntnis beherzigt, braucht man Wasser nur noch für den Transport der Bohnen. Dabei reichen tausend Liter für eine Tonne Kaffeekirschen. Bei der Entpulpung ohne zusätzliches Wasser wird zudem die Umwelt geschont; das Abwasser ist dann mit 72 Prozent weniger Schadstoffen belastet. Das meiste Frischwasser verbraucht die nasse Aufbereitung: von der Selektion der reifen Bohnen im Wasserbecken über das Entpulpen bis hin zum Fermentieren und Waschen zwischen zehntausend und fünfzehntausend Liter pro Tonne Kirschen. Der gesamte Wasserverbrauch wird von der Aufbereitung des Kaffees jedoch nur unwesentlich beeinflusst. Er macht im globalen Durchschnitt bei einem Kilogramm Rohkaffee nach dem trockenen Verfahren 17 570 Liter aus, nach dem nassen 17 630 Liter. Das eigentliche Problem bei der nassen Aufbereitung ist nicht der Wasserverbrauch, sondern die Tatsache, dass das Abwasser in aller Regel ungeklärt in die Umwelt gelangt.

Was die CO_2-Bilanz des Kaffees angeht, geistern immer wieder Zahlen durch die Presse. Bei diesen Berechnungen kommt der Espresso immer am besten weg. Nach einer Studie aus Britannien etwa gelangen für diesen Schluck starken Kaffees sechzig oder 280 Gramm des Treibhausgases CO_2 in die Atmosphäre, je nachdem, ob es sich um nachhaltig oder konventionell produzierte und transportierte Bohnen handelt. Nachhaltig meint dabei, dass auf der Plantage organischer Dünger und keine Chemie verwendet wurde, weder als Nährstoff noch als Pestizid. Bei der Verarbeitung müssen Wasser und Strom gespart werden, wo immer es geht. Und schließlich muss der Kaffee per Frachtschiff und nicht mit dem Flugzeug von den Anbauregionen nach Europa, in diesem Fall nach Britannien, gebracht worden sein. Der sogenannte CO_2-Fußabdruck eines Espressos lasse sich also mit schonendem Anbau und wasser- und energiesparender Auf- und Zubereitung auf fast ein Fünftel senken. Am klimaschädlichsten sei ein Caffè Latte aus konventioneller Produktion mit 550 Gramm CO_2, gefolgt vom Cappuccino mit 410 Gramm. Mit nachhaltig angebautem und weiterverarbeitetem Kaffee könne bei diesen Getränken der Wert nicht so weit nach unten geschraubt werden. Ein entsprechender Caffè Latte habe immer noch einen Fußabdruck von 330, ein Cappuccino von 200 Gramm CO_2. Das liegt an der Produktion und dem Aufschäumen der Milch, deren CO_2-Bilanz unabhängig von der Art der Kaffeeproduktion immer gleichbleibt.

Man sollte diese Zahlen, auch wenn sie einer wissenschaftlichen Studie entstammen, nicht als absolute Wahrheit nehmen. Die Berechnung des CO_2-Abdrucks ist komplex und eine von allen damit befassten Wissenschaftlern anerkannte Methode gibt es noch nicht. So können zwei Studien, die dasselbe untersuchen, zu unterschiedlichen Ergebnissen kommen und jede mit durchaus vernünftigen Gründen. Es hängt ganz von der angewandten Methode ab. Für Rohkaffee etwa findet man Studienergebnisse, die zu Fußabdrücken von 400 Gramm bis zu 15,8 Kilogramm CO_2 pro Kilogramm Bohnen reichen. Daraus lassen sich nicht einmal grobe Richtwerte ableiten.

Es kommt noch etwas hinzu. Was gemeinhin CO_2-Fußabdruck genannt wird, umfasst nicht nur das Kohlendioxid, das bei der Herstellung und beim Verbrauch eines Produkts freigesetzt wird, er bezieht auch alle anderen Treibhausgase mit ein, also zum Beispiel Methan, das in der Atmosphäre 21-mal größere Klimawirkung hat als Kohlendioxid, oder Lachgas mit einer rund dreihundertmal so großen Klimawirkung. Alle diese Gase werden auf die vergleichbare Wirkung von CO_2 für einen bestimmten Zeitraum umgerechnet, wobei man meist hundert Jahre unterstellt. Die Berechnung solcher sogenannten CO_2-Äquivalente ist komplex, weil jedes Gas nicht nur eine unterschiedlich starke Klimawirkung hat, sondern auch unterschiedlich lange in der Atmosphäre nachgewiesen werden kann. Am Ende werden alle diese Äquivalente zum reinen CO_2-Ausstoß hinzugezählt, weshalb die Summe wissenschaftlich korrekt als CO_2e-Abdruck bezeichnet wird.

Trotz unterschiedlicher Werte stellt jede Studie immerhin fest, welcher Anteil an Treibhausgasen bei den einzelnen Schritten von Produktion, Transport und Verbrauch freigesetzt wird und gibt Hinweise darauf, wo der Ausstoß unter Umständen gesenkt werden könnte. So wurde in einer britischen Studie Kaffee aus Brasilien und Vietnam untersucht, der von den Produktionsländern nach Britannien exportiert wurde. Ein Kilogramm Bohnen aus Vietnam hatte einen CO_2e-Abdruck von 16,04 Kilogramm, der vergleichbare aus Brasilien einen von 14,61 Kilogramm. Der Unterschied liegt vor allem in der unterschiedlichen Distanz; von Vietnam ist es weiter nach Britannien als von Brasilien. Allein dieser Transport produzierte rund siebzig Prozent der gesamten Kohlendioxidemissionen; die Bohnen wurden im Flugzeug befördert. Ein Kilogramm nachhaltig angebauten Kaffees hatte aus Vietnam nur noch Emissionen von 3,64 und aus Brasilien von 3,37 Kilogramm CO_2e. Die zwei wesentlichen Unterschiede waren, die Bohnen kamen im Schiff und auf den Plantagen wurde keine Agrochemie verwendet.

Eine Studie aus Deutschland hat den CO_2e-Abdruck vom Kaffee einer Plantage in Costa Rica bis zur fertig aufgebrühten Tasse in Deutschland aufgeschlüsselt. Dieser Kaffee wurde verhältnismäßig klimaschonend produziert; ein Kilogramm der Bohnen hatte einen Gesamtabdruck von 4,82 Kilogramm CO_2e. Als Durchschnittswert für nach Deutschland exportierten Kaffee gibt diese Studie 7,15 Kilogramm an. Für 1,02 Kilogramm der Emissionen dieses costaricanischen Kaffees ist die Arbeit auf der Plantage verantwortlich und dabei vor allem der Einsatz chemischer Düngemittel. Schon bei ihrer Produktion wird CO_2 freigesetzt. Werden sie dann angewendet, entsteht bei Auswaschungen und Verflüchtigungen das besonders klimaschädliche Lachgas. Chemische Düngemittel waren auf der Plantage für 94 Prozent aller Treibhausgasemissionen verantwortlich. Pestizide dagegen fallen, was das Klima angeht, bei Kaffee von dieser Plantage nicht sehr ins Gewicht; sie stellen gerade ein Prozent der Emissionen. Bei der Aufbereitung der Bohnen wurden dann 0,48

Kilogramm CO_2e freigesetzt, und auch hier gibt es vor allem einen bedenklichen Posten, das ungeklärte Abwasser. Beim biologischen Abbau von Fruchtfleisch, Schalenresten und Schleim entsteht Methan (siehe den Abschnitt über »Umweltfrevel bei der Aufbereitung« (Seite 44). Es stellt in dieser Studie 79 Prozent der bei der Aufarbeitung entstehenden Treibhausgasemissionen. Beim Export wurden dann noch einmal 0,27 Kilogramm CO_2e freigesetzt, wovon siebzig Prozent auf die Schiffsreise von Costa Rica nach Hamburg entfielen, der Rest auf den Transport von der Aufbereitungsanlage zum Exporthafen und vom Importhafen zur Rösterei. In Deutschland fielen noch einmal Emissionen von 3,05 Kilogramm CO_2e pro Kilogramm Rohkaffee an. Rösten (sechs Prozent), Verpacken (vier Prozent), Vertrieb (fünf Prozent), Mahlen und Einkauf (neun Prozent) und Entsorgung von verbrauchtem Kaffeepulver und Verpackung (fünf Prozent) sind dabei eher kleinere Posten. Der Hauptteil der Emissionen wird beim Konsum freigesetzt – 71 Prozent oder 2,15 Kilogramm CO_2e pro Kilogramm Bohnen. Dieser Wert fällt deshalb so hoch aus, weil für die Zubereitung ein Kaffeevollautomat als Berechnungsgrundlage genommen wurde. Die Gesamtrechnung zeigt also, dass mit dem Einsatz organischen Düngers, mit trockener Aufbereitung des Rohkaffees und mit einfachem Aufkochen von abgemessenen Wassermengen bei der Zubereitung ein Großteil der CO_2e-Emissionen vermieden werden können.

Bei allen diesen Berechnungen wurde nicht berücksichtigt, dass die meisten Kaffeeplantagen auf Flächen angelegt sind, die eigens dafür gerodet wurden. Vorher gab es dort Regen-, in höheren Lagen auch Nebelwald. Ein Hektar von solchem Wald speichert rund zweihundert Tonnen Kohlenstoff oder mehr. Bei der Brandrodung werden dann mehr als dreimal so viele Tonnen an CO_2 freigesetzt. Klimatologisch wird der größte Frevel begangen, bevor auch nur eine Kaffeepflanze in die Erde gesetzt wird. Zwar speichern auch die Sträucher CO_2, allerdings sehr viel weniger als die Bäume und Pflanzen des Regenwalds.

Zunächst werden grüne Bohnen in eine Schicht aus Sand gesteckt. Nach etwa drei Wochen sprießen daraus Keimlinge (vorige Seite). Wenn diese die ersten Blätter entwickelt haben, werden sie umgepflanzt und wachsen geschützt vor Sonne und Regen heran, hier in der Finca Las Neblinas bei Juayúa in El Salvador.

Sind die Pflanzen stark genug, kommen sie auf die Plantage. Diese hier auf der Finca Oveja Negra in Juayúa sind noch kein Jahr alt. Sie wurden im lockeren Abstand von eineinhalb auf zwei Meter gesetzt und werden von verschiedenen Schattenbaumarten vor Sonne, Wind und Wetter geschützt.

Auf der Finca El Espino bei Ciudad Merliot in El Salvador wächst der Kaffee fast wie vor seiner Domestizierung im Wald (links). In Las Neblinas dagegen stehen die Sträucher eng nebeneinander, auf Schattenbäume wird verzichtet. Die Baumreihen in der Pflanzung sind lediglich Windbrecher (oben).

Die ersten Schauer der Regenzeit lösen die Blüte aus. Eine Plantage – hier die Finca Gatocafé bei Juayúa – riecht in diesen Tagen betörend nach Jasmin. Arabicapflanzen sind in der Lage, sich selbst zu befruchten. Die ersten Blüten aber fallen schon nach wenigen Stunden ab, die letzten nach vier Tagen.

Wenn Pflanzen, wie hier auf der Finca Las Neblinas, eng nebeneinanderstehen und es kaum Schattenbäume gibt (links), können sich Krankheiten schnell ausbreiten. Das obere Foto auf dieser Seite zeigt gesunde Kaffeeblätter, hier eine resistente Hybridsorte. Die Blätter unten sind vom Kaffeerost befallen.

In der Regenzeit wachsen die Kaffeekirschen heran. Das Foto oben zeigt auf Ertrag gezüchtete Sorten auf der Finca Las Neblinas. Die Kirschen rechts oben sind reif für die Ernte. Die beginnt in Zentralamerika im Dezember und endet im März. Kinderarbeit ist dabei noch immer gang und gäbe.

Die älteste Aufbereitungsmethode ist das Trocknen der Kirschen, das bis zu vier Wochen dauert. Das Foto oben zeigt Cecibel Romero mit der Ernte ihrer Finca Gatocafé. In der Kooperative El Jabalí in Quetzaltepeque in El Salvador wird der Kaffee nass aufbereitet (rechts). Die Kirschen kommen zunächst in ein Becken.

PULPEROS Nº1
CAFÉ ORGANIC
1
2
Gaviota

Große Aufbereitungsanlagen sind industrielle Anlagen. Das Foto zeigt die Entpulpungsmaschine der Kooperative El Jabalí. Die Kaffeekirschen werden, nachdem sie eingeweicht wurden, mit Wasser durch diese Apparatur geschwemmt. Die Bohnen werden dabei mechanisch von Schale und Fruchtfleisch befreit.

Kleinere Betriebe haben auch kleinere Anlagen. Auf dem Bild oben werden die Kirschen auf der Finca Las Vegas bei San Vicente in El Salvador in den Kanal der Entpulpungsmaschine geschwemmt. Diese trennt Bohnen und Fruchtfleisch nicht mit Platten oder Walzen, sondern mit einem riesigen Korkenzieher (rechts).

Jorgallo

Das Prinzip dieser Maschine ist einfach. Durch das ständige Umwälzen der aufgeweichten Kirschen zwischen den Metallteilen ist am Ende nur noch die härtere Bohne übrig (links). Das Abwasser dieses Prozesses ist dunkelbraun und sehr sauer (oben), die nassen Bohnen aber kommen sauber aus der Maschine (unten).

Die Bohnen werden nach der nassen Aufbereitung getrocknet. Meist geschieht dies, wie hier in der Kooperative El Jabalí, auf großen Höfen, die betoniert oder mit Terracottaplatten gepflastert sind. Um zu verhindern, dass sie Schimmel ansetzen, werden sie von Arbeitern mit Schiebern ständig gewendet.

In der Finca Las Vegas werden die Bohnen auf dick beladenen Betten getrocknet und müssen von Hand gewendet werden (oben). In der Finca Selva Negra bei Matagalpa in Nicaragua ist es sehr feucht, weshalb dort nur eine dünne Schicht auf den Betten liegt (unten). Vor dem Export wird die Ernte in Säcke verpackt.

UNEX

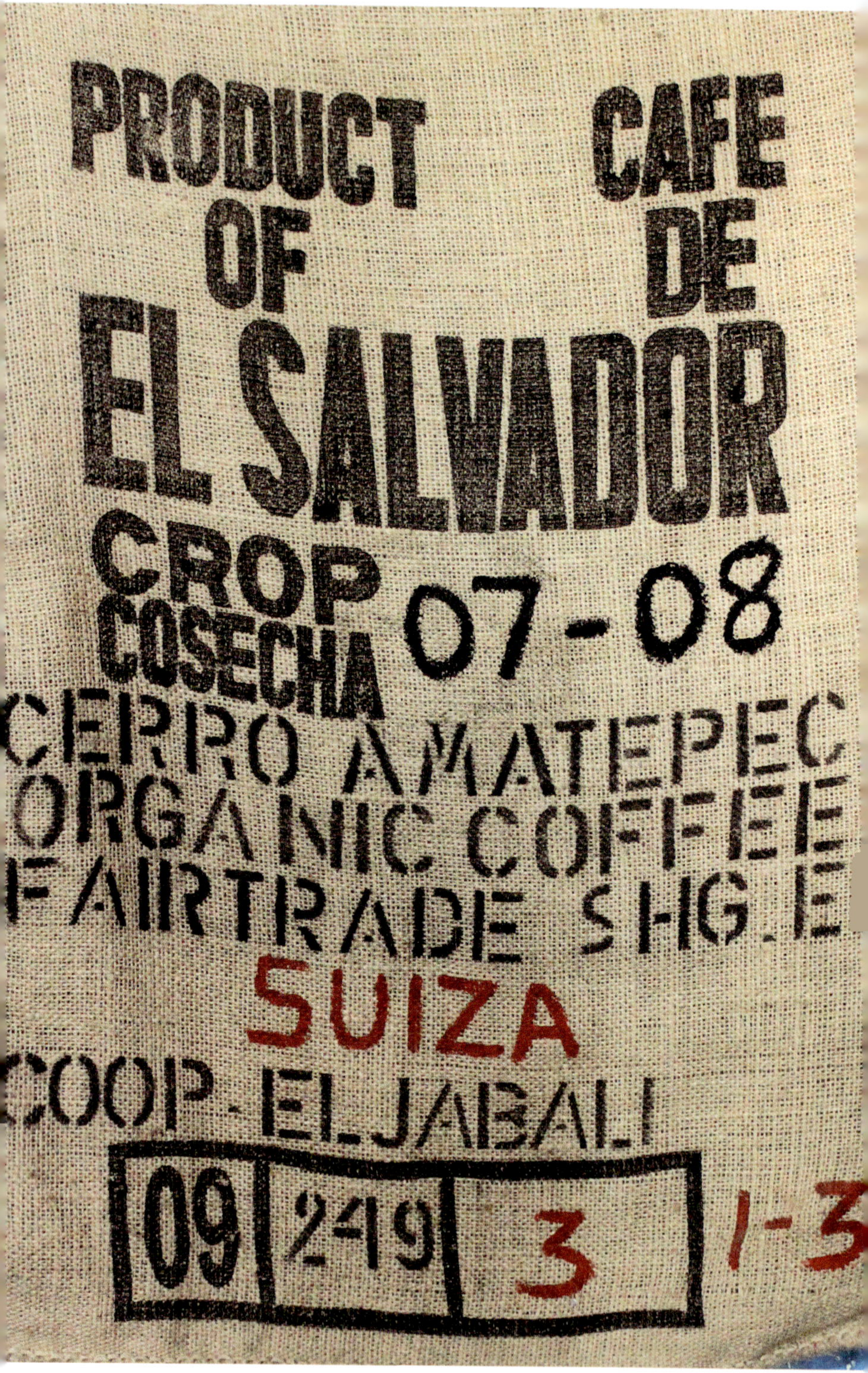
PRODUCT OF
CAFE DE
EL SALVADOR
CROP COSECHA 07-08
CERRO AMATEPEC
ORGANIC COFFEE
FAIRTRADE SHG.E
SUIZA
COOP-ELJABALI
09 249 3 1-3

Früher waren Jutesäcke üblich. In dem auf der linken Seite wurde Biokaffee der Finca El Jabalí in die Schweiz exportiert. Die traditionellste Art der Röstung ist diejenige, die Lesbia Ortiz in der Küche ihres Hauses in Masaya in Nicaragua praktiziert: in einem eisernen Topf auf dem offenen Feuer (oben).

Ungerösteter Kaffee ist eher gelblich grau (vorige Doppelseite links). Die Röstung daneben ist verhältnismäßig hell und unterstreicht die fruchtigen Noten. Dieser Kaffee wurde in der kleinen Trommelmaschine (oben) der Finca Gatocafé geröstet. Unten ist alles bereit für die Verkostung: Kaffee, Mahlgut, Cuppinglöffel.

Wenn Profis Kaffee verkosten, hört man viele Geräusche. Oben schlürft El Salvadors versiertester Verkoster Eduardo Mendoza einen Schluck vom Cuppinglöffel, unten hat Cecibel Romero die Kruste aufgebrochen. In Rico's Café in Culiacán in Mexiko (nächste Seite) schnüffelt, schlürft und schmatzt man nicht. Man genießt einfach seinen Kaffee.

RICO'S
CAFE

2

Kolonialismus und Neokolonialismus

Die Geschichte des Kaffees

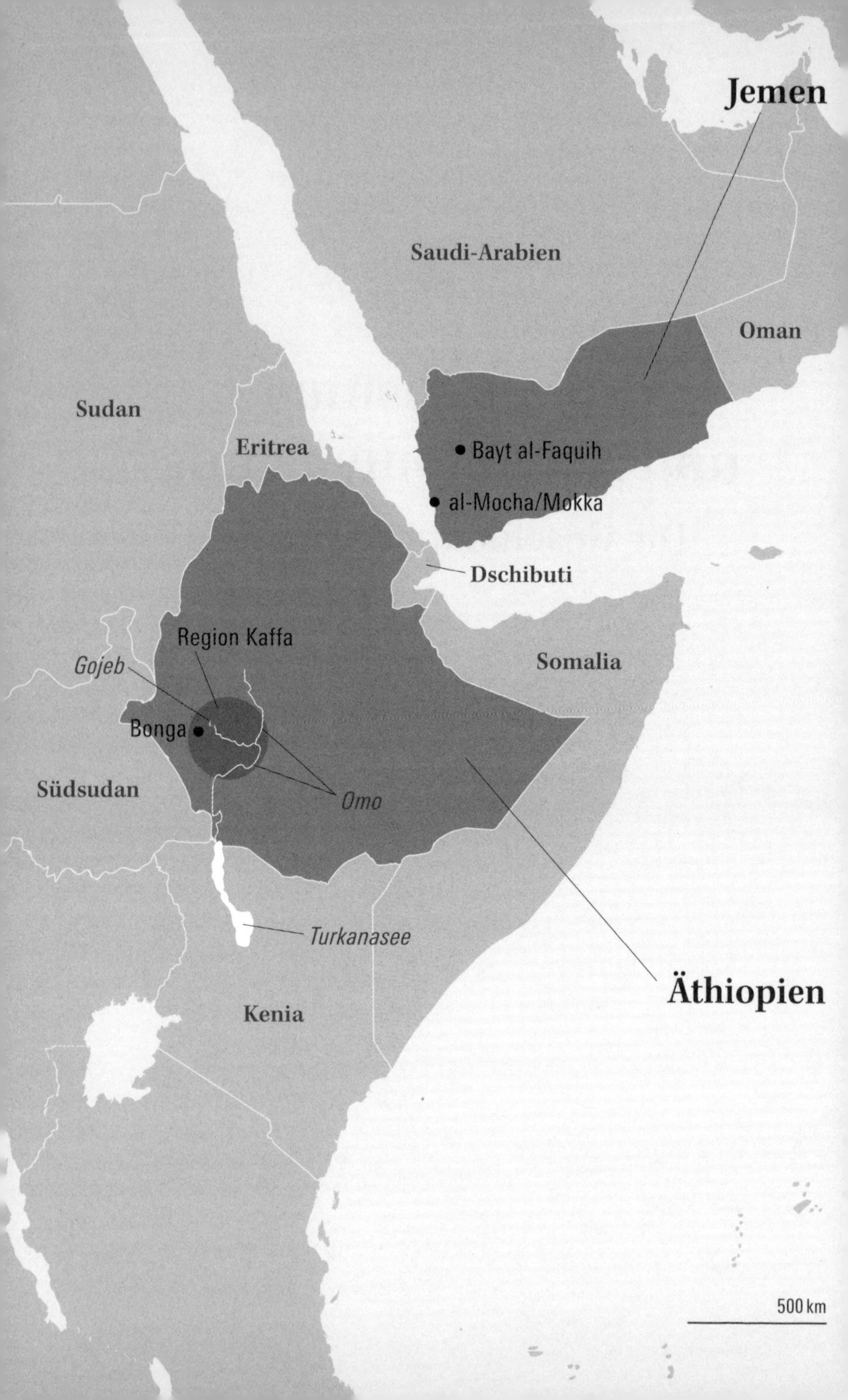
Jemen
Saudi-Arabien
Oman
Sudan
Eritrea
Bayt al-Faquih
al-Mocha/Mokka
Dschibuti
Region Kaffa
Gojeb
Somalia
Bonga
Südsudan
Omo
Turkanasee
Äthiopien
Kenia
500 km

Der Kaffee verlässt seine afrikanische Heimat

Wie das Getränk vom Jemen aus den Orient eroberte und in dortigen Kaffeehäusern zum ersten Mal von Europäern probiert wurde

Die Geschichte des Kaffees beginnt mit einer Legende: Irgendwann zwischen dem sechsten und dem neunten Jahrhundert unserer Zeitrechnung soll im Hochland von Äthiopien ein Ziegenhirte mit dem Namen Kaldi gelebt haben, der sich sehr gut aufs Flötespielen verstand. Eines Tages, so heißt es, sei er so in sein Spiel versunken, dass er darüber gar nicht bemerkt habe, wie seine Herde ohne ihn weitergezogen war. Erst gegen Abend machte er sich auf die Suche nach den Tieren. Er fand sie schließlich auf einer Lichtung im Wald, wo sie laut meckerten und wilde Bocksprünge vollführten. Er war zuerst erstaunt und stellte dann fest, dass sie Blätter und kleine rote Kirschen von einem Strauch gefressen hatten, den er nicht kannte. Er probierte die Früchte selbst, doch ihr Geschmack behagte ihm nicht. Trotzdem nahm er ein paar Handvoll davon mit nach Hause.

Seine Frau brachte die Früchte in ein nahes Kloster und erzählte dort die Geschichte vom seltsamen Benehmen der Ziegen. Die Mönche hielten die Kirschen für ein Werk des Teufels und warfen sie ins Feuer. Kurz darauf soll den Flammen ein betörender Duft entstiegen sein. Die Mönche hielten den für noch viel gefährlicher als die Früchte selbst. Sie holten die fast verbrannten Kerne aus dem Feuer, legten sie in ein Gefäß und bedeckten sie mit Wasser, auf dass der Geist nicht weiter entweichen könne. Zur Sicherheit legten sie noch einen Deckel darauf. In der Nacht aber schlichen sich zwei junge wunderfitzige Mönche in die Küche, nahmen den Deckel vom Gefäß und probierten heimlich den Sud. Der Kaffee war entdeckt.

Diese Geschichte ist in vielen Varianten im Umlauf und wissenschaftlich gesehen durchaus möglich. Wenn Menschen und die meisten Tiere Kaffeekirschen einfach vom Baum pflücken und essen, passiert nichts. Die Bohnen werden genauso ausgeschieden, wie sie geschluckt worden sind. Ziegen aber haben in ihrer Magensäure ein Enzym, mit dessen Hilfe sie grüne Kaffeebohnen verdauen können. Das darin enthaltene Koffein wird freigesetzt und entfaltet seine anregende Wirkung. Dass aber das Hochland von Äthiopien die ursprüngliche Heimat des Kaffeestrauchs gewesen sei, wie diese Legende nahelegt, ist inzwischen widerlegt. Aufgrund von Genanalysen gehen Forscher heute davon aus, dass der seit über tausend Jahren in Äthiopien konsumierte Arabicakaffee irgendwo im heutigen Südsudan aus einer spontanen Kreuzung zwischen Robusta- und Kaffee der Art *Coffea euginoides* entstanden ist und sich erst später in Äthiopien ausgebreitet hat. Nur wussten die Menschen im Südsudan nicht, dass man aus den Steinen der Früchte dieses Strauchs ein anregendes Getränk herstellen kann.

In Äthiopien wuchs dieser Baum tatsächlich zunächst wild im Wald; er tut das in manchen Gegenden bis heute. Die Region, in der er zum ersten Mal angebaut wurde, ist ideal für Arabicas: Im einstigen Königreich Kaffa im Südwesten von Äthiopien stehen bis zu dreitausend Meter hohe Berge. Vor ihnen stauen sich in der Regenzeit Wolkenmassen und sorgen für reichlich Niederschläge. Die vulkanischen Böden sind fruchtbar, die Vegetation in den Bergregenwäldern ist üppig. Das Kerngebiet der ersten Kaffeeregion erstreckt sich zwischen den Flüssen Gojeb im Norden und Omo im Süden. Im Osten trennt ein hoher Gebirgszug das Land von der Seenkette des afrikanischen Grabenbruchs, im Westen geht Kaffa langsam in das Sumpfland des östlichen Südsudan über. Die Südspitze reicht fast bis zum kenianischen Turkanasee, den der ungarische Forschungsreisende Samuel Teleki 1887 nach seinem Kronprinzen den Rudolfsee genannt hatte. Erst 1975 bekam er seinen heutigen kenianischen Namen.

Fast bis Ende des 19. Jahrhunderts war das Königreich Kaffa eine wichtige Regionalmacht. 1897 wurde es erobert und als Provinz Kaffa dem äthiopischen Kaiserreich angeschlossen. Das Wort Kaffee leitet sich vom Namen dieser Provinz ab; das Getränk selbst und die Bohnen heißen in der dortigen Sprache *bunna*. Die Hauptstadt Bonga mit heute gut 20 000 Einwohnern ist das Zentrum der Arabicadiversität. In den Wäldern der Hügel rund um die Stadt wächst in Höhenlagen zwischen 1400 und 1800 Metern noch heute viel wilder Kaffee. In ganz Äthiopien wurden rund fünftausend Arabicavarianten entdeckt, die meisten davon in der Gegend von Bonga. Wirtschaftlich sind sie bedeutungslos. Aber für Forscher, die nach krankheitsresistenten Sorten suchen, sind sie ein riesiges genetisches Reservoir.

Auch den größten Feind der Arabicapflanze hat es schon im alten Äthiopien gegeben, den Pilz *Hemileia vastatrix*, der für den Kaffeerost verantwortlich ist. Beim äthiopischen Waldkaffee richtet er keinen großen Schaden an. Die Pflanzen stehen weit auseinander und sind durch Bäume und die sonstige Vegetation vor der Infizierung durch eine Nachbarpflanze geschützt.

Es ist nicht überliefert, wann Menschen in Äthiopien zum ersten Mal Kaffee zu sich genommen haben. Sie sammelten ihn von wilden Pflanzen im Wald. Manche Anthropologen mutmaßen, sie hätten ihn schon vor über tausend Jahren gegessen; als geröstete und zerstoßene Bohnen, die dann mit Butter, Honig und Gewürzen zu einer Paste verarbeitet wurden. Über das Wann und Wie der Entdeckung des Getränks gibt es zwar die Legende vom Ziegenhirten Kaldi und den Mönchen. Aber es ist wahrscheinlicher, dass zunächst nicht die Bohnen, sondern die ebenfalls Koffein enthaltenden Blätter des Baums für die Zubereitung eines Tees verwendet wurden; überliefert sind zwei Arten, *amertassa* und *kati*. Für *amertassa* werden die frisch gepflückten grünen Blätter für ein paar Tage in der Sonne getrocknet und dann einfach in Wasser aufgekocht. Für *kati* werden die getrockneten Blätter in einer Pfanne geröstet, bis sie dunkel werden und eine teerige Textur bekommen. Dann werden sie zerbröselt und mit Zucker und einer Prise Salz langsam für mindestens zehn Minuten aufgekocht. Der Sud schmeckt ähnlich wie der chinesische Rauchtee Lapsang Souchong. Man kann ihn noch heute in Harar im Osten von Äthiopien bekommen.

Bald fingen die Äthiopier an, Kaffeebäume in der Nähe ihrer Häuser zu ziehen. Das waren keine kleinen Plantagen im heutigen Sinn, sondern Nutzgärten, in denen auch Gemüse, Wurzeln und Obstbäume angebaut wurden. Für die Ausbreitung über Äthiopien hinaus sorgten die Sufis, eine Art mystischer muslimischer Laienorden. Um ihre langen nächtlichen Zeremonien in wachem Zustand durchstehen zu können, nutzten die Derwische Kaffee und die Blätter des Khatstrauchs; letztere entfalten, wenn sie gekaut werden, eine ähnliche Wirkung. Die ältesten archäologischen Funde, die die Verwendung von Kaffee bei sufistischen Ritualen belegen, sind glasierte Tassen aus der Zeit um 1450. Weil die Derwische am Tag ganz normalen Berufen nachgingen, wurde der von ihnen geschätzte Kaffee auch schnell in die Alltagskultur übernommen. Über die Sufis breitete sich der Kaffee auf der arabischen Halbinsel, im gesamten osmanischen Reich und bis nach Persien aus. Zunächst kamen die Bohnen aber allesamt aus Äthiopien.

Wann und wie die Kaffeepflanze von dort auf die arabische Halbinsel gelangte, liegt im Dunkeln. Möglicherweise hat es mit dem damaligen Sklavenhandel zu tun. Entlang der Wege, auf denen die Gefangenen vom Landesinneren zur Küste gebracht wurden, standen Kaffeebäume. Ob sie gezielt gepflanzt wurden oder eher zufällig dort wuchsen, weil durchziehende Sklavenkarawanen ein paar Bohnen ihrer Wegzehrung verloren haben, ist unklar. Es ist jedenfalls denkbar, dass Äthiopier, die von der ostafrikanischen Küste über das Rote Meer in die Sklaverei nach Arabien verschifft wurden, sich ein paar Bohnen als Proviant mitnahmen und auch auf die andere Seite brachten. Bei archäologischen Ausgrabungen in den Vereinigten Arabischen Emiraten auf der östlichen Seite der Halbinsel wurden Kaffeebohnen entdeckt, die man auf das 13. Jahrhundert datiert hat. Aus Registern von Kaufleuten weiß man, dass sich Kaffee in der zweiten Hälfte des 15. Jahrhunderts im südlichen Arabien ausbreitete. 1475 war er in Mekka und Medina bekannt; Ende des 15. Jahrhunderts wird er in Ägypten erwähnt. Ebenfalls zu dieser Zeit taucht er in arabischen Quellen als Exportgut im Jemen auf. Dabei ist unklar, ob dieser Kaffee bereits im Jemen produziert oder zuvor aus Äthiopien importiert worden war. Um die Mitte des 16. Jahrhunderts jedenfalls löste der Jemen Äthiopien als wichtigsten Produzenten ab. Danach verlor der wilde Kaffee aus Kaffa als Handelsware mehr und mehr an Bedeutung und verschwand schließlich vom Markt.

Erst in den 1990er Jahren erlebte er eine Renaissance. Feinschmecker erkannten sein besonderes Aroma, Wissenschaftler schätzen die genetische Vielfalt der wilden Arabicas. Doch diese Bohnen haben lediglich eine winzige Nische auf dem heutigen Weltmarkt des Kaffees. Jährlich werden nicht einmal 200 Tonnen Wildkaffee aus Äthiopien nach Europa exportiert.

In den Dörfern der Provinz Kaffa trinkt man den Kaffee noch heute auf althergebrachte Art. Das aufwändige Kaffeeritual kann mehrere Stunden dauern, denn das Getränk wird frisch aus grünen Bohnen zubereitet. Die werden zunächst auf kleinen Pfannen über dem offenen Feuer geröstet und dann mit dem Mörser zerrieben. Das Pulver wird in eine langhalsige Kanne gefüllt und mit Wasser übergossen.

Man trinkt den Kaffee dann mit oder ohne Milch, gezuckert oder ungezuckert, manchmal auch mit Tee vermischt.

Man weiß nicht, wann die Jemeniten entdeckten, dass ihr Gebirge im Westen für den Anbau von Kaffee geeignet ist. Auf den steilen Berghängen und in den schluchtartigen Tälern hinter der Küstenebene ist der Boden so knapp, dass Terrassen angelegt wurden, die mit senkrechten Mauern befestigt wurden. Das Klima ist nicht eben günstig für Arabicabäume; es ist zu heiß und zu trocken. Im Jahr fallen nur zwischen sechshundert und tausend Millimeter Niederschlag, in Kaffa dagegen um die zweitausend. Man nutzte deshalb Gebirgsbäche, deren Wasser man in Auffangbecken leitete und dann über ein System von Gräben über die Terrassen verteilte. Die am Nachmittag von der Küste aufsteigende heiße Luft kondensierte in der Höhe zu Nebel und sorgte für zusätzliche Feuchtigkeit.

Die Kaffeesträucher wurden auf den Terrassen in Linien angebaut und in tieferen Lagen von Schattenbäumen geschützt. Neben Kaffee wuchsen dort auch Weizen, Melonen, Gurken und Obstbäume. Es war eine Mischkultur, ähnlich wie in den ersten Kaffeegärten in Kaffa. Die Haupternte fand nach der Regenzeit zwischen Oktober und Februar statt. Man legte Tücher unter die Sträucher und schüttelte sie. Die Kirschen wurden in der Sonne auf Matten getrocknet und mit der Hilfe von Steinen und hölzernen Rollen aufgebrochen, um an die Bohnen zu kommen. Die wurden geworfelt – hochgeworfen, der Wind trägt die leichteren Verunreinigungen davon und die schwereren Bohnen fallen herab –, um sie von Rückständen zu befreien. Aus dem getrockneten Fruchtfleisch bereitete man einen fruchtigen Tee, der im arabischen Raum als *kisher* bekannt ist. Auf Märkten wird das getrocknete Fruchtfleisch noch heute oft neben grünen Kaffeebohnen angeboten.

Die ersten Plantagen in jemenitischen Quellen werden 1543 erwähnt. Um 1700 weiteten sich die Anbauflächen aufgrund der wachsenden Nachfrage deutlich aus. Die Kleinbauern brachten ihre Ernte auf die Wochenmärkte der Bergdörfer, wo sie von Zwischenhändlern aufgekauft und in die Ebene hinabtransportiert wurden. Wichtigster Umschlagplatz war das rund 25 Kilometer von der Küste entfernte Städtchen Bayt al-Faqih. Dort warteten schon Händler aus Ägypten, dem nordwestlichen Afrika, Syrien, Konstantinopel, Persien und sogar Indien auf die Ware. Auch einige europäische Kaufleute, die mit ihren Schiffen um das Kap der Guten Hoffnung herum ins Rote Meer gekommen waren, dürften dort zum ersten Mal diese Bohnen gesehen haben.

Auf Kamelen wurde die Ware von Bayt al-Faqih in die Häfen der Umgebung gebracht. Der weitaus wichtigste war al-Mocha, das außerhalb der arabischen Welt als Mokka bekannt ist. Die Karawanen brauchten von Bayt al-Faqih vier Tage, um diesen natürlichen Hafen zu erreichen. Er war der erste, an dem aus dem Süden kommende Schiffe ankern und Ware aufnehmen konnten. Schnell entstand dort eine Stadt, die durch den Kaffee zum wichtigsten Umschlagplatz und Ausfuhrort auch für andere Handelsgüter wurde. Mokka stand im Zentrum des Warenverkehrs über das Rote Meer nach Asien und auf die gesamte arabische Halbinsel. Von Suez aus führte ein Karawanenweg nach Kairo, von wo aus der Kaffee dann nach Marokko, Tunesien, Syrien, Konstantinopel und Saloniki gebracht wurde. Mokka wurde so sehr zum Inbegriff des Kaffees, dass die türkische und griechische Variante des Aufgusses nach diesem Ort benannt sind. Irgendwann im 17. Jahrhundert gelangten die ersten Bohnen über das Mittelmeer nach Marseille.

Europäer entdecken den Kaffee

Zum ersten dokumentierten Kontakt von Europäern mit diesem für sie neuartigen Getränk kam es in der zweiten Hälfte des 16. Jahrhunderts. Leonhard Rauwolf, ein Stadtarzt und Botaniker aus Augsburg, hatte 1573 die Gelegenheit, mit einer Kaufmannsexpedition seines Schwagers Melchior Manlich von Marseille über Tripolis bis nach Aleppo und Bagdad zu reisen. Drei Jahre war er unterwegs. In Aleppo lernte Rauwolf die Sitte des Kaffeetrinkens kennen. In seinem 1582 erschienenen Reisebericht heißt es: »Unter anderem haben sie ein gutes Getränk, welches sie hochhalten und das sie Chaube nennen. Es ist fast schwarz wie Tinte und bei Gebrechen, vor allem des Magens, sehr dienlich. Dieses pflegen sie am frühen Morgen an öffentlichen Orten ohne alle Scheu zu trinken, aus tiefen irdenen oder Porzellanschälchen, so warm, wie sie es ertragen können. Sie setzen oft an und tun kleine Schlucke und geben das Schälchen dann weiter, rundherum, wie sie im Kreis sitzen. Zum Wasser nehmen sie Früchte, die von den Einheimischen Bunnu genannt werden.« Rauwolf konnte in Erfahrung bringen, dass die Pflanze ähnlich wie Lorbeer aussehe und dass jede ihrer angeblich gelben Früchte zwei »Körner« enthalte.

Dem Autor dieser ersten europäischen schriftlichen Erwähnung des Kaffees kam das gemeinsame Trinken in der Öffentlichkeit kurios vor. Als Arzt interessierte er sich für die Wirkung. Botaniker und Mediziner bereisten damals die Welt, um nach neuen Heilkräutern und Behandlungsmethoden zu suchen. Kaffee wurde deshalb in den frühesten europäischen Quellen weniger als ein Genussmittel denn als Arznei behandelt.

Noch bevor der Bericht von Rauwolf erschienen war, machte sich 1580 Prosper Alpinus auf eine Reise in den Nahen Osten. Der Arzt und Botanikprofessor aus Padua begleitete den venezianischen Gesandten Giorgio Emi nach Kairo und blieb dort drei Jahre lang. Die beiden Bände seines Reiseberichts erschienen 1591 und 1592; einer enthält die erste Zeichnung einer Kaffeepflanze. Alpinus hatte sie in einem Ziergarten in Kairo entdeckt: »Im Garten des Türken Halybei habe ich einen Baum gesehen, dessen Abbildung man hier sehen kann. Von diesem Baum stammen jene Körner, die man dort unten gut kennt, die man bon oder ban nennt und mit denen alle, sowohl Ägypter wie Araber, ein sehr verbreitetes Getränk herstellen, das sie anstelle von Wein trinken. Dieses Getränk wird in den Tavernen verkauft, genauso wie bei uns der Wein; sie nennen es caova. Diese Körner werden von Arabien hergebracht. Der Baum, den ich gesehen habe, schien mir dem Spindelbaum ähnlich, aber mit dickeren härteren immergrünen Blättern. Alle Ägypter wissen sehr gut, wie man aus diesen Körnern das Getränk zubereitet. […] Sie brauchen es zur Stärkung des Magens, als Hilfe für die Verdauung und gegen Verstopfung. […] Es wirkt sich auch günstig aus auf die Gebärmutter […] und ist daher sehr beliebt bei den ägyptischen und arabischen Frauen, die davon während ihrer Monatsregel immer viel trinken, heiß und in kleinen Schlucken, um so den Blutabfluss zu erleichtern. Auch beim Ausbleiben der Regel ist dieser Absud sehr hilfreich.« Noch genauer als Rauwolf setzt sich Alpinus mit der medizinischen Wirkung des Getränks auseinander.

Eigentlich hätte dieser Strauch nicht in einem Ziergarten Kairos stehen dürfen. Die Jemeniten versuchten zu der Zeit, ein Kaffeemonopol zu errichten. Die Ausfuhr von keimfähigem Material, seien es ungetrocknete grüne Bohnen oder Setzlinge, stand unter schweren Strafen. Trotzdem ist es nicht nur dem Türken Halybei gelungen,

Saat oder Jungpflanzen aus dem Land zu schmuggeln. Der indische Mekkapilger Baba Budan soll um 1600 sieben in seiner Bauchbinde versteckte Kaffeesamen vom Jemen nach Chikmagalur westlich von Bangalore gebracht und dort eingepflanzt haben. Baba Budan war der Pilgername des indischen Sufi Hazrat Shah Jamer Allah Mazarabi aus Mysore, knapp 200 Kilometer südlich von Chikmagalur. Er hatte sich in Mekka mit anderen Sufis getroffen und bei ihren Zeremonien den Kaffee und seine Wirkung kennengelernt. Wenn die Legende stimmt, waren die sieben von ihm aus dem Jemen geschmuggelten Samen der Beginn der Kaffeekultur in Indien. In der Gegend von Chikmagalur gibt es noch heute Plantagen.

Auch die Briten schmuggelten mehrere Säcke voller Setzlinge nach Bombay. Ihre Händler hatten in Mokka schnell den Handelswert der Bohnen erkannt. Weil es aber in Europa noch keinen Markt dafür gab, brachten sie den Kaffee zunächst nur nach Persien und Indien, um ihn dort gegen andere Waren einzutauschen. Die Nachfrage stieg im 17. Jahrhundert ständig, und der Jemen baute seine Produktion auf bis zu 15 000 Tonnen im Jahr aus. Kaffee war längst kein Geheimtipp der Sufis mehr, sondern breitete sich im gesamten Osmanischen Reich und in Persien aus und mit ihm die Kaffeehäuser.

Es bildeten sich drei Typen heraus. Die einfachsten waren Buden mit einer Serviertheke. Der Kaffee wurde stehend im Freien im Schatten eines Vordachs getrunken. Dann gab es Kaffeeschenken an Reiserouten, an denen während einer Rast das Getränk im Sitzen serviert wurde. Und schließlich gab es die Kaffeehäuser mit geschlossenem Schankraum. In diesen wurde den Gästen außer dem Getränk auch ein Unterhaltungsprogramm geboten. Da traten Sänger, Musiker, Tänzer und Geschichtenerzähler auf und bisweilen waren auch Lustknaben zugegen. Der Übergang von einer Schenke zu einem Bordell war fließend. In solchen Häusern wurden Geschäfte abgeschlossen, politische Diskussionen geführt, oder man ging einfach nur zur Entspannung hin. Sie waren Männern vorbehalten; Frauen tranken den Kaffee zu Hause.

Allein in Konstantinopel soll es um 1570 über sechshundert solcher Kaffeehäuser gegeben haben. George Sandys, ein britischer Dichter, der 1610 bis 1612 eine Pilgerreise nach Jerusalem unternahm, schrieb in seinem 1615 veröffentlichten Reisebericht über solche Etablissements am Bosporus: »Wenn sie auch keine Weinschenken haben, so haben sie doch ihre Kaffeehäuser, die etwas ähnliches sind. Dort sitzen sie und schwatzen fast den ganzen Tag und schlürfen dabei ein Getränk, das sie Coffa nennen, aus kleinen Porzellanschälchen, so heiß wie möglich. Es ist schwarz wie Ruß und schmeckt auch nicht viel anders und soll, wie sie sagen, die Verdauung fördern und gute Laune machen. Viele Kaffeehausbesitzer halten sich ausnehmend schöne Jünglinge, die sie als Lockvögel für die Kundschaft brauchen.«

Pietro della Valle, ein römischer Patrizier, der 1614 zu einer zwölfjährigen Orientreise aufbrach, beobachtete in einem Kaffeehaus im persischen Isfahan solche »Knaben, die alle sehr hübsch anzusehen sind und von den Besitzern dieser Häuser angestellt werden, um den Leuten zu trinken zu geben und ihnen die Kaffeetässchen zu reichen und dabei mit Tänzen und anderen Spielen zu unterhalten und in femininer Kleidung – halb männlich und halb weiblich – zur Musik ihrer üblichen Instrumente zu tanzen und großartige Salti mortali zu machen.«

Jean Chardin, einem Juwelenhändler aus Paris, war vor allem die offene Debattenkultur in diesen Einrichtungen aufgefallen. In seinem 1686 erschienenen Bericht über seine Orientreisen, die ihn in den Jahren 1664 bis 1679 bis nach Indien geführt hatten, schrieb er über ein Kaffeehaus, ebenfalls in Isfahan: »Man trinkt hier Caffe, der sehr sauber und flink mit großer Höflichkeit serviert wird. Daneben beteiligt man sich an der Unterhaltung, denn hier werden die Neuigkeiten verhandelt, und hier kritisieren Politiker die Regierung in aller Freiheit und ohne Hemmungen. Die Regierung schert sich nicht darum, was man sagt.« Man weiß jedoch aus anderen Quellen, dass die Potentaten jener Zeit sich bisweilen durchaus Sorgen machten, was in diesen Schenken ausgeheckt werden könnte. In Konstantinopel und auch in Persien mischten sich Spione unter die Gäste, und hin und wieder wurde auch ein Kaffeehaus von der Obrigkeit geschlossen.

Europa war im 17. Jahrhundert von dieser Kultur noch weit entfernt. Die wenigen Europäer, die das Getränk bereits kannten, waren sich noch immer uneins, ob es bekömmlich oder eher schädlich sei. Adam Olearius, der Teilnehmer einer Orientexpedition, die in den Jahren 1633 bis 1639 vergeblich versuchte, direkte Handelsbeziehungen zwischen Schleswig-Holstein und Persien zu eröffnen, warnte die Männer vor übermäßigem Kaffeekonsum. In seinem 1647 veröffentlichten Reisebericht schrieb er: »Wenn man solches Cahwae-Wasser zu viel gebraucht, soll es die fleischliche Begierde ganz auslöschen.« Er hatte dazu eine Geschichte über den Sultan Mahmud Casnin erfahren: »Derselbe habe sich so sehr an das Cahwae-Wasser gewendet, dass er seine Ehegemahlin darüber vergessen und vor dem Beischlaf Ekel bekommen habe, was ihm die Königin übel nahm. Als sie dann einmal aus dem Fenster schaute und sah, wie man einen Hengst niederwarf, um ihn zu kastrieren, habe sie gefragt, was das zu bedeuten habe. Man habe ihr mit verblümten Worten erklärt, man wolle dem Pferd die Wollust und den Mutwillen nehmen, dass es nicht mehr auf andere springen und sich an die Stuten wenden solle. Da habe sie gesagt, das sei alles nicht nötig. Man solle ihm nur das schändliche Cahwae-Wasser zu trinken geben und es würde bald wie der König werden.«

Thomas Herbert, der in den Jahren 1626 bis 1629 die englische Gesandtschaft nach Persien begleitete, berichtet in seinem 1634 erschienenen Bericht etwas ganz anderes. Er hatte gehört, das schwarze Getränk sei vom Erzengel Gabriel höchstselbst erfunden worden und der habe damit den krank und schwach darniederliegenden Mohammed geheilt. Der Prophet »konnte nach Verabreichung dieses Tranks ohne weiteres vierzig Männer aus dem Sattel heben und im Lager der Venus mit mehr als herkulischen Kräften mit vierzig Frauen schlafen«.

Es dauerte noch eine Weile, bis Europäer zu Hause im Eigenversuch überprüfen konnten, welche der beiden Geschichten der Wahrheit näher kommt. Die ersten Bohnen erreichten wahrscheinlich Ende des 16. Jahrhunderts den nichtislamischen Teil des Kontinents, zunächst nur in kleinen Mengen. Man weiß, dass um diese Zeit Apotheken in Venedig Kaffeebohnen als Medizin verkauften, und auch in Marseille dürften sie damals schon bekannt gewesen sein. Die beiden Hafenstädte pflegten enge Handelsbeziehungen zur levantinischen Welt. Man kann davon ausgehen, dass dort Kaffee schon damals in Marktständen und Hafenspelunken ausgeschenkt wurde – an Seeleute, die auf ihren Reisen Bekanntschaft mit dem Getränk gemacht hatten.

1624 gelangte die erste größere Lieferung nach Venedig. Von dort kam einige Zeit später auch der erste Kaffee nach Deutschland. 1657 vermeldete die Handelskammer von Marseille das Eintreffen von dreihundert Zentnern Bohnen. Drei Jahre später waren es schon mindestens 19 000 Zentner. Kaffee wurde schnell zum alltäglichen Handelsgut. Nur in Wien wurde der Kaffee einer Legende nach erst

1683 durch einen Zufall entdeckt. Die Türken hätten, als sie nach ihrer zweiten Belagerung der Stadt abgezogen waren, ein paar Säcke mit seltsamen Bohnen zurückgelassen. Der polnische König Jan III. Sobieski, der den Habsburgern bei der Verteidigung geholfen hatte, soll diese seinem Offizier und Dolmetscher Georg Franz Kolschitzky überlassen haben. Der hatte zuvor als Spion eine Zeit in den feindlichen Reihen verbracht und dabei den Kaffee und seine Zubereitung kennengelernt. Er soll dann im damaligen Schlossergassel (heute Stock-im-Eisen-Platz 4) das erste Kaffeehaus in Wien gegründet haben.

Das mutmaßlich erste Kaffeehaus im nichtislamischen Europa wurde 1647 in Venedig direkt am Markusplatz eröffnet. 1650 gab es das erste britische Kaffeehaus in Oxford, vier Jahre später das erste in London. Auch in Frankreich entstand das erste solche Etablissement um 1650, und zwar in Marseille in der Nähe des Marktes. Es dauerte ein paar Jahre, bis die Neuheit auch Paris erreichte. Aber hundert Jahre später gab es dort bereits rund sechshundert Kaffeehäuser, um 1800 herum waren es schon achthundert und um 1850 gar dreitausend. In Deutschland entwickelten sich die Dinge viel langsamer. Erste Kaffeehäuser werden Ende des 17. Jahrhunderts erwähnt. 1700 gab es in Leipzig gerade fünf davon, zwanzig Jahre später waren es nur zwei mehr.

Fast allen frühen europäischen Kaffeehäusern war ein hoher Lärmpegel gemein. Und in allen roch es gleich, weil die Bohnen vor Ort frisch geröstet wurden. Man traf sich dort zum Klatsch oder zur politischen Debatte, würfelte oder spielte Karten. Und es gab käufliche Liebe. Zum Teil suchten Prostituierte von außerhalb dort ihre Kunden, zum Teil bot auch das weibliche Servierpersonal entsprechende Dienstleistungen an. In der überwiegenden Mehrheit waren die Gäste Männer. Wie im Vorderen Orient tranken Frauen den Kaffee eher zu Hause.

Eine Ausnahme von dem eher spelunkenhaften Ambiente war eines der ersten Kaffeehäuser in Paris. Das von dem italienischstämmigen François Procope 1686 eröffnete Café Procope richtete sich mit seiner luxuriösen Innenausstattung an ein eher gehobenes Publikum. Honoré de Balzac und Victor Hugo verkehrten dort. In der Zeit der Französischen Revolution wurde es ein Zentrum revolutionären Gedankenaustauschs. Maximilien de Robespierre, Jean-Paul Marat und Georges Danton redeten sich dort die Köpfe heiß. Auch den jungen Napoleon Bonaparte soll man gelegentlich gesehen haben. Er habe nicht immer seine Zeche bezahlen können und stattdessen seinen Hut als Pfand dagelassen.

Ebenso waren die ersten britischen Kaffeehäuser Orte des freien Gedankenaustauschs. In Tillary's Coffee House in Oxford etwa kostete der Eintritt einen Penny, die Tasse Kaffee zwei. Dort verkehrten vor allem Studenten, die sich ihre Gedichte vorlasen, Clubs gründeten und Flugblätter verteilten. In diesem Haus entstand auch die Idee zur Gründung der Royal Society, der damals wichtigsten wissenschaftlichen Vereinigung der Aufklärung. In London wurden in Kaffeehäusern eher Geschäfte gemacht. In Jonathan's Coffee House etwa wurde mit Aktien und Staatsanleihen gehandelt. Später ist daraus die Londoner Börse entstanden. In Lloyd's Coffee House wurden Versicherungen abgeschlossen – der Beginn des nach diesem Etablissement benannten späteren internationalen Versicherungsmarkts. Kaffee und die Häuser, in denen er getrunken wurde, spielten also für Aufklärung und Wissenschaft eine so wichtige Rolle wie für die Entwicklung des Finanzkapitalismus.

Den deutschen Obrigkeiten waren die wenigen Kaffeehäuser lange suspekt. Sie hatten den Ruf der Maßlosigkeit, der Freizügigkeit und der Subversion; wegen der dort üblichen Prostitution und weil sich Menschen verschiedener sozialer Schichten zufällig trafen, an einem Tisch saßen und miteinander ins Gespräch kamen. So gab es 1697 in allen Kaffeehäusern von Leipzig eine Polizeirazzia. Dabei aufgegriffene Frauen wurden ins Gefängnis geworfen und ausgepeitscht. Danach war Frauen der Zutritt zu Kaffeehäusern amtlich verboten; auch im Servierdienst durften sie nicht mehr arbeiten. Aus diesem Grund wurde Kaffee in Deutschland lange vor allem zu Hause getrunken.

Im Lauf des 18. Jahrhunderts verdrängte er im Bürgertum die zuvor übliche Mehl- oder Biersuppe als Frühstücksgetränk. In London bekam in der Zeit schon fast jedes Hausmädchen seinen Morgenkaffee. Die Bohnen, die 150 Jahre zuvor nur wenige europäische Reisende zu Gesicht bekommen hatten, waren zu einer erschwinglichen Kolonialware geworden.

Die Ausbreitung des Kaffees nach Osten

Die Unterwerfung Südostasiens durch Portugal, Spanien, Holland und Britannien im Namen des Profits, die Erfindung der monokulturellen Plantage und die Zeit der großen Plagen

Es waren nicht nur die sieben Samen des heimkehrenden indischen Mekkapilgers und Schmugglers Baba Budan, die den Kaffee vom Jemen aus weiter in den Osten brachten; auch nicht nur die angeblich sechzig Setzlinge, die ein britisches Handelsschiff verbotenerweise von Mokka aus nach Bombay transportiert hatte. Vor allem die Holländer haben die vorher in dieser Gegend unbekannte Pflanze im heutigen Indonesien und Sri Lanka verbreitet. Die Insel vor der Südspitze Indiens, die damals Ceylon genannt wurde und heute für feinen Tee bekannt ist, war einst einer der größten Kaffeeproduzenten der Welt.

Anders als den Briten in Nord- und den Spaniern in Mittel- und Südamerika ging es den Kolonialmächten in Asien zunächst nicht um die territoriale Kontrolle über die von ihnen beanspruchten Gebiete. Die imperiale Ausdehnung der europäischen Seefahrernationen auf dem amerikanischen Kontinent wurde, im Norden von den Briten und im Süden von den Spaniern, mit Vertreibung, Unterwerfung und Völkermord an den Ureinwohnern durchgesetzt.

Vergleichbares gab es in Asien nur auf den Philippinen, wo sich die Spanier in der zweiten Hälfte des 16. Jahrhunderts festsetzen konnten. Sie verfuhren dabei nach dem Muster, das sie auch in Lateinamerika verwendeten: grausame Eroberungsfeldzüge unter dem Zeichen des Kreuzes. Sie teilten das Land unter ihren Feldherren auf, die einheimische Bevölkerung war so etwas wie eine lebende Beigabe zu Grund und Boden. Sie nannten dieses System *encomienda,* was vom spanischen Verb für »anvertrauen« abgeleitet ist. Entsprechend bezeichneten sich die Kolonisatoren als *encomenderos,* also als diejenigen, denen etwas oder jemand anvertraut ist. Auf der anderen Seite standen die *encomendados,* die »Anvertrauten«, also die unterworfene einheimische Bevölkerung. Diese Begriffe waren reine Schönfärberei. Das Verhältnis von Kolonisatoren und Kolonisierten hatte nichts mit Vertrauen zu tun. Faktisch handelte es sich um Leibeigenschaft, verbunden mit Zwangsarbeit. Genauso schönfärberisch nannten die Spanier diese Art der gewaltsamen Unterwerfung *pacificación,* »Befriedung«.

Die größte Konkurrenz der Spanier in Südostasien waren zunächst die Portugiesen, die vor allem an dort wachsenden Gewürzen interessiert waren. Der Handel damit war äußerst lukrativ. Die Kolonialpolitik Portugals war ganz anders als die der Spanier. Das Land wollte keine Gebiete erobern, sondern Märkte, und der Gewürzmarkt wurde von Arabern dominiert. 1518 machten sich die Portugiesen daran, diesen Markt zu erobern. Ihre Kolonialkriege galten nur strategisch wichtigen Orten an Handelsrouten, die Herrschaft über das Hinterland interessierte sie nicht. In Colombo auf Ceylon errichteten sie eine erste Faktorei, eine Verladestation mit angeschlossenem Lager. Ceylon galt damals als Zimtinsel. In Colombo wurden allgemein Gewürze umgeschlagen, die aus der Inselwelt Südostasiens dorthin gebracht wurden, vor allem Pfeffer, Muskatnuss und Nelken. 1528 kontrollierte Portugal nach mehreren Schlachten gegen die Araber die gesamte Küste von Ceylon und versuchte, Malakka zu erobern. Die an einer Meerenge gelegene Hafenstadt an der Südspitze von Thailand (heute gehört sie zu Malaysia) galt als Tor zu den weiter östlich gelegenen Gewürzinseln.

Im Lauf der nächsten Jahrzehnte schufen sich die Portugiesen ein ganzes Netzwerk von königlichen Faktoreien an der indischen Küste und auf Inseln, die heute zu Indonesien gehören. Nur auf Ceylon, ihrem ersten Stützpunkt, kolonisierten sie Stück für Stück die gesamte Küste. Die Insel wurde für sie ein sicherer Ankerpunkt in der harten Konkurrenz im Gewürzhandel. Der war in Portugal ein Unternehmen der Monarchie. Zwar waren an der Flotte, die von Lissabon aus um das Kap der Guten Hoffnung herum in den Osten segelte, auch ein paar private Investoren beteiligt, hauptsächlich aber gehörten die Schiffe dem Königshaus. Auch die Gewinne aus diesen Handelsgeschäften flossen vor allem in die privaten Schatullen des Herrschers.

Bedeutendster europäischer Umschlagplatz der aus dem Osten ankommenden Kolonialwaren aber war nicht etwa Lissabon, sondern Antwerpen. Die damals zu den Niederlanden gehörende Stadt war

Ende des 16. Jahrhunderts Europas wichtigster Waren- und Kapitalmarkt. Im Lauf des 17. Jahrhunderts wurde Antwerpen dann von Amsterdam überholt. Dort hatten Kaufleute 1594 die »Gesellschaft für Fernhandel« gegründet und schickten Schiffe nach Südostasien, um Gewürze einzukaufen. Das Geschäft war äußerst gewinnbringend, sodass es schnell mehrere Konkurrenten gab. 1602 schlossen sich die verschiedenen Schifffahrts- und Handelsgesellschaften unter staatlicher Vermittlung zur Vereenigde Oost-Indische Compagnie, kurz V.O.C., zusammen. Es war eine der ersten Aktiengesellschaften der Geschichte. Ihr ursprüngliches Betriebskapital von 6,5 Millionen Gulden wurde in Anteilscheine aufgeteilt, die seit 1606 *actien* genannt und frei an der Börse gehandelt wurden. Anders als Portugals monarchischer Kapitalismus war die V.O.C. ein zwar staatlich gefördertes, letztlich aber rein privatkapitalistisches Unternehmen.

Ein Jahr zuvor hatten die Niederlande mit Fort Victoria auf Amboina ihr erstes kleines Territorium in Südostasien erworben. Die Insel Amboina heißt heute Ambon und ist Teil der Molukken, die zwischen Sulawesi und Neuguinea liegen und zu Indonesien gehören. 1638 sicherten sich die Holländer auf der Banda-Inselgruppe, ebenfalls Teil der Molukken, das Muskatnussmonopol. Die dortigen Plantagen wurden von 280 Bandanesen umgetrieben, zusammen mit 2200 Sklaven, die hauptsächlich aus Indien importiert wurden. Fünfzig Jahre später verzeichneten niederländische Quellen bereits 66 348 Sklaven in den asiatischen Besitzungen. Überall lag der Sklavenanteil an der Bevölkerung bei über fünfzig Prozent.

Seit den 1630er Jahren verdrängten die Holländer die Portugiesen langsam aus Ceylon und kontrollierten ab 1658 die gesamte Küste der Insel. Vier Jahre später hatten sie auch die portugiesische Vorherrschaft in Indien gebrochen. Ihre Kolonialpolitik war ähnlich wie die ihrer Vorgänger; sie hatten nur wenig Territorialbesitz, und der stand ausschließlich im Dienst des angestrebten Gewürzmonopols. Genauso ging es bei den Beziehungen, die sie zu einheimischen Potentaten pflegten, einzig um die Beschaffung von Kolonialwaren.

Die rentabelste Ware war zu jener Zeit der Kaffee. Mitte des 17. Jahrhunderts lag der Verkaufserlös der Bohnen in Europa rund sechsmal so hoch wie die Kosten für ihren Erwerb und Transport. Die Nachfrage stieg sehr viel schneller als das Angebot im Hafen von Mokka. Noch war das Monopol des Jemen einigermaßen intakt. Außer ein paar kleinen Kaffeegärten in Indien gab es keine Konkurrenz. Dabei hatten die Holländer längst die Möglichkeit in der Hand, mehr als nur Händler zu sein. Schon 1616 hatten sie eine Kaffeepflanze von Mokka aus nach Amsterdam geschmuggelt. Sie wurde in den dortigen Botanischen Garten gesetzt und produzierte Saatgut und Nachkommen. Aber erst 1658 kamen die Holländer auf die Idee, das Saatgut von diesen Pflanzen nach Ceylon zu bringen.

Das Vorgehen war klassisch für den damaligen europäischen Kolonialismus: Man führte unter eigener Kontrolle eine teure Pflanze in ein klimatisch passendes Gebiet ein, um sie dort zu möglichst niedrigen Preisen intensiv anzubauen. Eine ähnliche Geschichte hatte das ursprünglich in Südostasien beheimatete Zuckerrohr, das dann unter kolonialen Bedingungen vor allem in der Karibik und in Brasilien riesige Gewinne erbrachte. Auch die Banane kam ursprünglich aus Südostasien und wurde erst in Lateinamerika zum Massenprodukt für den Weltmarkt.

Der erste Versuch der Holländer, eigenen Kaffee in Ceylon zu produzieren, schlug jedoch fehl. Es fanden sich keine Bauern, die Plantagen mit den neuen Pflanzen anlegen wollten. Es dauerte noch einmal vierzig Jahre, bis die Holländer schließlich in Indonesien erfolgreich waren. 1696 brachte der Gouverneur in Malabar in Indien seinem Kollegen in Batavia, dem heutigen Jakarta auf der Insel Java, ein paar Kaffeesetzlinge als Geschenk mit. Sie gingen bei einer Überschwemmung verloren, und so schickte man 1699 eine zweite Ladung von Indien nach Java. Schon zwölf Jahre später brachte die V.O.C. den ersten Java-Kaffee nach Amsterdam. Kaffeepflanzen kamen von dort um die Jahrhundertwende zurück in den Botanischen Garten der niederländischen Hauptstadt. Davon gezogene Jungpflanzen gelangten dann in den Jardin du Roi nach Paris und später auch in andere Botanische Gärten in Europa. Die imperialistischen Staaten Europas hatten den Jemeniten die Macht über das Saatgut entwunden.

Auf Java wurde der Kaffee zunächst traditionell als Mischkultur in Gärten angebaut. Als aber in Europa die Nachfrage stieg und Holland von Batavia aus Stück für Stück die ganze Insel als territoriale Kolonie erobert hatte, setzten die Holländer beschattete reine Kaffeeplantagen durch. Deren Ernte kostete die V.O.C. nichts oder nur sehr wenig. Zunächst mussten die Pflanzer einen Großteil ihrer Ernte als Tribut abliefern. 1711 wurden dann in Amsterdam Festpreise bestimmt. Zunächst wurde ein Picul (etwas mehr als sechzig Kilogramm) für fünfzig holländische Gulden aufgekauft, um den Ausbau der Plantagen zu fördern. 1726 wurde er dann auf zwölf und einen halben Gulden heruntergesetzt und schließlich die Produktion auf Zwangsmaßnahmen umgestellt. Jede einheimische Familie wurde verpflichtet, neben der Landwirtschaft für den Eigenbedarf 650 Kaffeesträucher zu haben und die Ernte aufbereitet den Kolonialbehörden zu übergeben. Zudem mussten die Bauern ein Fünftel ihrer Arbeitskraft für die Produktion von Kolonialwaren aufwenden; neben Kaffee waren das Zuckerrohr und Indigo. Auch die daraus resultierende Ernte musste den Kolonialbehörden kostenlos abgeliefert werden. Die Einnahmen aus den südostasiatischen Kolonialwaren machten Mitte des 18. Jahrhunderts bis zu einem Viertel des holländischen Staatshaushalts aus; rund achtzig Prozent davon wiederum wurden mit Kaffee erzielt.

Die sozialen Zustände, die durch dieses System bei den ausgebeuteten Einheimischen geschaffen wurden, kamen denen der Sklaverei sehr nahe. Der ehemalige holländische Kolonialbeamte und Schriftsteller Eduard Douwes Dekker beschreibt sie in seinem Roman *Max Havellar oder die Kaffeeversteigerungen der niederländischen Handels-Gesellschaft,* das 1860 unter dem Pseudonym »Multatuli« (abgeleitet von *pertuli multum,* lateinisch »ich habe sehr gelitten«) erschien und heute als eines der wichtigsten Werke der holländischen Literatur gilt. Es erzählt die Geschichte von Max Havelaar, des Alter Ego von Douwes Dekker, der auf Java von der Korruption, der Armut und der Ausbeutung entsetzt ist. Douwes Dekker wurde entlassen und endete als gescheiterte Existenz in Amsterdam. »Fremde kamen aus dem Westen und machten sich zu Herren des Landes, zwangen sie, Kaffee für pathetische Löhne anzubauen«, erzählt Multatuli. »Hungersnot …? Auf dem reichen, fruchtbaren Java Hungersnot? Ja, Leser, vor wenigen Jahren sind ganze Distrikte ausgestorben vor Hunger: Mütter boten ihre Kinder zur Speiße feil, Mütter haben ihre Kinder verzehrt.« Das sei die Folge von Korruption und Zwangsbewirtschaftung: »Nichts ist daher gebräuchlicher, als dass Hunderte von Familien aus weiter Entfernung herbeigerufen werden, um ohne Bezahlung Felder zu bearbeiten, die dem Regenten gehören: Nichts ist gebräuchlicher als die unbezahlte Lieferung von Lebensmitteln für die Hofhaltung des Regenten, und wenn der Regent ein gnädiges Auge wirft auf das Pferd, den Büffel, die Tochter, die Frau des kleinen Mannes, würde man es ungehörig finden, wenn dieser sich weigerte, den begehrten Gegenstand bedingungslos abzugeben.« Und über Holland schreibt Dekker: »Es liegt ein Raubstaat an der See, zwischen Ostfriesland und der Schelde!«

Am Ende des Buchs wendet sich der Erzähler direkt an König Willem III., »Kaiser des prächtigen Reichs Isulinde [die holländischen Kolonien in Südostasien], das sich, wie ein Gürtel von Smaragd, um den Äquator schlingt!« Er fragt ihn, »ob es dein kaiserlicher Wille ist, [...] dass da drüben deine mehr als dreißig Millionen Untertanen misshandelt und ausgesogen werden in deinem Namen?«

Das Buch gilt zwar als schärfste Kritik am holländischen Kolonialismus dieser Zeit und löste, als es erschien, einen Skandal aus. Letztlich aber ist es keine Kritik am Kolonialismus als solchem, sondern lediglich eine an den Zuständen auf Java. Douwes Dekker war überzeugt, dass Misshandlung und gnadenlose Ausbeutung der Kolonisierten letztlich zu einer Rebellion führen und Holland in der Folge seine Kolonien verlieren würde. Er glaubte, dass es einen guten, einen menschlichen Kolonialismus geben könne. So gesehen, ist es folgerichtig, dass Max Havelaar zum Namensgeber und zur Symbolfigur der 1988 gegründeten Max Havelaar Stiftung wurde, einer der ersten Organisationen für sogenannten gerechten Handel. Solchen Organisationen geht es nur um die schlimmsten Auswüchse des heutigen Handels zwischen armer und reicher Welt und um die Durchsetzung von Minimalstandards, die freilich in der reichen Welt ausgedacht werden. Am (neo)kolonialen Verhältnis zwischen Produzenten und Konsumenten ändern sie nichts. Dazu später mehr.

Letztlich hatte Dekker mit seinem Roman Erfolg. Das System der Zwangsbewirtschaftung wurde 1870 abgeschafft, zehn Jahre nach dem Erscheinen des Buchs. Der große Aufstand im Inselreich des heutigen Indonesien fand nicht statt, Holland blieb Kolonialmacht. Bis 1943.

In den 1820er Jahren wurde Indonesien die weltweit wichtigste Anbauregion für Kaffee. Plantagen gab es nicht nur auf Java, sondern auch auf den ebenfalls zum holländischen Kolonialreich gehörenden Inseln Sumatra und Celebes (heute Sulawesi). Von dort kam fast die Hälfte der damaligen Weltproduktion von rund 225 000 Tonnen. Amsterdam löste Mokka in diesem Jahrzehnt als wichtigster Umschlagsplatz ab.

Der Niedergang des jemenitischen Hafens hatte schon 1731 begonnen, als die Holländer ihre dortige Faktorei aufgaben. Heute sind

Bohnen aus dem Jemen ein wenn auch hochpreisiges, aber letztlich unbedeutendes Nischenprodukt auf dem Weltmarkt für Kaffee. Und die Stadt Mokka wird mehr und mehr von Dünen verschluckt. Die wenigen großen und einst prächtigen Handels- und Wohnhäuser, die noch nicht vom Sand eingeebnet wurden, sind unbewohnt und zerfallen. Die rund zehntausend Einwohner des Städtchens leben nicht mehr vom Handel und ihrem Hafen, sondern vom Fischfang. Sie wohnen neben den Ruinen einstiger Pracht in einfachen Unterkünften.

Warum die Briten Tee trinken

Britannien, die zweite große Seemacht jener Zeit, war im Südostasiengeschäft ein Nachzügler. Die Briten hatten sich bei ihrer kolonialen Ausdehnung zunächst auf Nordamerika konzentriert, weil ihre dortige Siedlungspolitik Entlastung vom heimischen Bevölkerungsdruck und von der dortigen Armut versprach. Ihre 1599 gegründete East India Company war zunächst eine Tochtergesellschaft der Levant Company und der holländischen V.O.C. haushoch unterlegen. Sie interessierte sich zunächst für die Pfeffermärkte auf Sumatra, Java und den Molukken und gründete 1602 ihre erste Faktorei in Bantam im Westen von Java. Ihre Handelspolitik war denkbar einfach: Man müsse »den Ausländern jedes Jahr mehr verkaufen, als wir an Wert von ihren Waren konsumieren«. So beschrieb es Thomas Mun, einer der 24 Direktoren der Company, in seinem 1664 posthum erschienenen Standardwerk *England's Treasure by Forraign Trade. Or, The Ballance of our Forraign Trade is the Rule of our Treasure.* Den Briten ging es zunächst, wie den Portugiesen und Holländern, nicht um Territorialherrschaft, sondern um Handelsprofite.

Nach den Gewürzen wurden in der zweiten Hälfte des 17. Jahrhunderts Baumwolltextilien die wichtigste von den Briten gehandelte Ware. Maßgeblich dafür war eine Entwicklung in der Kleidermode Europas. Die schweren Wolltücher aus England kamen nicht mehr so gut an. Stattdessen bevorzugte das modebewusste Bürgertum leichte elegante Stoffe. Die East India Company bediente diese Nachfrage mit verarbeiteten Baumwollstoffen und Baumwollgarnen aus Indien. Die Garne wurden in Spinnereien und Webereien im Mutterland weiterverarbeitet. Es war der Beginn der später weltbeherrschenden britischen Baumwollindustrie, die nach der klassischen und bis heute gebräuchlichen kolonialen Arbeitsteilung funktionierte: Die Kolonien im Süden sind für die Lieferung der Rohstoffe zuständig, die eigentliche Wertschöpfung und die damit verbundene Industrialisierung aber findet in den reichen Ländern des Nordens statt.

Erst als die Briten in den Jahren 1795 und 1796 die Holländer von ihren Besitztümern in Ceylon vertrieben hatten, kam Kaffee in den Blick der East India Company. Mit einem Krieg gegen die einheimische Bevölkerung von 1814 bis 1818 wurde die gesamte Insel kolonisiert. Auch diese Eroberung stand im Dienst von Profiten: Die Briten versprachen sich noch höhere Gewinne, wenn sie nicht nur den Handel beherrschten, sondern gleichzeitig die territoriale Herrschaft ausübten.

Schon die Holländer hatten auf Ceylon Kaffee anbauen lassen. Die Produktion aber stand immer im Schatten von Java. Ceylon galt als schwieriges Gelände. In den Jahren 1789 und 1790 war es dort zu Bauernaufständen gegen die Zwangsbewirtschaftung gekommen. Die Holländer nutzten die Insel deshalb nur als Puffer: Fiel die Kaffeeernte auf Java niedrig aus, sollte Ceylon die Einbußen ausgleichen. Lieferte Java eine Superernte, war der Kaffee aus Ceylon nicht gefragt. Die Plantagen waren eher klein, die Kaffeepflanzen wurden durchweg von höheren Bäumen beschattet. Die Briten aber wollten von Anfang an höchstmögliche Gewinne erzielen. So entstanden auf Ceylon ab 1830 die ersten großen Kaffeeplantagen in Monokultur.

Bis ins Hochland hinauf wurde dafür der Regenwald abgeholzt. Die Setzlinge pflanzte man in langen Reihen eng aneinander, auf Schattenbäume wurde verzichtet. Die der prallen Sonne ausgesetzten Sträucher produzierten deutlich mehr Blüten und in der Folge höhere Erträge. Schon nach zwei Jahrzehnten war Ceylon der weltweit drittgrößte Kaffeeproduzent. Von 1849 bis 1868 stieg der Export von 16 700 auf 50 800 Tonnen.

Das Auspressen der Natur hatte einen hohen Preis. Anfang 1869 wurde im ceylonesischen Distrikt Madulsima auf einer Plantage der Kaffeerost festgestellt. Den Pilz hatten britische Forschungsreisende schon 1861 am Victoriasee entdeckt. Sie nannten ihn *Hemileia vastatrix. Hemileia,* lateinisch »halbglatt«, wegen der Eigenschaft seiner Sporen, und *vastatrix,* lateinisch Zerstörer, wegen seiner fatalen Auswirkungen. Der halbglatte Zerstörer sollte innerhalb von zwei Jahrzehnten die ceylonesische Kaffeewirtschaft vernichten.

Der Pilz stammt vermutlich aus Ostafrika. Man schließt dies nicht nur daraus, dass er dort zum ersten Mal von europäischen Forschern identifiziert wurde. Man hat in Äthiopien auch viele Kaffeesorten gefunden, die resistent gegen *Hemileia vastatrix* sind. Für die dortigen Arabicas war der Kaffeerost kein nennenswertes Problem. Die Pflanzen wuchsen im Wald oder in kleinen beschatteten Gärten. Sie standen weit voneinander entfernt und waren vor Wind und Regen geschützt. Dem Pilz fiel es schwer, sich unter diesen Bedingungen auszubreiten. Wenn es überhaupt Ausbrüche des Kaffeerosts gab, waren sie lokal begrenzt. In Ceylon aber fand der Pilz ideale Bedingungen. Der Regenwald war abgeholzt, die Plantagen dicht bestockt und ohne Schattenbäume. Dazu kam das durch die Monsunregen feuchtheiße windige Klima. Die Sporen breiteten sich in rasender Geschwindigkeit über die Plantagen aus.

Der Weg, über den der Pilz von Afrika nach Ceylon gelangte, ist nicht bekannt. Jedenfalls kam er nicht über befallene Bohnen oder Setzlinge auf die Insel. Das überall in Asien verwendete Saatgut stammte ursprünglich aus dem Jemen, und dort gibt es keinen Kaffeerost. In den bewässerten Plantagen der arabischen Halbinsel ist es viel zu trocken für *Hemileia vastatrix*. In diesem Klima kann der Pilz nicht überleben. Dass er nach Ceylon kam, hatte viel mit dem damaligen Kolonialismus zu tun.

Es ist auffällig, dass ab der zweiten Hälfte des 19. Jahrhunderts fast alle kolonial angebauten tropischen Pflanzen von verheerenden Krankheiten heimgesucht wurden. Es gab die Blattfäule am Gummibaum, die Panamákrankheit auf den Bananenplantagen der United Fruit Company, die Mosaikkrankheit beim Zuckerrohr, den Hexenbesen beim Kakao und eben den Kaffeerost. Außer der Mosaikkrankheit, die durch Viren ausgelöst wird, sind alle anderen Plagen Pilze. Ihre Ausbreitung war eine Folge der Entwicklung des Kapitalismus.

In den Jahrzehnten vor den großen Ausbrüchen hatten die Kolonialmächte ursprünglich voneinander isolierte Anbaugebiete mehr und mehr durch Transportwege miteinander vernetzt. Aus dem Gebiet, das als Ursprungsort des *Hemileia vastatrix* vermutet wird, führten die Routen der Elfenbein- und Sklavenhändler an die ostafrikanische Küste. Britische Pflanzer und Arbeiter bewegten sich von Ceylon und Indien bis ins südafrikanische Natal im Westen und auf die Fidschi-Inseln im Osten. Mit der Eröffnung des Suezkanals 1869 – dem Jahr, in dem auf Ceylon zum ersten Mal der Kaffeerost festgestellt wurde – war der Indische Ozean noch besser mit der Welt verbunden. Die Sporen der verheerenden Pilze breiteten sich über ein globales Netzwerk aus Eisenbahnen und Dampfschiffen über die Welt aus, sei es über infizierte Setzlinge oder an der Kleidung und den Schuhen von Reisenden.

Die Kaffeewirtschaft von Ceylon kollabierte in zwei Phasen. Zunächst gingen die kleinen singhalesischen Kaffeebauern bankrott. Ihre Ernten waren wegen des Kaffeerosts bis 1886 um 93 Prozent zurückgegangen. Weil sie ihre Steuern nicht mehr, wie bislang üblich, in Naturalien bezahlen konnten, verordnete die britische Kolonialmacht 1878 ein neues Regime. Fortan wurde von der Verwaltung nur noch Geld akzeptiert. Weil die Bauern aber auch kein Geld hatten, wurden sie enteignet. 1885 gab es so gut wie keine kleinen Plantagen von Einheimischen mehr. 1880 begannen die ersten Bauern damit, statt Kaffee eine gegen den Rost resistente Pflanze anzubauen: Tee.

Die großen Plantagen brachen später zusammen. Als ab 1879 die Kaffeepreise auf dem Weltmarkt sanken, waren sie nicht mehr konkurrenzfähig. Zwar hatten die Plantagenbesitzer Bäume als Windbrecher pflanzen lassen, um so die schnelle Ausbreitung der Sporen zu verlangsamen. Die aber brauchten ihre Zeit, um zu wachsen. Vor allem versuchten die Pflanzer, der Krankheit mit Chemie zu Leibe zu rücken. Man versprach sich viel von verschiedenen Mixturen mit Schwefel, besonders von der sogenannten Bordeauxbrühe aus Kupfersulfat und Kalk, die auf Bananenplantagen gegen die Panamákrankheit eingesetzt wurde. *Hemileia vastatrix* ließ sich damit jedoch bestenfalls eindämmen, aber nicht vernichten. Zudem war die Behandlung viel zu teuer. Man brauchte Chemie, Geräte, Arbeiter, und das bei sinkenden Weltmarktpreisen; inzwischen produzierte auch Brasilien massenhaft Kaffee. Käufer für die vom Pilz befallenen Plantagen auf Ceylon fanden sich keine, und so wurde eine nach der anderen einfach aufgegeben. Sie entwickelten sich zum idealen Nährboden für die milliardenfache Produktion weiterer Sporen.

1879, zehn Jahre nach der ersten Entdeckung des Pilzes, hatte Ceylon noch 41 855 Tonnen Kaffee exportiert. 1884 waren es noch 9000 Tonnen, 1893 gerade einmal 2300 Tonnen. Fast alle Produzenten waren auf Tee umgestiegen. Um die Jahrhundertwende stellte Tee 99 Prozent der ceylonesischen Exporte, Kaffee gerade noch ein Prozent. Auch die Briten, vorher große Kaffeetrinker, stiegen auf ihre neue und zudem billigere Kolonialware um. Statt des *coffee break* etablierte sich nun die *teatime*.

Zwischen 1884 und 1895 breitete sich der Kaffeerost entlang der Route der Netherlands India Steam Navigation Company über die südostasiatischen Inseln aus. Der Kaffeeexport der holländischen Kolonien im Pazifik sank zwischen 1883, dem letzten Jahr ohne die Plage, und 1910 um 85 Prozent. Auf den damals noch spanisch beherrschten Philippinen war der Kaffeeanbau schon 1893 ganz verschwunden.

Auch in den holländischen Kolonien wurde die Krankheit zunächst mit dem massiven Einsatz von Chemie bekämpft. Wegen der hohen Kosten und des geringen Erfolgs wurde dieser Versuch Anfang des 20. Jahrhunderts eingestellt. Die Suche nach gegen den Rost resistenten Kaffeesträuchern begann. Kurzfristig setzten die Pflanzer statt auf Arabicas auf die Ende des 19. Jahrhunderts in Westafrika entdeckte Art Liberica. Das Tieflandgewächs hat viel größere und kräftigere Büsche als Arabicas und schien zunächst weniger anfällig für Kaffeerost zu sein. Doch die Art erlebte nur einen kurzen Boom. Dann zerstörte eine Mutation von *Hemileia vastatrix* auch sie. Ähnlich erging es einer zufällig entstandenen Kreuzung zwischen Arabicas und Liberica. Auch sie schien zunächst resistent gegen den Rost zu sein, wurde aber nach wenigen Jahren genauso befallen. Der Pilz mit seinen Abermilliarden Sporen hat die Fähigkeit, sich an neue Wirte anzupassen.

Es gibt eine Kaffeeart, die resistent ist gegen den Rost: Robusta. Doch wegen ihres holzigen und bitteren Geschmacks wurde sie an der New Yorker Kaffeebörse zunächst abgelehnt; es handle sich um »eine praktisch wertlose Bohne«. Trotzdem wurde die Art in Indien und in den südostasiatischen holländischen Kolonien auf den vom Rost zerstörten Plantagen angebaut. Als Handelsware auf dem Weltmarkt spielt Robusta erst seit der Erfindung des löslichen Kaffees eine Rolle.

Der Kaffee und die Sklaverei

Wie die Karibik und besonders Haiti mit Hunderttausenden von verschleppten Schwarzen zum weltweit wichtigsten Anbaugebiet wurde

Als Arabicakaffee in Südostasien keine Bedeutung mehr hatte, waren längst andere Anbaugebiete erschlossen worden. Das älteste von ihnen lag gewissermaßen am anderen Ende des Indischen Ozeans, in der damals Île de Bourbon genannten französischen Kolonie. Die knapp 700 Kilometer östlich von Madagaskar gelegene etwas weniger als 2500 Quadratkilometer große Insel heißt heute La Réunion und ist offiziell ein französisches Überseedepartement. Dort entdeckten Siedler 1711 die wilde Kaffeeart Marron und bauten sie an. Ihre Bohnen sind deutlich bitterer als Arabicas, weshalb sie nie zu einem Verkaufsschlager wurden. Schon 1715 wurden deshalb die Marron-Pflanzen durch Arabicas ersetzt. Die Setzlinge sollen aus dem Jemen stammen. Einem Kapitän gelang es, nach einer Legende, sechzig Jungpflanzen aus Mokka zu schmuggeln. Zwanzig davon überlebten die Überfahrt, zwei der auf Bourbon eingepflanzten Setzlinge schlugen tatsächlich an. 1719 gab es die erste Ernte, und schon acht Jahre später produzierte die Insel fünfzig Tonnen Exportkaffee.

Der schnelle Erfolg war ein Ergebnis brutaler Zwangsmaßnahmen. Die französischen Siedler mussten für jeden Sklaven, den sie kauften, zweihundert Kaffeesträucher pflanzen. Auf das Herausreißen eines Strauchs stand die Todesstrafe. Schon die Holländer hatten in Südostasien ihre Plantagen mit Zwangsarbeit betrieben, die der Sklaverei zumindest recht nahekam. Die dort ausgepressten Landarbeiter waren Einheimische, und für ihre Ausbeutung nutzten die Kolonialisten lokale Beamte. Auf der Île de Bourbon hingegen wurden Sklaven aus Afrika importiert. Von da an war dies für fast zwei Jahrhunderte in der Kaffeeproduktion die Basis des wirtschaftlichen Erfolgs.

Die schlimmsten menschenverachtenden Bedingungen gab es

wenige Jahre später in der ebenfalls französischen Kolonie Saint-Domingue, aus der nach einem erfolgreichen Sklavenaufstand in den Jahren 1791 bis 1804 die heutige Republik Haiti hervorging. Aber nicht nur die Franzosen, genauso die Briten, Spanier, Holländer und Portugiesen setzten auf ihren Kaffeeplantagen in Lateinamerika und in der Karibik massenhaft Sklaven ein. Die europäischen Kolonialisten hatten dort schon ihre Zuckerrohrplantagen mit aus Afrika verschleppten Menschen betrieben, bevor die ersten Kaffeepflanzen in die Karibik und aufs lateinamerikanische Festland gelangten. Dass sie dieselbe Methode auch in den neuen Pflanzungen übernahmen, erschien ihnen nur als selbstverständlich. Kaffee war eine ideale Ergänzung der Zuckerproduktion; die Zuckerrohrplantagen standen in den Ebenen, Kaffee wurde an den Berghängen angebaut.

Der Boom auf der Île de Bourbon dauerte nicht einmal hundert Jahre. 1804 wurden die dortigen Plantagen von einem Hurrikan vollkommen zerstört, eine nennenswerte Kaffeeproduktion wurde danach nicht wieder aufgebaut. Die auf dieser Insel angebaute Arabicasorte jedoch wird bis heute angebaut und ist in Lateinamerika und der Karibik weit verbreitet. Sie heißt nach ihrem Ursprungsort Bourbon. Wenn die erwähnte Legende der Herkunft dieser Kaffeesorte stimmt, stammen die heutigen Bourbon-Plantagen von nur zwei Setzlingen ab – eine genetisch äußerst schmale Basis. Tatsächlich haben alle Bourbon-Sträucher dasselbe Erbgut. Sie sind deshalb sehr anfällig für den Kaffeerost und andere Plagen.

Die erste Jungpflanze, die um 1710 in die Karibik gelangte, stammt von den beiden Setzlingen der Île de Bourbon ab. Sie wurde auf der Insel Martinique eingesetzt, einer französischen Kolonie. Von dort wurde die Pflanze schnell in die anderen französischen Besitzungen in der Karibik weitergereicht. 1714 oder 1720 – die Quellenlage ist nicht eindeutig – brachten die Holländer Kaffeesamen aus dem Jemen in ihre Kolonie Suriname im Nordosten des südamerikanischen Festlands und legten erste Plantagen der Sorte Typica an. 1730 begannen die Briten in Jamaika Kaffee anzubauen, kurz darauf auch auf Barbados. 1748 folgten die Spanier in Kuba. 1750 kam die Pflanze von dort nach Guatemala. 1752 erreichte der Kaffee von Suriname aus Brasilien. In den nächsten vierzig Jahren folgten noch Peru, Costa Rica, Venezuela und Mexiko. So gab es Ende des 18. Jahrhunderts in fast allen heutigen Anbauregionen Lateinamerikas und der Karibik Kaffeeplantagen.

Der Pionier des Kaffees in der Karibik war der französische Marineoffizier Gabriel-Mathieu de Clieu. Er soll die ersten Setzlinge nach Martinique gebracht haben. Für die Überfahrt ließ er kleine transportable Gewächshäuser bauen, Schachteln aus Holz mit einer Vorderseite aus Glas. So staute sich die Hitze des Tages im Inneren und hielt bis in die Nacht hinein. Die Konstruktion war mit Stacheldraht bewehrt, damit die Ratten auf dem Schiff nicht über die Pflänzchen herfallen konnten. De Clieus Miniaturgewächshäuser wurden für viele Jahrzehnte zum Modell für den Transport von Pflanzen auf See. Das Schiff mit den Kaffeesetzlingen geriet in der Karibik in einen schweren Sturm, dem eine lange Flaute folgte. Das Trinkwasser wurde knapp und musste rationiert werden. Jeder Mann auf dem Schiff bekam nur eine halbe Tasse pro Tag. Es heißt, de Clieu habe seine Ration mit den Pflanzen geteilt. Nur eine einzige habe die Flaute überlebt. Das reichte, da Arabicas sich ja selbst befruchten. De Clieu pflanzte den überlebenden Setzling in seinen Garten auf Martinique. Fünf Jahre später standen schon zweitausend Kaffeesträucher auf der Insel, fünfzig Jahre später waren aus diesem einen Setzling achtzehn Millionen Kaffeebäume in den französischen Kolonien in der Karibik geworden. Ihre Nachkommen liefern heute mehr als die Hälfte der weltweit gehandelten Arabica-Bohnen.

De Clieu, der später Gouverneur der Insel Guadeloupe wurde, ließ auch dort Kaffeeplantagen anlegen. Wie die Pflanze dann von Martinique in die französische Kolonie Saint-Domingue kam, ist nicht bekannt. Hier erlebte sie einen rasanten Aufstieg. Die Kolonie, mit knapp 28 000 Quadratkilometern ein bisschen kleiner als das deutsche Bundesland Brandenburg, war 1788, am Vorabend der Französischen Revolution, der weitaus größte Kaffeeproduzent. Von dort kam rund die Hälfte der weltweit konsumierten Bohnen.

Kurz zur Vorgeschichte: Seit der zweiten Reise von Christoph Kolumbus war die Insel spanische Kolonie. Sie hieß zunächst Hispaniola, die Spanische, und wurde später nach der Hauptstadt im Osten in Santo Domingo umbenannt. Für die Ureinwohner, die bald von Zwangsarbeit, Folter und eingeschleppten Krankheiten ausgelöscht worden waren, war die Insel immer »Ayiti«, das bergige Land. Seit Mitte des 17. Jahrhunderts sickerten mehr und mehr Franzosen in den von Spaniern kaum besiedelten Westen der Kolonie ein und bauten Zuckerrohrplantagen auf. 1697 besetzten dann französische Militäreinheiten das Gebiet ihrer Siedler. Ende des Jahres trat

Spanien den Westteil ab. Er wurde offiziell französische Kolonie. Der Name blieb, er wurde nur übersetzt: Saint-Domingue. Es sollte die rentabelste Kolonie der Welt werden. Ende des 18. Jahrhunderts war sie der weltweit größte Zuckerproduzent und lieferte mehr als Jamaika, Kuba und Brasilien zusammen. Und, wie erwähnt, die Hälfte des weltweit geernteten Kaffees.

Saint-Domingue war für Frankreich wertvoller, als es die dreizehn nordamerikanischen Kolonien zusammen für Britannien waren. Man nannte die Inselhälfte deshalb die »Perle der Karibik«. Der wichtigste Ausfuhrhafen, Cap Français im Norden (heute Cap Haïtien), war größer und eleganter als Boston. Oft ankerten über hundert Schiffe vor der Stadt, zu den 12 000 Einwohnern kamen ständig rund 2500 Seeleute.

All dieser Reichtum war von Sklaven geschaffen worden. Bis Ende des 18. Jahrhunderts hatten Sklavenhändler fast eine Million Menschen aus Afrika nach Saint-Domingue verschleppt. Die meisten kamen aus dem Kongobecken und der Gegend zwischen dem heutigen Liberia und Nigeria. Sie wurden mit dem Brandzeichen ihrer Besitzer markiert und überlebten meist nicht lange. Nirgendwo war das Regime der Sklavenhalter so brutal wie in Saint-Domingue. Jedes Jahr starben zwischen fünf und zehn Prozent der Sklaven an Hunger, Überarbeitung, Krankheiten und Folter. Körperstrafen waren üblich, Peitschen die ständigen Begleiter der Aufseher auf den Plantagen. Diebstahl wurde mit der Amputation einer Hand, eines Arms oder eines Beins bestraft. Es sind Fälle verbürgt, in denen Sklaven Schwarzpulver in den Anus gepresst und dann entzündet wurde. Die weißen Herren nannten das »einen Neger hüpfen lassen«. Aufmüpfige Sklaven wurden lebendig in einen Backofen geworfen oder bis zum Kopf eingegraben und der sengenden Sonne, den Moskitos und den Ameisen überlassen. Entlaufene und wieder eingefangene wurden öffentlich zu Tode gefoltert. Sie wurden gevierteilt, ihre Knochen wurden langsam unter einem Wagenrad gebrochen, sie wurden auf Scheiterhaufen verbrannt. Nachwuchs unter den Schwarzen war selten. Die Frauen kannten die nötigen Kräuter und Methoden, um Schwangerschaften abzubrechen. Oft wurden Neugeborene ertränkt, um ihnen das Schicksal ihrer Eltern zu ersparen. Auch Selbstmorde waren häufig.

Die französischen Sklavenhalter mussten deshalb ständig neue Sklaven importieren. In manchen Jahren waren es mehr als 40 000.

Als in Frankreich 1789 die Revolution im Namen der Freiheit, Gleichheit und Brüderlichkeit begann, gab es in der Kolonie Saint-Domingue nach den Zahlen der damaligen Kolonialverwaltung 40 000 Weiße und 28 000 freie Farbige, sogenannte *gens de couleur*. Sie waren aus für die Frauen meist unfreiwilligen Verhältnissen zwischen weißen Herren und schwarzen Sklavinnen hervorgegangen. Dazu kamen 452 000 schwarze Sklaven, auf jeden Weißen also mindestens elf. Da der Sklavenbesitz besteuert wurde, kamen viele Schwarze als Schmuggelware illegal ins Land. Ihre tatsächliche Zahl dürfte deshalb deutlich höher gewesen sein.

Das schwerste Los hatten die Sklaven auf den Zuckerrohrplantagen. Die Arbeit auf dem Feld war hart. Die meisten Plantagen lagen in den Ebenen an der Küste, wo die Temperaturen schnell über vierzig Grad Celsius erreichen. In den Zuckermühlen und Siedehäusern war es noch viel heißer. Während der Erntezeit wurde dort Tag und Nacht gearbeitet. Weil die Schichten sehr lang und die Sklaven am Ende ermüdet und unkonzentriert waren, kam es zu vielen Unfällen. Manch einer verlor in der Mühle einen Arm oder ein Bein, andere wurden von heißer Melasse verbrüht.

Die Arbeit auf den Kaffeeplantagen war im Vergleich dazu weniger hart. Die Pflanzungen waren in den Bergen, wo es kühler ist, und zudem von großen Bäumen beschattet. Kaffeeplantagen waren keine landwirtschaftlich-industriellen Komplexe mit mehreren Hundert Sklaven, wie sie in der Zuckerproduktion üblich waren. Sie waren sehr viel kleiner und hatten selten mehr als wenige Dutzend Sklaven. Das Regime jedoch war dasselbe wie unten in den Ebenen. Ungehorsam, Arbeitsverweigerung und Flucht wurden genauso hart bestraft.

Seit es Sklaverei gibt, gibt es Widerstand dagegen. Die erste Rebellion von nach Hispaniola verschleppten Schwarzen ereignete sich schon 1522. Mehrere Gruppen von entlaufenen Sklaven, die sich im bergigen Hinterland der nördlichen Ebene versteckt hielten, unternahmen immer wieder Überfälle auf die Häuser der weißen Herren, legten ihnen Hinterhalte nach Guerillamanier oder befreiten andere Sklaven. Aber es gab auch weniger militante Formen des Widerstands. Die wohl einfachste war, sich dumm zu stellen. Die Schwarzen taten einfach so, als ob sie die Anweisungen der Aufseher nicht verstünden, standen fragend herum, taten nichts oder etwas anderes, als ihnen geheißen war, zerbrachen – vorgeblich ungeschickt – Arbeitsgeräte. Die Weißen nannten die Schwarzen deshalb dumm und faul. Das tatsächliche Ziel dieses Verhaltens aber war es, wirtschaftlichen Schaden anzurichten. Es war Sabotage, die schlichteste Form des Widerstands. Oft richtete sich diese Sabotage auch gegen den eigenen Leib: Sie aßen Erde, um Durchfall zu bekommen, rissen alte Wunden wieder auf, um nicht arbeiten zu können, sogar Selbstverstümmelungen kamen vor. Ein kranker oder körperlich behinderter Sklave war für seinen Herrn viel weniger wert als ein gesunder mit einem kräftigen intakten Körper.

Von Anfang an war die Flucht ein Weg, sich dem brutalen Regime der Sklavenhalter zu entziehen. Sie war gefährlich. Die Weißen gingen mit Bluthunden auf die Jagd nach Entlaufenen, der Beruf des Sklavenjägers war überall in der Karibik und auf dem lateinamerikanischen Festland verbreitet. Die Geflohenen wussten, was ihnen bevorstand, wenn sie eingefangen wurden. Im besten Fall wurde ihnen ein Arm oder ein Bein amputiert. Im schlechtesten wurden sie von Bluthunden zerfleischt oder öffentlich zu Tode gefoltert. Viele verkrochen sich deshalb im unzugänglichen Hinterland, verhielten sich ruhig, um nicht entdeckt zu werden, und gründeten kleine Weiler mit im Wald versteckten Feldern für die Selbstversorgung. Andere dagegen waren militant.

Mitte des 18. Jahrhunderts vereinigte der entlaufene Sklave François Makandal viele militante Gruppen unter seinem Kommando. Die Truppe überfiel nächtens Plantagen, brannte Zuckerrohrfelder und Fabriken nieder und tötete die Weißen. Es war der bis dahin größte Aufstand in der Kolonie, über sechstausend Menschen kamen zu Tode. 1758 aber wurde Makandal verraten, bei einer Vodou-Zeremonie erkannt und gefangen genommen. Man hat ihn auf einem Platz in Cap Français auf dem Scheiterhaufen verbrannt. Vodou-gläubige Zuschauer waren überzeugt, dass er die Hinrichtung überlebt, sich in eine Fliege verwandelt habe, davongeflogen und später als Mückenschwarm zurückgekommen sei, um die Franzosen mit dem Gelbfieber zu bestrafen. Seine wundersame Rettung ist bis heute ein häufiges Motiv in haitianischen Volksliedern.

Der von Makandal angeführte Aufstand war das Vorspiel zum großen Aufstand der Sklaven, der am 22. August 1791 begann und nach einem langen und blutigen Krieg am 1. Januar 1804 zur Unabhängigkeit der Kolonie und zur Gründung der weltweit ersten schwarzen Republik führte. Sie nennt sich seit diesem Tag nach dem alten Namen der karibischen Ureinwohner Ayiti, Haiti. Neben dem napoleonischen Heer und den aufständischen Schwarzen waren an diesem Krieg auch die Armeen Britanniens und Spaniens beteiligt. Am Ende war die damals stärkste Armee Europas geschlagen. Napoleon hatte nach Berechnungen des US-amerikanischen Historikers Robert L. Scheina 75 000 Soldaten verloren, rund dreimal so viele wie bei der Schlacht von Waterloo. Darunter war auch sein Schwager Charles Victoire Emmanuel Leclerc, den er mit der militärischen Expedition betraut hatte. Auch die Briten hatten hohe Verluste zu beklagen. Ihr Versuch, sich in den Kriegswirren einen Teil der Kolonie unter den Nagel zu reißen, kostete 45 000 ihrer Soldaten das Leben. Am meisten aber hatten die Schwarzen gelitten. Vor dem Beginn des Aufstands lebte über eine halbe Million Afrikastämmige in der Kolonie. Als die Unabhängigkeit ausgerufen wurde, waren davon nicht einmal mehr 300 000 am Leben.

Die Rache der geschlagenen Kolonialmacht

Die vorher für die Franzosen so rentable Zuckerindustrie überlebte die haitianische Revolution nicht. Die ehemaligen Sklaven wollten nicht mehr auf den Plantagen arbeiten, auf denen sie vorher so gequält worden waren. Sie wollten das Land bestellen, wie sie es von ihren Dörfern in Afrika kannten. Der Kaffeeanbau passte gut in diese kleinbäuerliche Welt. Er wurde zum wichtigsten Pfeiler der haitianischen Wirtschaft, die Kaffeesteuer die bei weitem größte Einnahmequelle des jungen Staats. Kaffee hätte die Basis werden können für den Aufbau eines funktionierenden Gemeinwesens. Doch Haiti hatte nie die Chance dazu.

»Sklaven dürfen auf diesem Territorium nicht existieren, die Sklaverei ist auf ewig abgeschafft«, heißt es in der ersten Verfassung der jungen Republik. Für Schwarze war Haiti ein Ort der Freiheit. Auf allen sie umgebenden Karibikinseln, egal, ob sie Kolonien von Frankreich, Spanien, Britannien, Dänemark oder Holland waren, herrschte weiterhin Sklaverei und war Grundlage der wirtschaftlichen Ausbeutung. Auch die Vereinigten Staaten von Amerika, der erste unabhängige Staat des Kontinents, war ein Sklavenhalterstaat.

Die Selbstbefreiung der Sklaven von Haiti war den Kolonialmächten und den USA ein Graus. Sie fürchteten, dass der Funke überspringen könnte. Tatsächlich gab es in den Jahren nach der Unabhängigkeitserklärung Sklavenaufstände auf vielen karibischen Inseln und auch im Süden der USA, die allesamt von der haitianischen Revolution inspiriert waren. Die Kolonialmächte und die USA versuchten deshalb von Anfang an, Haiti politisch zu isolieren und mit einer Seeblockade wirtschaftlich zu erwürgen. Die ehemaligen französischen Sklavenhalter, die sich hatten retten können, drängten zu Hause auf eine Zurückeroberung der verlorenen Kolonie.

1825 hatten sie Erfolg. Der französische König Charles X. schickte vierzehn Kriegsschiffe nach Haiti, die mit rund fünfhundert Kanonen bestückt waren. Seine Forderung lautete: Entweder bezahlt Haiti 150 Millionen Goldfrancs an Reparationen oder Frankreich erobert die ehemalige Kolonie zurück. Der damalige haitianische Präsident Jean-Pierre Boyer wollte weiteres Blutvergießen verhindern und ließ sich auf die Erpressung ein. Es ist ein einzigartiger Fall in der Geschichte der Kriege. Reparationen sind zwar üblich, aber sie werden nicht von den Siegern, sondern von den Verlierern der Auseinandersetzung bezahlt. In Haiti hatte die französische Armee verloren! Die erpresste Summe war noch viel absurder. 1803 hatte Frankreich seine nordamerikanischen Kolonien für achtzig Millionen Goldfrancs an die USA verkauft – ein Gebiet, das 77-mal so groß war wie Haiti. Die Absicht war klar: Die schwarze Republik sollte zum postkolonialen Schuldnerstaat werden. Frankreich wollte die ehemalige Kolonie weiterhin auspressen.

Zunächst wurden mit dem Geld die ehemaligen französischen Siedler für den Verlust ihres Eigentums entschädigt – für die Immobilien genauso wie für die Sklaven. Die Schwarzen sollten nachträglich für die von ihnen selbst erkämpfte Freiheit bezahlen. Für jeden verlorenen Sklaven aus der Zuckerindustrie standen den ehemaligen Sklavenhaltern 3425 Francs zu, für solche von Kaffeeplantagen 3250 Francs. Dabei entstanden Vermögen, die zum Teil bis heute Bestand haben. So gehören die vier Kinder des 2022 verstorbenen deutschen Unternehmers Maximilian Andreas Markgraf von Baden zu den Nachfahren der damals Entschädigten, genauso der französische Unternehmer Ernest-Antoine Seillière, der von 1997 bis 2005 Präsident des Unternehmerverbands Medef war, oder der belgische Prinz Michel de Ligne.

Aber nicht nur die Sklavenhalter und ihre Nachkommen haben profitiert, sondern vor allem auch die Banken. Schon für die erste von vereinbarten fünf Raten musste Haiti einen Kredit aufnehmen, den französische Banken gerne anboten. Von den dreißig Millionen Francs, die von der Regierung in Port-au-Prince aufgenommen wurden, waren allein sechs Millionen Kommissionen für die Banken. Es war das Sechsfache der Jahreseinnahmen der haitianischen Regierung. Fast hundert Jahre lang wickelte die französischen Bank Crédit Industriel et Commercial (CIC) diese Kredite über ihre sogenannte »Nationalbank von Haiti« ab. »National« war dabei nur der Name dieser CIC-Tochter. Die Pariser Finanzbehörde schrieb 1896: »Die Nationalbank von Haiti ist ein französisches Finanzinstitut mit Sitz in Paris. Seine Büros in Haiti sind nur Außenstellen unter der Aufsicht und Kontrolle des zentralen Büros.«

Dieses Finanzinstitut war auch die Bank der haitianischen Regierung und verlangte von ihr für jedes ausbezahlte Gehalt und für jede sonstige finanzielle Transaktion Gebühren. Die Profite ihrer Aktionäre waren enorm, 1894 zum Beispiel höher als das gesamte Budget für Landwirtschaft in Haiti. In durchschnittlichen Jahren machten die Anteilseigner fünfzehn Prozent Gewinn, in guten bis zu 24 Prozent. Üblich waren damals rund fünf Prozent. Dank dieser riesigen Gewinne ging aus der einst kleinen CIC eines der größten Finanzimperien Europas hervor: die Bank Crédit Mutuel. 1919 – Haiti war damals von der US-Armee besetzt, weil die Vereinigten Staaten das Land als Stützpunkt für ihre Kriegs- und Handelsmarine nutzen wollten – übernahm die National City Bank of New York diese »Nationalbank«, die im Grund nur zur Ausbeutung der haitianischen Nation existierte. Aus dieser Bank wiederum ging die heutige Citigroup hervor, die in jede Menge Finanzskandale verwickelt ist; zuletzt wurde sie im Oktober 2020 in den USA zu einer Geldstrafe von vierhundert Millionen Dollar verurteilt.

Für den Fall, dass Haiti nicht bezahlen sollte, schrieb der französische Außenminister Horace-François Sébastiani 1831 vorsorglich an seinen Konsul in Port-au-Prince: »Eine Armee von 500 000 Männern ist kampfbereit. Und hinter dieser beeindruckenden Streitmacht steht eine Reserve von zwei Millionen.« Aber Haiti hat stets bezahlt. Die ursprüngliche Reparationslast wurde 1837 nach zähen Verhandlungen von 150 auf 90 Millionen Goldfrancs gesenkt. Trotzdem musste Haiti 1875 noch einmal einen Kredit für den Schuldendienst aufnehmen. Diesmal kassierten die Banker eine Kommission von vierzig Prozent. Die letzte Rate wurde 1888 überwiesen. Die

Kredite aber stotterte das Land noch bis in die Mitte des 20. Jahrhunderts ab.

Bezahlt wurde das alles mit den Steuern, die auf die Kaffeeproduktion erhoben wurden. Sie waren die hauptsächlichen Einnahmen des Staats. Aber nicht die aus den Revolutionsführern entstandene neue Elite des Landes, die vor allem durch Import- und Exportgeschäfte reich wurde, bezahlte das Lösegeld für die Freiheit. Es waren die ehemals einfachen Sklaven, das Fußvolk der Aufständischen, die danach, wie die Vorfahren in Afrika, ein Leben als Kleinbauern führten. Und nicht nur diejenigen, die gekämpft hatten, mussten bezahlen, sondern genauso ihre Nachkommen, und das für Generationen. Die Steuerlast war hart. Noch in den späten 1940er Jahren, heißt es in einem Bericht der Vereinten Nationen, lebten die Bauern in Haiti »oft sehr nahe am Verhungern«. Von sechs Kindern ging nur eines zur Schule.

Es gibt nur wenige Zahlen, die illustrieren, was die wegen der Reparationszahlungen aufgenommenen Kredite für die Entwicklung des Landes bedeuteten. So wurden 1911 von drei Dollar eingenommener Kaffeesteuer 2,53 Dollar von diesem Schuldendienst aufgefressen. Nach Abzug von Zinsen und Abzahlung anderer Kredite blieben dem Staatshaushalt von diesen drei Dollar gerade noch sechs Cent. Was andere arme Länder in den Bau von Straßen und Häfen, von Schulen und Krankenhäusern investieren konnten, überwies Haiti an Banken in Europa und den USA.

Ein Reporterteam der *New York Times* hat 2022 mit der Hilfe eines guten Dutzends namhafter Wirtschaftshistoriker und Ökonomen errechnet, welchen Schaden diese Erpressung angerichtet hat. Sie kamen dabei – je nach Szenario – auf eine Summe zwischen 21 und 115 Milliarden US-Dollar. Wäre auch nur die niedrigste Schätzung im Land investiert worden, so läge – die durchschnittliche Entwicklung in der Karibik vorausgesetzt – das Pro-Kopf-Einkommen heute sechsmal so hoch, wie es tatsächlich ist. Haiti wäre vergleichbar mit der benachbarten Dominikanischen Republik.

2003 hatte der damalige haitianische Präsident Jean-Bertrand Aristide im Vorfeld der Feiern zum 200. Jahrestag der Unabhängigkeit bei einem internationalen Expertenteam eine ähnliche Rechnung in Auftrag gegeben, um ein Verfahren gegen Frankreich vorzubereiten. Das Ergebnis dieser Kommission lag ziemlich genau am unteren Rand dessen, was die *New York Times* mit ihren Experten errechnet hat: Gut 21 Milliarden US-Dollar, genau 21 685 135 571 Dollar und 48 Cent. Diese Summe, verlangte Aristide bei einer Rede am 200. Todestag des haitianischen Revolutionshelden Toussaint Louverture am 7. April 2003, müsse Frankreich zurückbezahlen. Und er rief die anderen ehemaligen französischen Kolonien auf, ähnliche Rechnungen aufzustellen und in Paris zu präsentieren. Der damalige Präsident Jacques Chirac nannte die Forderung »demagogisch«. Die Zahlungen, die Haiti an Frankreich geleistet habe, seien durch einen Vertrag rechtlich einwandfrei geregelt worden.

Der vom Armenpriester zum Präsidenten aufgestiegene Aristide hatte einen Nerv getroffen. Das sei »explosiv« gewesen, erinnerte sich Yves Gaudeul, von 1999 bis 2002 französischer Botschafter in Port-au-Prince, Jahre später. »Wir mussten das entschärfen.« Wären andere ehemalige Kolonien dem Beispiel Haitis gefolgt, wäre das Verhältnis von Frankreich zu Afrika zumindest erheblich gestört worden. Gaudeul wollte mit Aristide verhandeln, konnte sich aber in Paris mit dieser Haltung nicht durchsetzen. »Ich habe nie verstanden, wie wir so dumm sein konnten«, sagte er. »Ich glaube, dass wir Haiti nie verziehen haben, dass es das Land ist, das uns besiegt hat.« Gaudeul wurde von seinem Posten abberufen. Sein Nachfolger wurde Thierry Burkard.

Das französische Außenministerium stellte eine Kommission unter der Leitung des Altlinken Régis Debray zusammen. Die flog im Dezember 2003 nach Haiti. Bei einem Gespräch mit Aristide sagte Debray klipp und klar: »Sie haben uns nichts vorgelegt, was ernst zu nehmen wäre.« Und er drohte dem Präsidenten: »Es riecht nach Ärger für Sie.« Wenn Aristide sich das Schicksal Allendes ersparen wolle, müsse er zurücktreten. Der chilenische Präsident Salvador Allende war beim Militärputsch unter General Augusto Pinochet am 11. September 1973 während der Bombardierung des Regierungspalasts ums Leben gekommen. Aristide erinnerte sich später: »Die Drohung war deutlich und direkt: Entweder du trittst zurück, oder du kannst erschossen werden.« Auch im Abschlussbericht legte die Debray-Kommission einen Putsch nahe. Aristides Gegner seien »bereit, ihre zivilen Rechte und Pflichten zu übernehmen«. Man habe mit ihnen über eine »zukünftige Übergangsregierung« diskutiert.

Tatsächlich wurde Aristide am 29. Februar 2004 gestürzt und mit einem US-amerikanischen Flugzeug in die Zentralafrikanische Republik gebracht. Frankreich und die USA behaupten bis heute, der Präsident sei freiwillig zurückgetreten. Aristide sagt, er sei entführt worden. Und Frankreichs damaliger Botschafter Burkard sagte später, Frankreich und die USA hätten in Haiti einen »Staatsstreich« orchestriert. Man habe Aristide zum Rücktritt gedrängt und außer Landes gebracht. Die Forderung nach der Rückzahlung der erpressten Reparationen habe bei diesem »Coup« eine Rolle gespielt. Der von Frankreich und den USA als Premierminister des Übergangs gestützte Gérard Latortue besuchte ein paar Wochen später Chirac. Nach dem Treffen in Élysée-Palast erklärte er, Haiti habe die Forderung nach Rückzahlung der Reparationen zurückgenommen.

Das Thema kam seither in Frankreich nur noch einmal regierungsamtlich zur Sprache. Im Mai 2015 bei einer Rede zur Eröffnung einer Gedenkstätte zum Sklavenhandel auf Guadeloupe nannte der damalige Präsident François Hollande die Reparationszahlungen Haitis ein »Lösegeld für die Unabhängigkeit«. Und: »Wenn ich nach Haiti komme, werde ich für meinen Teil die Schulden abtragen, die wir haben.« Er bekam donnernden Applaus. Ein paar Stunden später erklärte sein Büro, Hollande habe lediglich von »moralischen Schulden« gesprochen. Das ist bis heute die Haltung der französischen Regierung. Und die Kaffeesteuern, die den haitianischen Bauern abgepresst wurden, um sie nach Paris zu überweisen, bleiben bis auf weiteres dort.

Die Steuerlast war so groß, dass die meisten Bauern den Anbau aufgaben. Kaffee spielt in Haiti, dem einst weltweit größten Produzenten, heute nur noch eine marginale Rolle, obwohl Klima und Böden für die Pflanze ideal sind. Die Kleinbauern, die noch immer Plantagen betreiben, bedienen hauptsächlich den lokalen Markt; exportiert wird sehr wenig. Mit viel Glück kann man haitianische Bohnen in kleinen Röstereien in Europa finden. Sie wurden in aller Regel trocken verarbeitet und – obwohl sie so gut wie nie zertifiziert sind – biologisch angebaut. Haitianische Bauern sind zu arm. Sie können sich keine chemischen Dünger und Pestizide leisten.

Guyana
Venezuela
Französisch-
Guyana
Suriname
Brasilien
Kolumbien
Paraíba
Gebiet des ehemaligen
Atlantischen Regenwalds
Recif
Peru
Bolivien
Petrópolis
Paraguay
Rio de Janeiro
São Paulo
Santos
Argentinien
Porto Alegre
Uruguay
1000 km

Kaffeeweltmacht Brasilien

Wie das Land zum mit Abstand größten Produzenten aufstieg, dafür einen riesigen Regenwald abholzte und trotzdem in die Krise kam

Haiti war das erste Land, in dem die Sklaverei abgeschafft wurde. Schon im August 1793, noch als französische Kolonie Saint-Domingue, hat der damalige sogenannte Bürgerkommissar Léger-Félicité Sonthonax, ein Jakobiner, alle Schwarzen in die Freiheit entlassen. Als verlängerter Arm der Regierung in Paris war er dazu ermächtigt. Er tat es mehr aus Verzweiflung und ohne Absprache mit seinen Vorgesetzten, um die ehemaligen Sklaven als Verbündete gegen die französischen Großgrundbesitzer zu gewinnen. Die nämlich waren ganz und gar nicht einverstanden mit den revolutionären Ideen der Jakobiner und luden die royalistischen Briten zu einer Invasion der Kolonie ein. Napoleon versuchte zwar ab 1802, die Sklaverei wieder einzuführen, verlor aber den Krieg gegen die Schwarzen und damit die Kolonie.

Es dauerte noch fast hundert Jahre, bis die Geschichte der Sklaverei auf dem amerikanischen Kontinent zu Ende ging. 1888 schenkte die vorübergehende brasilianische Regentin Isabella stellvertretend für ihren Vater Kaiser Pedro II. – der war gerade auf Europareise – knapp einer Million Sklaven die Freiheit. Die meisten von ihnen hatten auf Kaffeeplantagen gearbeitet. Dass Brasilien das letzte der Kaffeeanbauländer war, in dem die Sklaverei aufgehoben wurde, war für die dortigen Pflanzer zuvor lange ein Konkurrenzvorteil. Nirgendwo sonst konnte Kaffee so billig produziert werden. Auf dem Rücken der Sklaven stieg Brasilien innerhalb weniger Jahrzehnte zum weitaus größten Exporteur auf und kontrollierte zeitweise fast neunzig Prozent des Weltmarkts.

Kaffee wird in Brasilien seit 1727 angebaut, zunächst in der Region Pará ganz im Nordosten. Der Legende nach kamen die ersten Bohnen aus der benachbarten Kolonie Französisch-Guayana ins Land. Die trug damals einen Grenzkonflikt mit der holländischen Kolonie Suriname aus. Der brasilianisch-portugiesische Diplomat Francisco de Mello Palheta fungierte als Vermittler. Er soll ein schmucker Mann gewesen sein; die Gattin des Gouverneurs von Französisch-Guayana habe sich unsterblich in ihn verliebt und eine heftige Affäre mit ihm begonnen. Als Abschiedsgeschenk habe sie de Mello einen großen Blumenstrauß geschenkt, darin ein paar Zweige eines Kaffeestrauchs mit reifen roten Kirschen. Ob diese tatsächlich der Ursprung des brasilianischen Kaffees waren, sei dahingestellt. Tatsache ist, dass Kaffee zuerst im Grenzgebiet zu Französisch-Guayana kultiviert wurde. Das geschah von Anfang an mit Sklavenarbeit.

Der feuchtheiße Nordosten Brasiliens, in dem vor allem Zuckerrohr angebaut wurde, war nicht gerade ideal für die empfindlichen Arabicapflanzen. Die ersten Plantagen waren klein, die Erträge gering. Als die Nachfrage stieg, zogen die Pflanzer mit ihren Sklaven in den Süden. Im gemäßigteren Klima der *terra roxa,* der roten Erde, versprachen sie sich größere Profite. 1774 wurden in der Gegend von Rio de Janeiro die ersten Pflanzungen angelegt; 1790 erreichte der Kaffee São Paulo. Rio war damals einer der größten Einfuhrhäfen für afrikanische Sklaven. Nachfrage nach ihnen hatte es zunächst vor allem im Hinterland gegeben, im heutigen Bundesstaat Minas Gerais. Dort waren Anfang des 18. Jahrhunderts Gold und Diamanten entdeckt worden, und die Minenbesitzer verlangten nach Arbeitskraft. Zudem war Rio seit 1763 die Hauptstadt Brasiliens. Es war alles vorhanden, Sklaven, ein Ausfuhrhafen und die politische Macht – ein idealer Ort für den Aufbau einer Kaffeeindustrie.

Tatsächlich wurde Kaffee im Süden Brasiliens von Anfang an in industriellem Stil angebaut. Zum ersten Mal wurden riesige Plantagen angelegt, Dutzende von Quadratkilometern groß. Die Sträucher standen in endlosen Reihen, auf Schattenbäume wurde verzichtet. Der massive Einsatz von Sklaven machte den Kaffee so billig, dass die internationale Konkurrenz nicht mithalten konnte. Das Regime der Sklavenhalter bediente sich der in der Karibik gängigen Methoden; Hunger, Überarbeitung und brutale Strafen waren genauso üblich wie Folter, Vergewaltigung und Mord. Neu war, dass man Kinder zur Arbeit zwang. Schon Jungen und Mädchen von kaum zehn Jahren wurden zur Ernte auf die Plantagen geschickt. Ein Arbeitstag dauerte in der Regel von fünf Uhr am Morgen bis um neun in der Nacht, danach wurden Männer und Frauen in unterschiedlichen

Unterkünften eingeschlossen. Ihre durchschnittliche Überlebensdauer auf der Plantage betrug sieben Jahre. Die Sklavenhalter brauchten deshalb ständig Nachschub. Und mit der Ausweitung der Plantagen stieg die Zahl der importierten Schwarzen noch einmal. Um 1825 waren es rund 25 000 im Jahr, kurz vor 1850 rund 60 000. 1850 verbot dann Kaiser Pedro II. den Import von Sklaven. Seit das Nachbarland Uruguay 1842 die Sklaverei abgeschafft hatte, kam es zu Massenfluchten von den brasilianischen Plantagen. Die Schwarzen versuchten, sich nach Uruguay durchzuschlagen, wo sie dann frei waren. Der Monarch hatte erkannt, dass Sklaverei auch in Brasilien langfristig keine Zukunft hatte.

Trotzdem stieg die Menge der exportierten Bohnen rasant an, von 1822 bis 1899 um sagenhafte 7500 Prozent. Die Kaffeeindustrie war die wirtschaftliche Basis für das Entstehen eines modernen Staats. So wurde 1867 die erste Eisenbahnlinie gebaut, von der Kaffeezone um São Paulo rund achtzig Kilometer weit an die Küste nach Santos. Die Stadt wurde zum wichtigsten Ausfuhrhafen für Kaffee. 1874 gab es bereits ein Bahnnetz von 1300 Kilometern, 1889 waren es über 9500 Kilometer. Alle diese Schienenstränge führten aus dem Kaffeeland nach Santos oder Rio de Janeiro. Es ging nicht darum, den Süden mit dem noch weitgehend isolierten Nordosten Brasiliens zu verbinden. Die Modernisierung stand ausschließlich im Dienst des Außenhandels. Dass dieser mehr und mehr über Dampfschiffe abgewickelt wurde, machte den Transport sicherer, schneller und billiger. In Santos und Rio entstand so eine neue Schicht von Kaffeebaronen; das waren Betreiber von Aufbereitungsanlagen, Zwischenhändler und Großkaufleute. Hier wurden die Exportpreise verhandelt. Die eigentlichen Kaffeeproduzenten waren weit weg von diesen neuen Netzwerken und wurden oft genug übers Ohr gehauen. Preisdrückerei führte dabei nur zu noch mehr Ausbeutung der Sklaven auf den Plantagen.

Wie überall, wo es Sklaverei gibt, gibt es auch Widerstand dagegen. Die häufigste Form war in Brasilien die Flucht und die Gründung von versteckten Wehrdörfern, die *quilombos* genannt wurden. Es gab sie von Anfang an, seit das Land Mitte des 16. Jahrhunderts begann, Sklaven aus Afrika für die Zuckerrohrplantagen im Nordosten zu importieren. Als die Kaffeeproduktion in der Gegend von Rio de Janeiro und São Paulo begann, war gerade der größte Zusammenschluss solcher *quilombos* nach einem langen Krieg militärisch zerschlagen worden, die sogenannte Republik Palmares im Nordosten Brasiliens. Sie war 1597 von entlaufenen Sklaven gegründet worden, die sich bei einer nächtlichen Massenflucht von einer Zuckerrohrplantage in Pernambuco in den Wald geschlagen hatten. Sie selbst nannten ihr Gemeinwesen *Angola Janga*, was in ihrer Sprache »Kleinangola« heißt; Angola war die Heimat der meisten brasilianischen Sklaven. In dem Verbund von mehr als einem Dutzend *quilombos* lebten bis zu 30 000 Menschen. Die meisten waren Schwarze, aber es gab auch etliche Indigene und sogar ein paar Weiße. Allein die Hauptstadt Macao hatte 8000 Einwohner und war zuletzt festungsartig ausgebaut. Es brauchte über vierzig Feldzüge der Kolonialmacht, bis Macao 1694 geschleift werden konnte.

Die Tradition von Palmares wurde in der Kaffeeregion im Süden weitergeführt. Zeitweise soll es dort über tausend *quilombos* gegeben haben. Manche hatten nur ein paar Dutzend Bewohner, andere mehrere Hundert. Sie waren eine ständige Herausforderung für die Sklavenhaltergesellschaft und machten mit Überfällen und Wegelagerei die Gegend unsicher. Der Beruf des Sklavenjägers war deshalb weit verbreitet. Allein in den Jahren 1710 bis 1798 sollen sie in Minas Gerais 160 *quilombos* entdeckt und zerstört haben.

Bisweilen sah sich die Kolonialmacht auch gezwungen, mit einzelnen dieser *quilombos* Friedensverträge abzuschließen. Die dort lebenden Schwarzen wurden formal in die Freiheit entlassen. Sie mussten sich im Gegenzug verpflichten, auf Überfälle zu verzichten und entlaufene Sklaven, die bei ihnen Zuflucht suchten, zurückzugeben. Damit wurden Kontakte zwischen Sklaven und den freien Schwarzen in den Wehrdörfern so gut wie unmöglich. Weil es dort immer an Frauen mangelte, waren sie aber auf den Nachschub von entlaufenen Sklaven angewiesen. Ohne Neuankömmlinge wurden die *quilombos* ständig kleiner und schwächer und konnten dann von Sklavenjägern – vertragsbrüchig – ausgelöscht werden.

Im Lauf des 19. Jahrhunderts wurde der Import von neuen Sklaven immer schwieriger. 1807 hatte das britische Parlament den Sklavenhandel verboten und in den Jahren danach auch andere Sklavenhalternationen gedrängt, dieses Verbot zu übernehmen. Es bezog sich zwar nur auf den Atlantik nördlich des Äquators und wurde dort von der britischen Kriegsmarine auch durchgesetzt. Der direkte Sklavenhandel zwischen den portugiesischen Kolonien Angola und Brasilien war davon zunächst nicht betroffen. Ab 1830 aber gingen die Briten mehr und mehr auch gegen Sklavenschiffe im südlichen Atlantik vor. Doch die brasilianischen Sklavenhalter fanden einen Ausweg. Kaffee hatte inzwischen Zucker als wichtigstes Exportprodukt abgelöst. Die Plantagen und Zuckermühlen im Nordosten verloren an Bedeutung und brauchten weniger Sklaven. Dafür gab es auf den Kaffeefincas um Rio und São Paulo große Nachfrage. Wegen der ständig abnehmenden Neuimporte von Schwarzen aus Afrika entstand deshalb ein interner Sklavenhandel: Die überflüssig gewordenen Arbeitskräfte im Nordosten wurden in den Süden verkauft.

Bis zur Aufhebung der Sklaverei dauerte es dann noch einmal über ein halbes Jahrhundert. Letztlich ist das seit 1822 von Portugal unabhängige Kaiserreich Brasilien dazu von den Nachbarländern gedrängt worden. 1842 war beim südlichen Nachbarn Uruguay die Sklaverei abgeschafft worden, 1869 folgte Paraguay. Das brasilianische Parlament musste reagieren. 1871 verabschiedete es das sogenannte Rio-Branco-Gesetz, nach dem die Kinder von Sklaven frei sein sollten. Das Ende war absehbar. 1880 und 1881 wurden dann die Steuern auf den internen Sklavenhandel drastisch erhöht. 1885 schrieb das sogenannte Dantas-Saravia-Cotegipe-Gesetz vor, dass Sklaven nach drei weiteren Jahren der Zwangsarbeit freigelassen werden mussten. Wer vorher das 65. Lebensjahr erreichte, für den sollte die Sklaverei schon an diesem Geburtstag enden. Es gab zwar Proteste von Sklavenhaltern gegen dieses Gesetz, aber auch Besetzungen von Kaffeeplantagen durch Schwarze, die nicht noch einmal drei Jahre warten wollten. Am 14. Mai 1888 erschien dann im offiziellen Amtsblatt das Gesetz Nummer 3353, das als *Lei Áurea,* das »Goldene Gesetz«, bekannt wurde. Damit schaffte Brasilien als letzter Staat auf dem Kontinent die Sklaverei ab. Knapp eine Million Schwarze wurden dadurch zu freien Menschen. Die meisten hatten vorher auf Kaffeeplantagen gearbeitet.

Der lange Weg zur Freiheit der Sklaven hatte den Plantagenbesitzern Zeit gegeben, sich darauf einzustellen. Schon seit den 1870er Jahren, als das Ende der Sklaverei absehbar wurde, hatten sie damit begonnen, südeuropäische Arbeiter anzuwerben, vor allem aus Italien. Man nannte dies die *ideologia do blanqueamento,* die »Ideologie der Weißwerdung«. Unter dem Einfluss damaliger europäischer Rassentheorien wurde weiße Haut mit Fortschritt gleichgesetzt. Die angeblich produktiveren südeuropäischen Einwanderer sollten die Schwarzen als Arbeitskraft ersetzen. Allein in den Jahren zwischen 1871 und 1920 kamen über drei Millionen Europäer nach Brasilien. Ihre Arbeitsbedingungen waren kaum besser als die der Schwarzen. Sklaverei wurde durch Schuldknechtschaft ersetzt.

Die Plantagenbesitzer bezahlten den Einwanderern die Überfahrt, weshalb diese von Anfang an verschuldet waren. Zunächst mussten sie diese Schulden abarbeiten und waren gezwungen auf den Plantagen zu bleiben. Dort gab es Läden mit Lebensmitteln und den wichtigsten Alltagsprodukten zu überhöhten Preisen. Den Arbeitern blieb keine andere Wahl, als dort ihren kargen Lohn wieder auszugeben und oft mehr, als sie verdient hatten. Meist wurden sie in selbst geprägten Blechmünzen bezahlt, die nur auf der Plantage anerkannt wurden. Es war ein geschlossener Kreislauf der ständigen Neuverschuldung. Eine Flucht war kaum möglich. Die meisten Plantagenbesitzer benahmen sich gegenüber den Schuldknechten kaum anders als zuvor gegenüber den Sklaven. So soll der Großgrundbesitzer Francisco Augusto Almeida Prado einen seiner Arbeiter eigenhändig in Stücke zerschlagen haben. Andere heuerten herumstreunende bewaffnete Banden – sogenannte *capangas* – als Wächter an. Schon lange vor der Aufhebung der Sklaverei gab es Rebellionen der Schuldknechte, die erste 1856, organisiert von deutschen und Schweizer Arbeitern. Nur wenige schafften es, aus dem System auszubrechen und ein eigenes kleines Stück Land für Kaffee und Subsistenzwirtschaft zu pachten.

Brasilien aber stieg mit diesen Methoden zum unangefochtenen Weltmarktführer auf. Zu Beginn des 20. Jahrhunderts war Kaffee nach Getreide und Zucker das weltweit drittwichtigste Handelsgut geworden. Brasilien produzierte mehr als achtzig Prozent davon. Mit diesem Boom war der wohl größte Umweltfrevel verbunden, der im Zusammenhang mit Kaffee begangen worden ist. Überall, wo neue Plantagen entstanden, war zuvor Regenwald abgeholzt worden.

Der Atlantische Regenwald verschwindet

Was in Brasilien geschehen ist, beschreibt der Umwelthistoriker Warren Dean in seinem Buch *With Broadax and Firebrand:* »Immer in den trockenen Wintermonaten Mai, Juni und Juli wurden Gruppen von Waldarbeitern angeheuert, um Regenwald zu roden. Sie wandten dabei eine Methode an, die man *picarias* nannte. Sie arbeiteten sich vom Fuß eines Hügels langsam nach oben und hieben ihre Äxte in jeden Baum – so lange, bis der Stamm kurz vor dem Umstürzen war. So kletterten sie langsam bis zum Gipfel. Ganz oben war es dann die Aufgabe des Vorarbeiters, den sogenannten Meisterbaum auszusuchen: ein Gigant, der vollständig gefällt wurde und der beim Umstürzen alle angeschlagenen Bäume mit sich reißen sollte. Wenn das gelang, stürzte der gesamte bewaldete Hang in einer gewaltigen Explosion in sich zusammen. Eine Wolke aus Trümmern von Ästen, Schwärmen von Papageien, Tukanen und Singvögeln stieg auf. Die Erleichterungsrufe der Waldarbeiter gingen im Lärm fast unter. Hatte der Vorarbeiter den falschen Meisterbaum ausgesucht, warf dieser jedoch nur ein paar wenige weitere Bäume um. Die Waldarbeiter mussten dann den Hang mit den angeschlagenen Bäumen hinunter und einen nach dem anderen fällen.«

Das war nicht ungefährlich. Zwar kann ein geübter Waldarbeiter die Fallrichtung vorausberechnen. Oft aber stießen die umstürzenden Urwaldriesen gegen einen Nachbarbaum oder die Äste verhedderten sich mit anderen, was plötzliche und unvorhersehbare Richtungswechsel zur Folge haben konnte. Manch ein Holzfäller wurde erschlagen. Wegen dieses Risikos gehörten Waldarbeiter zur Elite unter den Arbeitern. Sie wurden doppelt so gut bezahlt wie andere.

Dean: »Ein Teil der gefällten Stämme wurde gehäckselt und als Zunder für Holzkohle in den Städten verkauft. Andere wurden an Ort und Stelle zersägt oder als ganze Stämme weggeschleppt, die dann zu Bauholz verarbeitet wurden. Viele aber blieben einfach liegen und trockneten. Ende August, kurz vor dem Beginn der Regenzeit, wurden die geschlagenen Flächen dann angezündet. Auch das war eine Arbeit für Geübte. Die dünne Humusschicht sollte nicht versengt werden. Gleichzeitig sollten im Boden lebende Insekten vernichtet und das Holz möglichst vollständig in Asche verwandelt werden. Die vermischte sich dann bei Regen mit der Humusschicht. Das war keine Arbeit, die man von Sklaven verrichten ließ. Die Sklavenhalter befürchteten, die Schwarzen könnten sie mit Flammen umzingeln und bei lebendigem Leib verbrennen.«

Um die Mittagszeit, wenn die Luft still war, gingen die Waldarbeiter von der Spitze eines abgeholzten Hügels in zwei Gruppen den Hang hinunter, immer an den Rändern des Stücks, das abgefackelt werden sollte. Im Vorübergehen zündeten sie mit Fackeln das trockene Astwerk an und trafen dann am Fuß des Hügels wieder zusammen. Die ausgetrocknete Vegetation ging fauchend in Flammen auf, Rauchwirbel und Funkensäulen stiegen in den Himmel. Das gerodete Stück brannte mehrere Tage lang, es bildeten sich gewaltige graue Rauchwolken, in der Umgebung regnete es Asche.

Üblicherweise schlug man Brandschneisen von vier bis sechs Metern Breite – viel zu wenig für einen hohen Regenwald. Oft, besonders in trockenen Jahren, übersprang das Feuer diese Schneisen und statt einem Quadratkilometer gingen fünf oder zehn in Flammen auf. Aber auch das Gegenteil konnte passieren: Wenn die Waldarbeiter schlampig vorgingen, konnte das Feuer Flächen auslassen, die eigentlich zum Abbrennen vorgesehen waren. Das tote Holz blieb dann liegen.

Gegen Ende der Trockenzeit muss das Paraíba-Tal im Nordosten Brasiliens eine lodernde Hölle gewesen sein. Hunderte von Feuern erstreckten sich über seine gesamte Länge und Breite. Mitte des 19. Jahrhunderts, als die Abholzung des Atlantischen Regenwalds für neue Kaffeeplantagen beschleunigt wurde, hing im August und September ein gelblicher Schleier über der Region. Am Tag war die Sonne verdunkelt, in der Nacht sah man keine Sterne. Wenn der Wind von Norden wehte, zogen die Wolken aus Rauch und Asche bis hinunter nach Rio de Janeiro. Auch dort war dann die Sonne oft für mehrere Wochen verborgen oder stand nur als rote Scheibe am Himmel. Mit den ersten tropischen Regenfällen klarte die Luft wieder auf.

Das Gelände, das so für Kaffeeplantagen vorbereitet worden war, sah aus wie ein Schlachtfeld aus dem Ersten Weltkrieg: schwarz, schwelend, trostlos. Die meisten gefällten Bäume waren nur teilweise verbrannt und verrotteten nun langsam. Der Regen schwemmte die Asche und damit wertvolle Nährstoffe in die schmale Humusschicht, die nun zu einem schmierigen Boden wurde.

Auf diese Art wurde im Lauf der Jahre ein riesiger Komplex aus tropischen und subtropischen Wäldern zerstört, der von Recife im Norden bis Porto Alegre im Süden reichte. Er erstreckte sich entlang der brasilianischen Küste und war im Norden rund hundert Kilometer breit. Im Süden weitete er sich auf über fünfhundert Kilometer aus, bis hinein nach Paraguay und Argentinien. Er bedeckte 148 Millionen Hektar, eine Fläche, die rund viermal so groß wie Deutschland ist. Heute sind davon nur noch knapp zwölf Prozent übrig. Die Waldflächen sind so zerstückelt, dass sie langfristig kaum überleben können. Seine Ureinwohner nannten ihn *caá-etê,* den wahren, den ungestörten Wald. In der wissenschaftlichen Literatur heißt er der Atlantische Regenwald. Er muss in Teilen dem Amazonas-Urwald ähnlich gewesen sein. Aber anders als im flachen Amazonasbecken gibt es Bergkämme und Klippen.

Die weite Ausdehnung dieses Waldes ermöglichte eine außergewöhnliche Artenvielfalt. Die Küstenregionen erhalten enorme Regenmengen – zum Teil mehr als viertausend Millimeter im Jahr. Zum Vergleich: In Hamburg fallen in üblichen Jahren rund achthundert Millimeter Regen und Schnee vom Himmel. Je weiter man ins Landesinnere kommt, desto mehr nimmt der Regen ab; bis auf rund tausend Millimeter im Jahr. Zudem war der Wald über sehr unterschiedliche Höhenlagen verteilt. Auch diese geografischen Merkmale führten dazu, dass der Atlantische Regenwald über zwanzigtausend Pflanzenarten beherbergte– in ganz Europa gibt es nur rund zwölftausend. Es gab seltene Arten wie das Goldene Löwenäffchen oder den Pau-Brasil-Baum, der Brasilien seinen Namen gab. Eine von fünfzig bekannten Pflanzen- und Wirbeltierarten lebte dort und nirgendwo sonst. Und obwohl der Atlantische Regenwald auf derselben Landmasse stand wie der Amazonaswald und in grauer Vorzeit auch mit ihm verbunden war, wuchsen in ihm eine erstaunlich große Zahl von Arten, die es nur in diesem Wald gab. Viele seiner Baumarten kamen ausschließlich dort vor. Ein knappes Zehntel fand sich nur im Atlantischen und Amazonischen Regenwald.

Europäische und nordamerikanische Wälder wirken angesichts dieser Artenvielfalt fast ärmlich. Sie wurden in den Eiszeiten so oft von Gletschern zerstört, dass nur solche Arten überleben konnten, die Kälte und Stürmen standhalten und sich in von den Gletschern blank gescheuerten Böden festkrallen können. Solche rauen Klimata verhindern evolutionäre Neuentwicklungen und Experimente der

Natur. Die Wälder sind sehr uniform und enthalten nur wenige Arten. Sie sind so widerstandsfähig und unkompliziert, dass sie sich immer wieder neu bilden können. Es sei denn, die Flächen werden gerodet und mit Asphalt überzogen.

Im Gegensatz dazu sind die südamerikanischen Regenwälder sehr viel komplexer und von einer erstaunlichen Produktivität, Fülle und Vielfalt. Werden sie einmal ausgelöscht, ist es unmöglich, sie wieder herzustellen. Die südamerikanische war die letzte tropische Region, in der Menschen sich niederließen. Die ersten Europäer, die dort um die Wende zum 16. Jahrhundert ankamen, sahen deshalb ein weitgehend unberührtes tropisches Paradies, das sie nirgendwo anders antreffen konnten. Die Natur konnte sich ungestört entwickeln und experimentieren. Es gab nicht einmal größere Naturkatastrophen. Auf dem östlichen Massiv Südamerikas gibt es keine Erdbeben, keine Vulkane und an den Küsten auch keine Wirbelstürme. Und es gab keine Eiszeiten mit Gletschern. Allenfalls kleinere klimatische Ereignisse wie unregelmäßige Regenfälle oder Überschwemmungen haben das Wachstum der südamerikanischen Wälder beeinflusst.

Die Pflanzen im Atlantischen Regenwald wurden unter diesen Bedingungen erstaunlich effizient, was die Aufnahme von Sonnenlicht, Wasser und Nährstoffen angeht. Entsprechend viel Biomasse konnten sie erzeugen. In den besten Lagen fanden sich vermutlich bis zu sechshundert Tonnen auf einem Hektar. Pro Jahr konnte so ein Wald auf dieser Fläche bis zu fünfzig neue Tonnen Biomasse produzieren. Ein mitteleuropäischer Laubwald schafft nur zwölf Tonnen.

Trotz dieser enormen Produktivität sind solche Wälder nicht widerstandsfähiger als weniger produktive. Im Gegenteil. Sie sind ein komplexes System, das sehr viel empfindlicher auf Eingriffe von außen reagiert. Einmal angerichteter Schaden kann kaum wieder gut gemacht werden. Vor allem im Süden des einstigen Atlantischen Regenwalds richteten Kaffeebauern solch extremen Schaden an.

In der Provinz Rio de Janeiro traf Kaffee auf eine Umgebung, die für seinen Anbau passend, in Teilen sogar ideal war. Die Pflanze braucht starke Regenfälle von 1500 bis 2000 Millimetern im Jahr, unter anderem weil sie kontinuierlich Feuchtigkeit an die Umwelt abgibt. Kaffee wurde im Süden Brasiliens zunächst wie im Norden entlang der Küste angebaut. Möglicherweise litt er dabei unter den salzigen Ozeanwinden. Jedenfalls zogen die Kaffeebauern bald weg von der Küste ins etwas kühlere Hochland. Dort herrschen 20 bis 24 Grad Celsius, eine fast optimale Temperatur für die Pflanze. Auch die ausgeprägtere Trocken- und Regenzeit und der markante Wechsel dazwischen kommt dem Anbau entgegen. Der Beginn der Regenfälle ist der Hauptauslöser für die Blüte. Wenn alle Bäume gleichzeitig blühen, reifen die Beeren dann auch gemeinsam zur Ernte. Auch die Trockenzeit von Mai bis August war für die brasilianischen Kaffeebauern ein Vorteil. In dieser Zeit wird geerntet. Die Beeren konnten unter freiem Himmel getrocknet werden. In anderen Anbaugebieten mit mehr Feuchtigkeit in der Luft mussten die Beeren bis zur Erfindung des Entpulpers in Holzöfen getrocknet werden. Ansonsten hätten sie Schimmel angesetzt.

Der Kaffeebaum braucht Böden, die weder komplett durchnässt noch ausgetrocknet sind. Im Hochland von Rio de Janeiro waren die Talböden schlecht entwässert und viel zu feucht. Die Kaffeeplantagen entstanden deshalb an steilen Hängen. Der Atlantische Regenwald hatte dort über die Jahrtausende eine zwar flache, aber doch mäßig fruchtbare und etwas saure Humusschicht geschaffen. Dieser Boden und die Asche des abgebrannten Waldes konnten die Kaffeesträucher eine Zeitlang ernähren. Diese ersten schnellen Erfolge der Plantagenbesitzer wurden für den Regenwald zur tödlichen Gefahr. Man glaubte, dass Kaffee auf Böden gepflanzt werden müsse, auf denen vorher ursprünglicher Wald gestanden hatte. Auf nährstoffreichen Böden können Kaffeeplantagen sehr alt werden. Die Stauden brauchen vier Jahre, bis sie die erste Ernte bringen. Danach können sie dreißig Jahre lang tragen. In anderen Anbaugebieten werden alternde und nicht mehr ertragreiche Pflanzen einfach durch neue ersetzt. Nicht so in Brasilien. Wenn der Boden ausgelaugt war und die Erträge sanken, wurde die Plantage schlicht aufgegeben und ein neuer Streifen Primärwald gerodet. So wanderte der Kaffee im Lauf der Generationen über das Hochland und hinterließ nichts als kahle Hügel.

Die Hänge dieser Hügel sind heute gefährlich. Der Großraum von Rio de Janeiro, in dem die ersten Kaffeeplantagen im südlichen Brasilien standen, ist heute eine der am dichtesten besiedelten Regionen des Landes. Auch die einst nackten Steillagen sind oft von den prekären Bauten der Armen übersät. Bei tropischen Sturzregen kommt es häufig zu Erdrutschen mit fatalen Folgen. So sind im Februar 2022 in Petrópolis im Hinterland von Rio ganze Stadtviertel abgerutscht. Rund 250 Menschen kamen zu Tode.

Die Auswahl neuer Stücke des Atlantischen Regenwalds, die gerodet werden sollten, war willkürlich und meist nur aufs Geratewohl. Allenfalls entschied man auf der Basis eher vager Erfahrungswerte. So suchte man etwa nach Baumarten, die als *padrões* galten, als Indikatoren für einen hervorragenden Standort für neue Plantagen. Auch eine verhältnismäßig dicke Humusschicht galt als vielversprechendes Zeichen. Sie sollte so stark sein, dass ein Mann bis zur Wadenmitte darin einsinken konnte. Weil die Zahl der Kaffeebauern aber sprunghaft zunahm, ist es wahrscheinlich, dass viele Neulinge im Geschäft diese Erfahrungswerte nicht kannten oder sie ignorierten und einfach auf gut Glück den Wald kahl schlugen.

Der Wald wurde tatsächlich völlig kahl geschlagen. Andernorts außerhalb von Brasilien wurde Kaffee im Schatten großer Bäume angebaut. Das kommt seinem ursprünglichen natürlichen Lebensraum sehr nahe und verbessert zudem die Qualität, weil die Kirschen langsamer reifen und die Bohnen dabei mehr und markantere Aromen und Geschmacksnoten entwickeln. In Brasilien aber wurden allenfalls ein paar Knoblauchbäume stehen gelassen; sie galten als die sichersten aller *padrões* und konnten den Wert einer Plantage steigern. Wollte ein Bauer sein Land verkaufen, war dieser Baum ein angeblicher Beweis für die Produktivität des Anwesens. Es ist schwer zu sagen, ob der Anbau ohne Schatten eine bewusste Neuerung oder Brandrodung schlicht die billigste Methode war, Land für den Anbau vorzubereiten. Erst sehr viel später, als sich Kaffee im Paraíba-Tal längst nicht mehr lohnte und die Plantagen verfielen, machte man sich in Brasilien Gedanken darüber, ob Schattenbäume die Dauer ihrer Produktivität nicht hätten verlängern können.

Wie wenig sich die damaligen Kaffeebauern um den Wald kümmerten, zeigt auch die Art und Weise, wie sie ihre Plantagen anlegten. In anderen Anbaugebieten waren damals um die dreitausend Kaffeepflanzen pro Hektar üblich. In Brasilien aber wurden nur achthundert bis neunhundert gesetzt. Für dieselbe Menge Kaffee wurde also bis zu viermal so viel Land verbraucht. Wegen der geringen Dichte wuchsen die Bäume breit und hoch, was die Ernte erschwerte und viel Platz für Unkraut ließ. Zwei- oder dreimal im Jahr musste gejätet werden. Die Sklaven arbeiteten sich in geraden Reihen den Hang hinunter. Dabei entstanden Rinnen, in denen der Regen schneller abfließen konnte; der Boden bekam weniger Feuchtigkeit. Zudem spalteten die schweren Hacken, die fürs Jäten verwendet wurden, die oberflächlichen Wurzeln der Kaffeesträucher, über die sich die Pflanze mit einem großen Teil der Nährstoffe versorgt. Nicht alle Bäume überlebten das. Sie verrotteten an Ort und Stelle und wurden nur selten ersetzt. Auch Gründüngung war nicht üblich. Die Bauern gingen davon aus, dass die Asche der Brandrodung und die Humusschicht genügend Nährstoffe liefern würden, solange die Plantage betrieben wurde. Man wusste zwar, dass herabfallende Blätter und Zweige nützlich waren, und manchmal wurden sie auch unter den Sträuchern aufgeschüttet. Meist aber wurde dieses Grüngut verbrannt. Die Bauern fürchteten, dass sich unter den Blättern Mäuse und anderes Kleingetier verstecken und Schlangen anlocken könnten.

Im ersten Jahrhundert des Kaffeeanbaus in dieser Region, von 1788 bis 1888, exportierte Brasilien rund zehn Millionen Tonnen Kaffee, hauptsächlich über die Häfen von Rio de Janeiro und Santos. Man schätzt, dass damals pro Hektar rund 700 Kilogramm Kaffee im Jahr geerntet wurden und eine durchschnittliche Plantage zwanzig Jahre betrieben wurde. Danach war der Boden restlos ausgelaugt. Der Umwelthistoriker Warren Dean hat errechnet, dass nach diesen Durchschnittswerten für zehn Millionen Tonnen Kaffee fast 7200 Quadratkilometer Atlantischer Regenwald abgeholzt worden sein müssen. Das entspricht 300 Millionen Tonnen Biomasse, die in Rauch aufgingen und in Asche verwandelt wurden.

Die Folgen des Kahlschlags

Dass die Kaffeebauern einfach weiterzogen, wenn der Boden einer Plantage erschöpft war, zeigt, dass es keinerlei Interesse am Wald als solchem gab. Im Prinzip könnte der Regenwald noch weitgehend erhalten sein. Wären die Kaffeebauern schonender mit dem Boden umgegangen, könnten die Flächen, auf denen die ersten Plantagen entstanden, noch immer fruchtbar sein und bewirtschaftet werden. Tatsächlich aber sind heute nur noch knapp zwölf Prozent der ursprünglichen Fläche des ehemaligen Atlantischen Regenwalds mit Bäumen bestanden. Das allermeiste davon ist kein Urwald im Wortsinn mehr, sondern deutlich weniger artenreicher Sekundärwald.

Im Amazonas-Regenwald sind auf einem Quadratkilometer rund 20 000 Tonnen Kohlenstoff gebunden, deutlich mehr als in einem mitteleuropäischen Wald (rund 12 000 Tonnen). Die Speicherkapazität des Atlantischen Regenwalds dürfte mit der des Amazonasbeckens vergleichbar gewesen sein. Bei der Brandrodung verbindet sich der in den Pflanzen gespeicherte Kohlenstoff mit atmosphärischem Sauerstoff und wird zum Treibhausgas CO_2. Zusätzlich gibt auch der Boden nach der Rodung zuvor gespeichertes CO_2 ab. Wenn 7200 Quadratkilometer eines solchen Walds niedergebrannt werden, setzt man damit ungefähr 343 Millionen Tonnen CO_2 frei. Und dabei kann es nicht geblieben sein. Auch für die Siedlungen der Sklaven, die auf diesen Plantagen arbeiteten, wurde Wald gerodet. Genauso für die Felder, auf denen die Lebensmittel für die Arbeiter wuchsen. Und wie die Plantagen weiterzogen, wenn der Boden erschöpft war, zogen auch Siedlungen und Felder weiter. Man kann also davon ausgehen, dass für die zehn Millionen Tonnen Kaffee, die Brasilien in den ersten hundert Jahren des Anbaus für den Weltmarkt exportierte, mindestens 360 Millionen Tonnen CO_2 freigesetzt wurden. Und danach fing der Boom erst richtig an. Schon 1906 exportierte Brasilien in einem Jahr so viel Kaffee wie zuvor in zehn Jahren. Dafür wurden entsprechend mehr Bäume geschlagen und verbrannt.

Die wenigen noch erhaltenen größeren Waldstücke sind an steileren Hanglagen oder in zerklüftetem Gelände zu finden, die schwieriger kommerziell zu nutzen waren. Dass die meisten nach Süden ausgerichtet sind, hängt vermutlich mit einem Handbuch für Kaffeebauern zusammen, das Francisco Peixoto de Lacerda Werneck 1847 zum ersten Mal veröffentlicht hat und das lange wie ein Gesetzbuch befolgt wurde. Darin wird dringend davon abgeraten, Kaffeeplantagen an Südhängen anzulegen – ein Rat, der ein paar Quadratkilometer Naturwälder hat überleben lassen.

Fast die Hälfte der übrig gebliebenen Waldstücke ist kleiner als hundert Hektar, und sie liegen so weit voneinander entfernt, dass ein Austausch von Arten erschwert wird. Nur neun Prozent davon sind Naturschutzgebiete – viel zu wenig, um ein langfristiges Überleben des Tropenwalds zu garantieren. Und wie in Amazonien geht der Raubbau weiter und hat sich unter dem rechtspopulistischen Präsidenten Jair Messias Bolsonaro (2019 bis 2022) noch beschleunigt. Nach dem *Atlas da Mata Atlântica,* herausgegeben vom staatlichen brasilianischen Weltrauminstitut INPE und der Stiftung SOS

Mata Atlântica, wurden zwischen 2017 und 2018 noch einmal 113 Quadratkilometer dieses Restwaldes abgeholzt. Zwischen November 2020 und Oktober 2021 waren es schon 216 Quadratkilometer.

Das Verschwinden des Atlantischen Regenwalds hat längst die Wasserversorgung beeinträchtigt. Auf der Fläche, die er ursprünglich bedeckte, liegen sieben der neun wichtigsten Entwässerungsgebiete des Landes. Dort entspringen Flüsse, die zu Speicherseen gestaut werden. Sie liefern fast sechzig Prozent der Wasserkraft Brasiliens und versorgen 130 Millionen Menschen mit Trinkwasser. Nackte Erde aber wird vom Regen in die Flüsse gespült, die Stauseen verschlammen und die Wasserreservoire werden durch Sedimente verschmutzt. Selbst die Küsten haben sich verändert. Die Mündungen der Flüsse versanden durch den mitgetragenen Schlamm mehr und mehr.

Das Abholzen hatte schwerwiegende Auswirkungen auf das regionale und auch auf das globale Klima. Bäume nehmen bei der Fotosynthese Kohlenstoff aus der Luft auf und speichern ihn. Werden sie gefällt und verbrannt, wird dieser Kohlenstoff freigesetzt und wird zum Treibhausgas Kohlendioxid. Die Folge davon ist, dass es wärmer wird. Zudem fehlen künftig die verbrannten Bäume, um weiterhin CO_2 aus der Atmosphäre aufzunehmen. Die Rodung hat also einen doppelt negativen Effekt. Gerade tropische Wälder können wegen ihrer hohen Produktivität und Biomassedichte besonders viel dieses Treibhausgases aufnehmen.

Aber nicht nur CO_2 spielt bei der Erwärmung eine Rolle. Wälder wirken aufgrund ihrer biophysikalischen Eigenschaften wie eine Kühlanlage. Was das regionale Klima angeht, ist dieser Effekt sogar deutlich stärker als derjenige, der sich aus der Speicherung von CO_2 ergibt. Er fördert die lokale Klimastabilität, weil er extreme Temperaturen mildert. Dafür sind drei biophysikalische Mechanismen verantwortlich, die Albedo, die Verdunstung und die sogenannte Rauigkeit an der Oberfläche. Das Zusammenspiel dieser drei Mechanismen ist komplex und führt in der Gesamtbilanz zu Abkühlung.

Die Albedo besagt, welcher Anteil der Sonnenstrahlung, die auf eine Oberfläche trifft, von dieser wieder zurückgestrahlt wird. Wälder sind relativ dunkel, reflektieren also verhältnismäßig wenig. Sie absorbieren einen größeren Anteil der Energie des Sonnenlichts als hellere Flächen wie nackter Boden, landwirtschaftliche Felder oder Schnee. Schnee etwa reflektiert bis zu neunzig Prozent der einfallenden Sonnenstrahlung, Wald dagegen nur zwischen fünf und achtzehn

Prozent. Im Prinzip nimmt der Wald also sehr viel mehr Strahlungsenergie auf als andere Oberflächen. Entscheidend aber ist, was er mit dieser Energie macht.

Wälder teilen die absorbierte Sonnenstrahlung in latente und fühlbare Wärme auf. Die fühlbare Wärme ist diejenige, die im Wald messbar ist: die Temperatur steigt an. Latente Wärme dagegen ist diejenige, die in der verdunstenden Feuchtigkeit gespeichert ist. Man spürt sie nicht in Bodennähe. Sie steigt auf und ist in der Luftfeuchtigkeit weiterhin enthalten. Tropische Wälder sind sehr effizient, was die Verdunstung angeht, was an den tiefen Wurzeln und der großen Blattoberfläche der Bäume liegt. Sie transportieren viel Wasser als latente Wärme zurück in die Atmosphäre. So kommt es, dass tropische Wälder zwar sehr viel Sonnenenergie aufnehmen, es in ihnen aber trotzdem nicht im gleichen Maß wärmer wird.

Dieser Effekt wird verstärkt durch die sogenannte Rauigkeit der Oberfläche, nämlich des Blätterdachs. Tropische Wälder mögen aus der Luft zwar aussehen wie ein gleichmäßiger Teppich. Tatsächlich aber sind sie sehr uneben. Urwaldriesen ragen heraus, Baumkronen verzweigen sich. In diesen Unebenheiten verfängt sich der leiseste Luftzug, es entstehen Wirbel und Turbulenzen. Luft, die mit Wasserdampf angereichert ist, wird durch diese Turbulenzen weggeweht, neue noch nicht angereicherte strömt nach. Insgesamt wird so sehr viel mehr Wasserdampf von der Oberfläche wegtransportiert als bei Windstille. Erst weiter oben in der Atmosphäre, wo es kälter ist und der Wasserdampf kondensiert, wird die latente Wärme in fühlbare Wärme umgewandelt. Unten im Wald aber bleibt es verhältnismäßig kühl. Diese Prozesse stabilisieren das lokale Klima. Zudem ist Wasserdampf eine Voraussetzung für Wolkenbildung. In der Kombination ist die hohe Verdunstung, verstärkt durch die raue Oberfläche, sehr viel wirksamer als die Erwärmung durch die niedrige Albedo der Bäume, weshalb tropische Wälder in der Gesamtbilanz zu einer ganzjährigen Abkühlung des regionalen Klimas führen. Werden sie abgeholzt und plattgemacht, ist dieser Kühlungseffekt dahin.

Ohne Wald wird es messbar wärmer. Das zeigt eine 2019 veröffentlichte Studie über den Zusammenhang von Temperatur und Entwaldung in den Resten des einstigen Atlantischen Regenwalds. Wissenschaftler der Universitäten von São Paulo und Campinas haben dabei die Wälder auf der Bergkette Serra do Mar entlang der Nordküste des Bundesstaats São Paulo untersucht. Sie gehen davon aus,

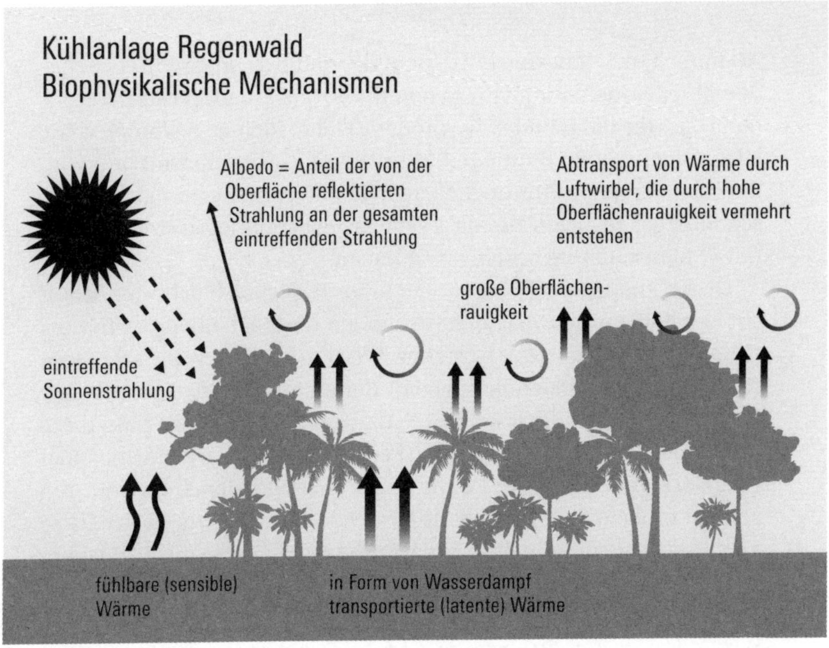

dass der Verlust eines Viertels der einheimischen Vegetation die Oberflächentemperatur um ein Grad Celsius steigen lässt. Die totale Entwaldung hat demnach einen Temperaturanstieg von vier Grad zur Folge. Und es wird nicht nur wärmer, sondern auch trockener. Regenwald gibt auf dem Weg der Verdunstung sehr viel mehr Feuchtigkeit an die Atmosphäre ab als nackter Boden. Aus der Feuchtigkeit bilden sich Wolken, es regnet. Auf diesem Weg werden nach verschiedenen Studien zwischen 25 und fünfzig Prozent des Regens vom Wald gewissermaßen wiederverwertet, ein Effekt, der mit der Rodung abnimmt.

Schon allein der Verlust an Biodiversität kann fatale Folgen haben, und tatsächlich verlieren die letzten Reste des Atlantischen Regenwalds mehr und mehr ihre Vielfalt. Je kleiner so ein Stück übrig gebliebenen Urwalds ist, desto leichter können vorher dort nicht bekannte Pflanzen eindringen und die ursprünglichen Arten verdrängen. Auch für den Menschen sind solche Waldfragmente leichter zugänglich, für die Jagd genauso wie für den Holzeinschlag oder die Brandrodung einzelner Felder. Nach einer Studie aus dem Jahr 2020 über den Verlust an Biodiversität und Biomasse im verbliebenen

Atlantischen Regenwald entspricht der dadurch angerichtete Schaden einer Entwaldung von 55 000 bis 70 000 Quadratkilometern – ohne dass die mit Bäumen bestandene Fläche kleiner geworden wäre. Die ursprüngliche Baumvielfalt und ihre Zusammensetzung wieder herzustellen, ist unmöglich; man kennt sie nicht einmal. Wissenschaftler gehen davon aus, dass viele Arten bereits ausgestorben sind, bevor Menschen sie beschrieben haben.

Ob die knapp zwölf Prozent der ursprünglichen Fläche des Atlantischen Regenwalds, die noch vorhanden sind, sich noch positiv aufs Klima auswirken, ist nicht sicher. Wissenschaftler wie Carlos Joly, Professor für Pflanzenökologie an der staatlichen Universität von Campinas im Bundesstaat São Paulo, gehen davon aus, dass diese Waldstücke möglicherweise noch geringfügig CO_2 aus der Atmosphäre absorbieren. Das aber könne sich mit steigenden Temperaturen schnell umkehren. Dann werde der Wald über die wegen der Hitze verstärkte sogenannte Pflanzenatmung mehr CO_2 an die Atmosphäre abgeben, als er über die Fotosynthese aus ihr aufnehmen kann. Und ein Wald, der einst eine große ausgleichende Kühlanlage war, wird dann dazu beitragen, dass mehr Treibhausgase in der Atmosphäre sind und die Temperatur weiter ansteigt.

Kaffee wird gehortet und vernichtet

Extreme Temperaturen haben schon in der Vergangenheit immer wieder zu Problemen geführt. Eben weil großflächig Wald abgeholzt worden war und die Besitzer von Kaffeeplantagen weitgehend auf Schattenbäume verzichtet haben, sind die Pflanzen dem Wetter schutzlos ausgeliefert. Bei Dürren trocknet der Boden sehr viel schneller aus als im Schatten von großen Bäumen. Bei Kälte kommt es häufiger zu Bodenfrost. Kaffee aber verträgt keine Minustemperaturen. Die Blätter fallen ab, die Kirschen vertrocknen und werden schwarz, viele Sträucher sterben. Am 17. und 18. Juni 1975 schneite es sogar in den Kaffeeanbaugebieten in Paraná und bei São Paulo – zum ersten Mal seit Menschengedenken. Eineinhalb Milliarden Kaffeesträucher starben – über die Hälfte des damaligen landesweiten Bestands. Wegen der den Weltmarkt beherrschenden Stellung Brasiliens war damit klar, dass in den nächsten fünf bis acht Jahren die

Nachfrage nach Kaffee größer sein werde als das Angebot. Die Preise an der Börse schossen nach oben.

Kaffeebauern auf der ganzen Welt ließen sich von hohen Preisen immer dazu ermuntern, neue Anbauflächen zu erschließen. Wenn diese dann die ersten richtigen Ernten lieferten, gab es ein Überangebot auf dem Weltmarkt und die Preise sanken wieder ins Bodenlose. Mit dem nächsten Frost in Brasilien begann der Kreislauf von Neuem.

In den ersten rund hundert Jahren jedoch war Kaffee überall in Lateinamerika und der Karibik ein lohnendes Geschäft. Fast im ganzen 19. Jahrhundert stieg die weltweite Nachfrage nach Kaffee stets schneller als das Angebot. Erst Mitte der 1890er Jahre kam es zur ersten Überproduktionskrise. Brasilien hatte in den Jahren zuvor seine Erntemenge um ein Vielfaches gesteigert. Um 1850 kamen aus dem Land rund die Hälfte der weltweit gehandelten Bohnen; um die Wende zum 20. Jahrhundert waren es schon über achtzig Prozent. Brasilien überschwemmte den Weltmarkt mit Bohnen – und litt dann am meisten unter den sinkenden Preisen. Bis 1895 war der Kaffeepreis an der New Yorker Börse mit vierzehn bis achtzehn US-Cent pro amerikanischem Pfund (454 Gramm) relativ stabil gewesen und für die Produzenten immer deutlich in der Gewinnzone. 1896 aber sank er aufgrund des Überangebots aus Brasilien auf unter zehn Cent. 1897 produzierte das Land allein sechzehn Millionen Sack zu je sechzig Kilogramm – bei einer weltweiten Nachfrage von insgesamt etwas weniger als fünfzehn Millionen Sack. In den Lagern der Großhändler stauten sich 5,4 Millionen Sack, der Preis pro Pfund sank auf unter acht Cent. 1901, als die von den Händlern gehortete Überproduktion auf 11,3 Millionen Sack angeschwollen war, sackte der Preis auf weniger als sechs Cent und lag damit unterhalb der damaligen Produktionskosten.

1903 hatte der italienische Einwanderer Alexandre Siciliano eine Idee, wie die Kaffeeproduzenten die Überproduktionskrisen und die damit verbundenen Preiseinbrüche abmildern könnten; es sollte ein Mechanismus zur Stabilisierung der Preise sein: Die Regierung solle mit internationalen Großhändlern langfristige Verträge abschließen, nach denen diese die überschüssige brasilianische Produktion zu fest vereinbarten Mindestpreisen aufkaufen und einlagern sollten, bis die Preise steigen. Er nannte dies *valorização,* was im Deutschen meist mit Valorisation wiedergegeben wird.

Die erste solche Valorisation gab es 1906. Der Bundesstaat São Paulo kaufte mit Krediten die überschüssige Ernte seiner Kaffeebauern auf und lagerte sie bei europäischen und US-amerikanischen Großhändlern ein. 1911 und 1912 wurde dieser Kaffee dann gewinnbringend verkauft. Zwei weitere Valorisationen in den Jahren 1917/1918 und 1924 waren ebenfalls erfolgreich. Das Geld für den Aufkauf hatte sich der Staat stets bei europäischen und US-amerikanischen Banken beschafft. Die Kaffeebauern bekamen mit sieben Cent pro Pfund einen Preis, der gerade noch über ihren Produktionskosten lag. Die eigentlichen Profiteure des Systems waren nicht sie, sondern die beteiligten Banken und die Großhändler, die meist den Aufkauf im Produktionsland, den Export, den Import in den Konsumentenländern und auch die Röstereien unter ihrer Kontrolle hatten. Die fünf größten internationalen Handelsfirmen exportierten über die Hälfte des brasilianischen Kaffees, und die größte von ihnen war die Theodor Wille & Co. aus Hamburg, die über zwanzig Prozent des vom Hafen in Santos abgehenden Kaffees kontrollierte.

Theodor Wille, Spross einer reichen Kieler Kaufmannsfamilie, war 1838 als Zwanzigjähriger nach Brasilien gekommen. Er begriff schnell, dass der Kaffeehandel ein Geschäft mit Zukunft war. 1844 gründete er eine Exportfirma mit Sitz in Santos. Vorher war Kaffee aus Brasilien über London auf das europäische Festland gebracht worden. Wille lieferte ihn nun direkt nach Hamburg. So umging er die britischen Zwischenhändler, sparte Transportkosten und machte Kaffee für die Mitteleuropäer erschwinglich. Die Nachfrage stieg und damit auch Willes Gewinn. 1847 kehrte er nach Deutschland zurück und eröffnete Handelshäuser in Hamburg, Kiel und Glückstadt. In Brasilien kamen Außenstellen in Rio de Janeiro und São Paulo dazu. Seine deutschen Niederlassungen importierten Kaffee aus Brasilien und exportierten im Gegenzug Textilien und Maschinen bis hin zu Lokomotiven. Wille wurde darüber so reich, dass er auch noch ins Reederei- und ins Versicherungsgeschäft einstieg. Unter anderem war er an der Gründung der Hamburger Commerz- und Discontobank beteiligt, aus der später die heutige Commerzbank hervorging.

Wille war nicht der einzige Deutsche, der in Brasilien zum Kaffeemillionär wurde. Ein anderer war Hermann Sielcken, der Sohn eines Hamburger Bäckers, der als 21-Jähriger von einem Hamburger Handelshaus nach Lateinamerika geschickt wurde. Dort arbeitete er als Kaffeeeinkäufer in Costa Rica. Ein Jahr später ging er nach Kalifornien und heuerte bei einem Wollehändler an. 1876 wechselte er zu W.H. Crossman & Bro. in New York, einer Import-Export-Firma, die mit Kaffee auf Kommissionsbasis handelte. Weil Sielcken in Costa Rica Spanisch gelernt hatte, wurde er nach Südamerika geschickt. Zunächst kabelte er alle paar Monate neue Kaufverträge ins Stammhaus, dann brach die Verbindung zu ihm ab. Jahrelang las man nichts von ihm. Seine Chefs glaubten schon, er habe sich irgendwo mit Gelbfieber angesteckt und lebe nicht mehr. Doch 1881 kam er mit einem dicken Packen äußerst profitabler Verträge zurück nach New York. Er verlangte, zum Teilhaber gemacht zu werden. Er wurde zunächst Juniorpartner, 1895 dann gleichberechtigter Teilhaber und 1904 wurde die Firma in Crossman & Sielcken umbenannt. Als Crossman 1913 starb, kaufte Sielcken dessen Anteile. Außer in Kaffee investierte er in die Stahl- und Eisenbahnindustrie und in ein riesiges Anwesen in Baden-Baden. Dort starb er 1917.

Seinen unglaublichen Reichtum verdankte Sielcken der Kaffeevalorisation von 1906. Er hatte eine Gruppe von deutschen und britischen Banken und großen Kaffeehändlern um sich versammelt und machte im Oktober jenes Jahres – der Weltmarktpreis für Kaffee lag bei unter sechs Cent für das Pfund – der Regierung des Bundesstaats São Paulo einen Vorschlag: Sie solle in Santos Kaffee für sieben Cent das Pfund aufkaufen. Sielcken und seine Gruppe würden achtzig Prozent der dafür nötigen Summe vorfinanzieren. Steige der Weltmarktpreis auf über sieben Cent, sollten die Aufkäufe ausgesetzt werden. Der Kaffee werde in den Lagern der Großhändler gehortet und erst auf den Markt geworfen, wenn sich damit Gewinn erzielen lasse. Sielckens Syndikat bezahlte also nie mehr als 5,6 Cent für das Pfund, bekam sechs Prozent Zinsen für die Kredite und hatte den Kaffee als Sicherheit. Hinzu kamen die Transportkosten, Lagergebühren und eine Kommission von drei Prozent, die allesamt die Regierung von São Paulo übernehmen musste; schließlich gehörte der Kaffee rein formal gesehen weiterhin ihr.

1906 wurden auf diese Weise zwei der zwanzig Millionen Sack der weltweiten Produktion aufgekauft und in Hamburg, Bremen, London, Antwerpen, Rotterdam und New York eingelagert. Auf den Weltmarktpreis hatte das kaum Auswirkungen. Die Regierung von São Paulo aber musste immer weitere Kredite aufnehmen, um die Lagerung zu finanzieren. 1908 wurde sie gezwungen, die Kontrolle über den Kaffee an ein siebenköpfiges Komitee abzugeben, in das sie nur noch einen Vertreter schicken durfte. Mitglied des Komitees war auch Sielcken.

Ab 1910 stieg der Kaffeepreis allmählich und erreichte 1911 vierzehn Cent. Die Lagerbestände wurden verkauft. Sielcken konnte sie als Großhändler und Mitglied der Kontrollkommission billig ein- und teuer weiterverkaufen. Die Regierung von São Paulo hatte zwar riesige Verluste gemacht, gleichzeitig aber mit den Aufkäufen den Bankrott Zehntausender Kaffeebauern verhindert. Eben deshalb wurden die Valorisationen fortgesetzt. Die zweite von 1917 fand nicht nur in São Paulo, sondern in ganz Brasilien statt. Die Regierung hatte Glück. Kaum waren die drei Millionen Sack eingebunkert, reduzierten Fröste die nächste brasilianische Ernte. Der Weltmarktpreis explodierte, der gehortete Kaffee wurde schon 1918 mit gutem Gewinn verkauft. Auch die dritte Valorisation war für Brasilien ein Geschäft. Mit Krediten über neun Millionen Pfund Sterling von Banken aus den USA und Britannien wurden 4,5 Millionen Sack aufgekauft. Mitte der zwanziger Jahre hatte sich der Kaffeepreis verdoppelt, Brasilien verkaufte und bezahlte die Kredite zurück.

Um in Zukunft die Kosten für die Lagerung im Ausland zu sparen, ließ Präsident Artur da Silva Bernardes 1922 elf riesige Hallen in São Paulo für den zurückgehaltenen Teil der Ernte bauen. Exporteure, Importeure, Großhändler und Spekulanten waren sauer, weil sie nie wussten, wieviel Kaffee in diesen Hallen gelagert wurde. Sie versuchten zunächst, die Hallen einfach leer zu kaufen, scheiterten damit aber.

Trotzdem ging die Erfolgsperiode der Valorisationen ihrem Ende entgegen. 1927 gab es eine weltweite Rekordernte von fast dreißig Millionen Sack. Das Kaffeeinstitut von São Paulo, das inzwischen die Valorisationen abwickelte, brauchte hohe Kredite, um die überschüssigen Bohnen aufkaufen zu können. Es sollte in den kommenden Jahren noch mehr geerntet werden. In Brasilien waren im Boom der mittleren zwanziger Jahre einhundert Millionen neue Kaffeesträucher gepflanzt worden. Ihre erste Ernte stand bevor. Auch Kolumbien und die mittelamerikanischen Länder hatten die Boomjahre zur Ausweitung ihrer Plantagen genutzt. Als das Kaffeeinstitut 1929 bei Banken in Britannien und den USA um Kredite für neue Aufkäufe nachsuchte, bekam es kein Geld mehr. Die US-Regierung machte Druck. Sie sah in den Valorisationen einen unzulässigen Eingriff in den freien Markt, der zulasten der US-amerikanischen Konsumenten gehe. Auch die Rothschildbank in Frankreich wurde angefragt, wollte aber nicht einspringen. Im Oktober 1929 war das Kaffeeinstitut pleite, der Kaffeepreis an der New Yorker Börse stürzte ab – ein Vorbote des Börsencrashs vom 29. Oktober 1929.

Die große Depression der dreißiger Jahre sorgte für anhaltend niedrige Kaffeepreise. Zudem ging wegen der Massenarbeitslosigkeit in Nordamerika und Europa die Nachfrage nach den Bohnen zurück. In Brasilien endete mit der Krise die alte Republik der Kaffeeoligarchen. Im Oktober putschte das Militär und setzte den rechtsnationalen Getúlio Vargas mit diktatorischen Vollmachten als Präsidenten ein. Vargas hatte acht Monate zuvor die Präsidentschaftswahl klar verloren.

In den Lagerhallen in São Paulo lagerten inzwischen 26 Millionen Sack unverkäuflichen Kaffees, eine Million mehr, als 1930 weltweit konsumiert worden waren. Vargas, ein Anhänger radikalen Freihandels, verbot den Aufbau weiterer Plantagen. Und er wusste: Sollte das Spiel von Angebot und Nachfrage wieder funktionieren, musste der gebunkerte brasilianische Kaffee dauerhaft vom Markt verschwinden. 1931 gingen die ersten sieben Millionen Sack in Flammen auf. Bis 1945 wurden neunzig Millionen Sack à sechzig Kilogramm, also 5,4 Millionen Tonnen brasilianischen Kaffees verbrannt oder im Meer versenkt. Steuern auf neue Plantagen und auf neu gepflanzte Kaffeebäumchen sollten die Anbaufläche stagnieren lassen und damit den Markt im Gleichgewicht halten. Funktioniert hat das nicht.

Jede Zurückhaltung der Kaffeesupermacht Brasilien wurde von Kolumbien und den mittelamerikanischen Ländern ausgenutzt, um die eigenen Marktanteile zu erweitern. Zudem waren die milden und weichen Kaffees dieser Länder den eher rustikalen und ruppigen brasilianischen Sorten geschmacklich überlegen. Auch Produzenten in Afrika, vor allem europäische Kolonialisten in Kenia, drängten mehr und mehr auf den Kaffeemarkt.

Kuba und die Erfindung der Exportquoten

Um dem kannibalischen Konkurrenzkampf ein Ende zu bereiten, einigten sich Brasilien und sechs weitere Länder Lateinamerikas 1957 auf ein System von Exportquoten, das bereits 1959 um acht weitere lateinamerikanische Länder und die afrikanischen Produzenten Angola, Elfenbeinküste und Kamerun erweitert wurde. Danach durfte jedes Land nur neunzig Prozent der Menge der besten Ernte der vergangenen zehn Jahre exportieren. Das Abkommen war eine reine Willenserklärung, ohne Überwachungs- und Sanktionsmechanismen; es wurde ständig dagegen verstoßen. Schnell war klar: Solange die Konsumentenländer die Produzenten gegeneinander ausspielen und niedrigere Preise durchsetzen konnten, würde ein Quotensystem nie funktionieren.

Die USA als weltweit größter Kaffeekonsument hatten ein derartiges Abkommen stets blockiert. Möglichst niedrige Preise für die heimischen Konsumenten waren ihnen wichtiger als das Los der Kaffeebauern. Nach der Revolution in Kuba 1959 änderte sich das. Die Regierung in Washington fürchtete einen Vormarsch der Kommunisten, die unter verelendeten Kaffeebauern leicht Anhänger finden könnten. Und das nicht nur in Lateinamerika, wo seit 1960 linke Guerillas in Nicaragua und Guatemala operierten. Auch in Afrika gärte es. Im Kongo hatte sich Patrice Lumumba, der Premierminister der ersten unabhängigen Regierung, Moskau angenähert. Er wurde am 14. September 1960 bei einem vom US-Geheimdienst CIA und von Belgien unterstützten Militärputsch unter Mobutu Sese Seko gestürzt und am 17. Januar 1961 ermordet. Es folgten Jahre des Bürgerkriegs und Jahrzehnte der despotischen Herrschaft Mobutus. In Südwestafrika wurde Portugal vom US-Präsidenten John F. Kennedy aufgefordert, seine Kolonie Angola nicht in die Unabhängigkeit zu entlassen, sondern eine dortige Rebellion militärisch niederzuschlagen. Weiße Plantagenbesitzer ließen protestierende schwarze Kaffeearbeiter, die ihren Lohn nicht erhalten hatten, einfach niederschießen. Dem Massaker folgte ein wüstes Gemetzel, bei dem Hunderte Weiße und Tausende Schwarze getötet wurden. Mithilfe von Waffenlieferungen aus den USA konnte Portugal der Kolonie schließlich eine Friedhofsruhe aufzwingen. Sollten sich die sozialen Verhältnisse, unter denen Kaffee produziert wurde, nicht ändern, befürchtete die Regierung in Washington, werde es in Afrika und Lateinamerika zu weiteren Unruhen kommen.

Am 9. Juli 1962 riefen die Vereinten Nationen zu einer internationalen Kaffeekonferenz in New York zusammen. Das Ziel war ein Kaffeeabkommen, an dem produzierende und konsumierende Länder beteiligt sein sollten. Man einigte sich auf ein Quotensystem, das in Kraft treten sollte, wenn bis zum 30. Dezember 1963 die meisten produzierenden und konsumierenden Länder dem Abkommen beigetreten sein würden. Die Bestimmungen sollten von der neu gegründeten Internationalen Kaffeeorganisation mit Sitz in London überwacht werden. Die Basis war zunächst ein angenommener jährlicher weltweiter Verbrauch von 45,6 Millionen Sack à sechzig Kilogramm. Achtzehn Millionen davon durfte Brasilien exportieren, sechs Millionen Kolumbien, der Rest verteilte sich auf die kleineren Produzentenländer.

Das Abkommen trat nicht wie vorgesehen Ende 1963 in Kraft. Die USA zögerten noch bis zum April 1965, bis sie beitraten. Das Problem mit der Überproduktion war damit aber noch lange nicht behoben. 1966 etwa wurden weltweit 87 Millionen Sack Kaffee geerntet, davon allein 65 Millionen in Brasilien. Die Produktionssteigerung war möglich geworden, weil man herausgefunden hatte, dass Zink und Bor wichtige Nährstoffe für Kaffeesträucher waren und sie bei entsprechender Düngung auch auf schlechten Böden hohe Erträge lieferten. Zudem waren neue hybride Sorten gezüchtet worden, die zwar geschmacklich nicht an die traditionellen Arabicas heranreichten, aber deutlich größere Mengen von Früchten abwarfen.

Für die Überproduktion gab es ein Schlupfloch, die sogenannten »neuen Märkte«. Länder wie Japan oder die Sowjetunion waren nicht Teil des Internationalen Kaffeeabkommens. Dort entstand ein Parallelmarkt, auf dem Bohnen verkauft werden konnten, die nicht unter die Exportquoten fielen. Sie wurden in der Regel zu deutlich niedrigeren Preisen gehandelt. Dies führte dazu, dass diese »neuen Märkte« den billigen Kaffee in Konsumentenländer weiterverkauften, die dem Abkommen beigetreten waren. Man nannte ihn »Touristenkaffee«, weil er sehr weit herumgekommen war. In der damaligen Bundesrepublik Deutschland soll er 1966 rund zwanzig Prozent der Importe ausgemacht haben.

1968 wurde das Kaffeeabkommen flexibilisiert. Statt fester Exportquoten einigten sich die beteiligten Länder auf einen Preiskorridor, der für eine vereinbarte Laufzeit gelten sollte. Fiel der Preis darunter, wurden die Quoten automatisch reduziert. Stieg er darüber, stiegen auch die Quoten. Quoten und Preise galten nicht mehr pauschal, sondern wurden nach vier Qualitätsstufen differenziert. Die teuersten Bohnen sind danach bis heute die sogenannten »milden kolumbianischen Arabicas«, zu denen auch Arabicas aus Kenia gerechnet werden. Nur wenig günstiger sind die »anderen milden Arabicas«, die vorwiegend aus Zentralamerika stammen. Deutlich darunter liegt das Preissegment der »ungewaschenen Arabicas«, die den Hauptteil der brasilianischen Ernte ausmachen. Die billigsten Bohnen sind Robustas, die meist weniger als die Hälfte der kolumbianischen Milden kosten. Robusta wird vor allem in Afrika und Asien, in geringerem Umfang auch in Brasilien angebaut.

Das flexible Quotensystem konnte den Kaffeebauern keine akzeptablen stabilen Preise garantieren. 1969, als ein Pfund Kaffee an der New Yorker Börse mit weniger als 35 US-Cent so billig war wie lange nicht mehr, schlossen sich neun produzierende Länder in Genf zusammen, um nach dem Vorbild der Organisation erdölproduzierender Länder (OPEC) eine Art Kartell zu gründen. Ihm gehörten Äthiopien, Brasilien, die Elfenbeinküste, El Salvador, Guatemala, Kolumbien, Mexiko, Portugal (mit der kaffeeproduzierenden Kolonie Angola) und Uganda an. Als am 20. Dezember 1971 der damalige US-Präsident Richard Nixon den US-Dollar um acht Prozent abwertete und damit die Einnahmen der kaffeeproduzierenden Länder empfindlich schmälerte, beschloss diese sogenannte Genf-Gruppe, ihre Exporte unter die Quoten des Kaffeeabkommens zu drücken. Der Preis der Bohnen stieg daraufhin um gut 25 Prozent.

Der Höchststand wurde in der zweiten Hälfte der siebziger Jahre erreicht. Zunächst sorgte Schneefall in Paraná und in der Gegend von São Paulo für enorme Ernteausfälle. Hinzu kamen weitere Krisen in kaffeeproduzierenden Ländern. In Guatemala, El Salvador und Nicaragua hatten die Bürgerkriege Ernteausfälle zur Folge. Zudem zerstörte ein Erdbeben am 4. Februar 1976 große Teile der guatemaltekischen Infrastruktur. Die Kaffeeanbauregionen blieben zwar weitgehend verschont, aber die Ernte konnte wegen verschütteter Straßen und zerstörter Brücken nicht in die Ausfuhrhäfen gebracht werden. In Angola floh nach der Unabhängigkeit am 11. November 1975 die weiße Elite aus dem Land; das waren unter anderem die Besitzer und Verwalter der Kaffeeplantagen. Der anschließende Bürgerkrieg sorgte für weitere Ernteeinbrüche. 1974 hatte das Land noch 5,2 Millionen Sack exportiert. Zehn Jahre später waren es gerade noch 300 000. In Äthiopien führte ein weiterer Bürgerkrieg zu einem Rückgang der Produktion, und auch in Uganda sank unter der seit 1971 andauernden gewalttätigen Diktatur des Idi Amin die Erntemenge um 35 Prozent. All dies ließ den Kaffeepreis steigen. Im März 1976 übersprang das Pfund die Ein-Dollar-Marke, zwei Jahre später kostete es sogar über drei Dollar.

Es blieb beim ständigen Auf und Ab. Bis 1981 war der Preis pro Pfund wieder auf unter 1,15 Dollar gefallen. Weil dies der untere Rand des Preiskorridors des Kaffeeabkommens war, wurden die Quoten entsprechend reduziert. Nach Dürren in Brasilien stieg er 1985 wieder auf bis zu 2,50 Dollar. Das Quotensystem wurde ausgesetzt, der Kaffeepreis sackte wieder ab, bis auf rund einen Dollar im Herbst 1987. Danach wurden die Exportquoten zum letzten Mal gesenkt. Auf Drängen der USA wurde dieser Mechanismus am 4. Juli 1989 beendet. Das Kaffeeabkommen lief im September 1989 aus, weil die USA als größtes Konsumentenland sich weigerten, es zu verlängern. Inzwischen war in der Sowjetunion Michail Gorbatschow an der Macht, in Berlin fiel die Mauer, in Nicaragua kamen die linken Sandinisten in Bedrängnis und wurden am 25. Februar 1990 abgewählt. Der Kalte Krieg war für die USA vorbei. In Washington regierte der Republikaner George Bush und sah sich als Sieger. Das Los verelendeter Kaffeebauern interessierte ihn nicht; er sah in ihnen keine kommunistische Gefahr mehr.

Für die Produzenten begann das neoliberale Zeitalter mit einem Schock. Der Preis für das Pfund Kaffee sank auf deutlich weniger als vierzig US-Cent. Das lag weit unter den damaligen Produktionskosten. Wer Kaffee anbaute, machte Verluste.

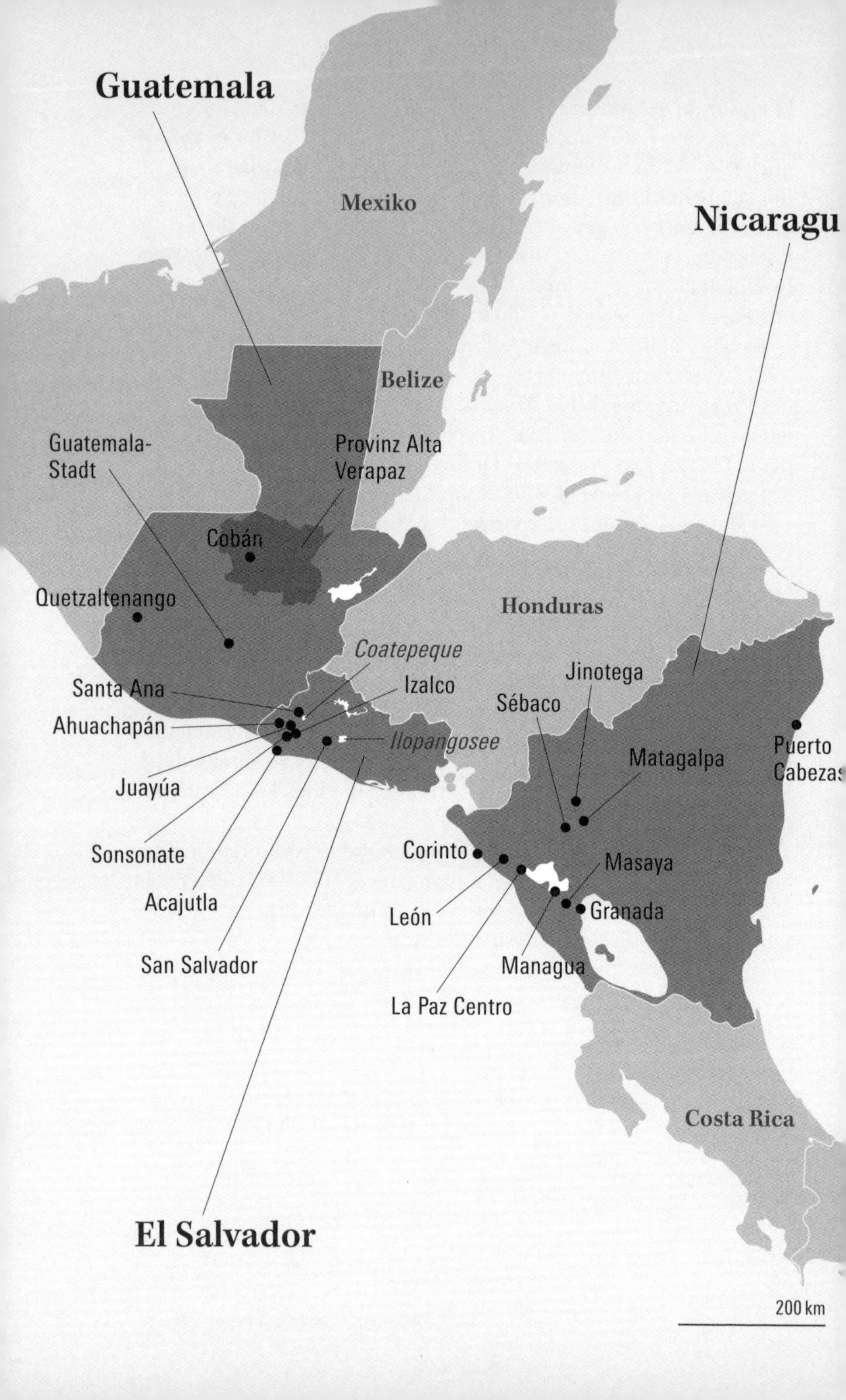

Guatemala
Mexiko
Nicaragu
Belize
Guatemala-
Stadt
Provinz Alta
Verapaz
Cobán
Quetzaltenango
Honduras
Coatepeque
Santa Ana
Izalco
Jinotega
Sébaco
Ahuachapán
Ilopangosee
Puerto
Cabezas
Matagalpa
Juayúa
Sonsonate
Corinto
Masaya
Acajutla
León
Granada
San Salvador
Managua
La Paz Centro
Costa Rica
El Salvador
200 km

Die gewalttätige Kaffeeoligarchie

Wie in Zentralamerika die indigene Bevölkerung ihres Landes beraubt und massakriert wurde und warum in Guatemala und Nicaragua deutsche Einwanderer davon profitierten

Bis Ende des 19. Jahrhunderts war Kaffee ein gutes Geschäft. Die Nachfrage wuchs schneller als das Angebot, die Preise waren hoch und stabil. In den zehn Jahren zwischen 1885 und 1895 wurde das US-amerikanische Pfund Rohkaffee an der New Yorker Börse immer zwischen vierzehn und achtzehn Cent gehandelt, die Produzenten und Händler machten satte Gewinne. Nicht nur in Brasilien, sondern genauso in Kolumbien und in den zentralamerikanischen Ländern Costa Rica, Nicaragua, Honduras, El Salvador und Guatemala wurden die Anbauflächen erweitert, und bald gab es mehr Kaffee, als nachgefragt wurde. So kam es zur ersten Überproduktionskrise und zum ersten Preissturz. Zwischen 1895 und 1897 halbierten sich die New Yorker Notierungen von sechzehn auf acht Cent pro Pfund. Kaffee wurde zum Verlustgeschäft.

In El Salvador hatte der britische Einwanderer James Hill heftig investiert. Er hatte Kredite aufgenommen und östlich der Stadt Santa Ana die bis dahin größte Aufbereitungsanlage des Landes für Kaffee, das *beneficio* Las Tres Puertas, gebaut. Hier sollten nicht nur seine Bohnen vom Fruchtfleisch befreit, gewaschen und getrocknet werden, sondern auch die von anderen Produzenten. 1897 wollte Hill Las Tres Puertas zum ersten Mal mit voller Kapazität betreiben. Doch statt der erwarteten satten Gewinne machte er Verluste von 30 000 US-Dollar. Und der Kaffeepreis sank weiter, bis 1902, als das Pfund für nur noch fünf Cent gehandelt wurde. Hills Schulden summierten sich inzwischen auf über 100 000 Dollar, eine damals riesige Summe. Aber er bekam immer Kredit.

Wirtschaftlich überlebte der Brite diese und alle folgenden Krisen, und als er 1951 starb, gehörte ihm nicht nur das *beneficio* Las Tres Puertas, sondern dazu achtzehn Kaffeeplantagen von zusammen gut 1200 Hektar. Zur Erntesaison beschäftigte er fünftausend Arbeiter. Er exportierte jedes Jahr fast tausend Tonnen Kaffee und machte damit Profite von mehreren 100 000 Dollar. Die Nachbarländer El Salvadors nannte man damals *Repúblicas bananeras,* Bananenrepubliken, weil sie politisch und wirtschaftlich unter der Fuchtel des US-Konzerns United Fruit Company standen. El Salvador dagegen war von einer Oligarchie aus Großgrundbesitzern zu einer *República cafetalera,* einer Kaffeerepublik, gemacht worden. Hill war der unumstrittene Kaffeekönig des Landes.

James Hill wurde am 13. Mai 1871 als erstes von fünf Kindern in Manchester geboren. Sein Vater, ebenfalls James, war Sohn eines Schlächters und arbeitete bei einer Eisenbahngesellschaft, seine Mutter Alice Greenway war Tochter eines Fuhrmanns. James Hill junior wurde im Haus Nummer 41 im Long Millgate geboren, einer Straße, die Friedrich Engels in seiner Sozialstudie über *Die Lage der arbeitenden Klasse in England* erwähnte; er beschrieb sie als »voll von Müll und Innereien«. Es gab viele Schlachtereien dort. Als der kleine James geboren wurde, war es noch kein Jahr her, dass in Britannien die allgemeine Schulpflicht für Fünf- bis Dreizehnjährige eingeführt worden war. So lernte er lesen und schreiben. In seiner Schulzeit zog die Familie mehrfach um. James soll in dieser Zeit Milch von Tür zu Tür verkauft haben, um zum Familieneinkommen beizutragen. Er las gerne und viel, war begeistert von Alexander dem Großen und träumte davon, Südamerika zu erforschen. Er wusste, dass er dazu Spanisch lernen musste. So ging er 1888 auf eigene Faust nach London, lebte dort im Arbeiterviertel Clerkenwell, arbeitete als Verkäufer in einem Fabrikladen und nahm abends Spanischstunden. Mit achtzehn bekam er einen Job als Textilvertreter und wurde nach El Salvador geschickt. Es war damals üblich, dass europäische Handelshäuser junge abenteuerlustige Männer, die neue Märkte für ihre Waren erschließen sollten, in die Welt hinaus schickten. Allein in El Salvador gab es mindestens fünfzig europäische Firmen, die versuchten, Textilien zu verkaufen.

Am 3. September 1889 schiffte er sich in Southampton ein. Er reiste zunächst bis Veracruz an der mexikanischen Karibikküste und dann weiter mit dem Zug nach Mexiko-Stadt. Ein weiterer Zug brachte ihn nach Acapulco an die Pazifikküste, von dort ging es mit einem kolumbianischen Dampfschiff in den Süden. Das erste, was der junge Brite von El Salvador gesehen haben mag, war der sogenannte Leuchtturm des Pazifiks, der schwarze Kegel des Vulkans Izalco, der damals viele Jahrzehnte lang ständig Feuer speite. Am Tag diente seine hohe Rauchsäule, in der Nacht sein weithin leuchtender Feuerschein den Kapitänen der Schiffe auf den Pazifikrouten als Orientierungspunkt – heute steht nur noch gelegentlich ein Rauchwölkchen über seinem Krater.

Hill ging im Hafen von Acajutla von Bord und reiste mit dem Zug in die nahe gelegene Provinzhauptstadt Sonsonate. Dort mietete er sich ein Zimmer im Zentrum. Er fuhr regelmäßig zum Hafen, um Textilien aus England in Empfang zu nehmen; die versuchte er dann in Sonsonate und Umgebung zu verkaufen. Im Hafen von Acajutla sah er, wie Kaffee auf Schiffe verladen wurde. Die Bahnlinie von Sonsonate zum Pazifik war 1882 eigens für den Transport der Bohnen gebaut worden. Der Schienenstrang wurde dann bis Santa Ana im Herzen der Kaffeegebiete verlängert.

Obwohl das tropische Klima, die vulkanischen Böden und das bergige Hochland ideal für den Anbau von Kaffee sind, stieg El Salvador verhältnismäßig spät in dieses Geschäft ein. Die auf den Export ausgerichtete Landwirtschaft konzentrierte sich lange auf Indigo. Der aus den Blättern der gleichnamigen krautartigen Pflanze gewonnene damals sehr wertvolle blaue Farbstoff wurde auch an die Textilfabriken in Hills Heimatstadt Manchester verkauft. Die Pflanze stammt ursprünglich aus Indien. Nachdem es in Europa 1856 gelang, Indigo synthetisch herzustellen, wurde die Produktion in El Salvador schnell unrentabel. Deutsche Unternehmen wie die BASF oder Hoechst konnten den chemischen Farbstoff sehr viel billiger auf den Markt bringen. Anfang des 20. Jahrhunderts hatte die natürliche Variante gerade noch einen Anteil von rund fünf Prozent am weltweit gehandelten Indigo.

Wann die ersten Kaffeepflanzen nach El Salvador kamen, ist unbekannt. Man weiß, dass der Brasilianer Antonio Coelho 1840 ins Land kam, sich ein bisschen außerhalb der Hauptstadt San Salvador ein Stück Land kaufte und dort Kaffee anpflanzte. Er nannte die Finca La Esperanza, die Hoffnung. Schon sechs Jahre später förderte die Regierung den Anbau von Kaffee. Wer mindestens fünftausend Sträucher setzte, musste zehn Jahre lang keine Kommunalsteuern bezahlen. Den Arbeitern der Plantage wurde der Militärdienst erlassen, für den Import von Maschinen für die Kaffeeverarbeitung galt ein niedrigerer Zollsatz. Ab 1847 wurde der heimisch produzierte Kaffee durch Zölle auf Importkaffee geschützt.

Ein Erdbeben, das 1854 die Hauptstadt San Salvador zerstörte, war Anlass, die staatliche Förderung des Kaffeeanbaus auszuweiten. Weil der Untergrund unter San Salvador seismisch sehr unruhig ist und die Stadt alle fünfzehn bis zwanzig Jahre von einem verheerenden Erdbeben heimgesucht wird, beschloss die Regierung, ihren Sitz ins zwölf Kilometer westlich davon gelegene Santa Tecla zu verlegen. Der verschlafene Ort wurde in Nueva San Salvador umbenannt und sollte neue Hauptstadt werden. Mit der Regierung kamen auch einflussreiche Familien aus der zerstörten alten Hauptstadt, und ihre prunkvollen Bürgerhäuser übertrafen sich gegenseitig. Ein paar Beispiele dieses repräsentativen Luxus sind bis heute erhalten.

Doch der Versuch einer neuen Hauptstadt aus der Retorte misslang. Das Volk nannte Nueva San Salvador weiterhin hartnäckig Santa Tecla. Erst 150 Jahre später, im Jahr 2004, hatten die Behörden ein Einsehen und nahmen die Namensänderung zurück. Die Regierung aber war schon 1858 wieder zurück in die alte Hauptstadt gezogen. So blieb Nueva San Salvador ein kaum angefangenes und schon wieder abgebrochenes Projekt. Der liberale Präsident Gerardo Barrios versuchte das Beste daraus zu machen. Er wollte die vergeblich umgezogenen reichen Familien bei Laune halten und verschenkte mit einem Dekret von 1859 alles unbebaute Land rund um Santa Tecla unter der Bedingung, dass zwei Drittel davon mit Kaffeebäumchen bestellt würden. Es war der Beginn der auf Großgrundbesitz aufgebauten Kaffeeoligarchie, und er kam zur richtigen Zeit. Die weltweite Nachfrage nach natürlichem Indigo war inzwischen so sehr gesunken, dass El Salvador dringend ein Ersatzprodukt für den Export brauchte.

Im Norden von Santa Tecla werden ein paar der damals entstandenen Plantagen bis heute betrieben. Im Süden, an den Hängen der Cordillera del Bálsamo, wurde der ursprüngliche Wald zunächst für Kaffeebüsche abgeholzt, die gegen Ende des vergangenen Jahrhunderts dann der Bauindustrie zum Opfer fielen. Der Kahlschlag war fatal. Auf den Hängen dieser Bergkette liegt eine mehrere Meter dicke Schicht heller vulkanischer Asche, sogenannte *tierra blanca joven,* die von einem riesigen Ausbruch des Ilopangovulkans im sechsten Jahrhundert stammt. Zwanzig bis vierzig Kubikkilometer Gestein und Asche wurden damals in die Atmosphäre geschleudert und bedeckten das Land in hundert Kilometern Umkreis. Durch die gewaltige Explosion wurde die Sonne verfinstert, was für ein paar Jahre weltweit abgekühlte Temperaturen zur Folge hatte. Der Krater ist heute der 72 Quadratkilometer große Ilopangosee östlich von San Salvador; sein Wasser schmeckt nach Schwefel. Die massive lockere Schicht der *tierra blanca joven* an den Hängen der Cordillera del Bálsamo wurde lange durch den dort gewachsenen Wald stabilisiert. Kaffeeplantagen gaben ihr schon weniger Halt. Als auch die verschwunden waren, führte ein Erdbeben der Stärke 7,7 auf der Richterskala am 13. Januar 2001 zu gewaltigen Erdrutschen, die ganze Stadtviertel in Santa Tecla und im nahe gelegenen Comasagua verschütteten. Fast sechshundert Menschen kamen dabei zu Tode.

Die Enteignung der Indígenas

Der Versuch von Präsident Barrios, mit seinem Dekret von 1859 den Kaffeeanbau des Landes zu fördern, war auf die Gegend rund um Santa Tecla beschränkt. Die besten Böden für Kaffee aber liegen nicht in der Region der Hauptstadt, sondern im Bergland im Westen und Nordwesten von El Salvador. Dort gab es ein Problem: Dieses Bergland war mit indigenen Gemeinden besiedelt. Die Nachkommen der Maya und Pipiles hatten ihre Dörfer zwar ursprünglich in den Ebenen angelegt. Sie waren jedoch von dort vertrieben worden, weil das tropisch feuchtheiße Tiefland für den Anbau von Indigo sehr viel geeigneter ist als das kühlere Hochland. In dieses hatte sich ein Großteil der indigenen Bevölkerung zurückgezogen. So waren die Hänge des Santa-Ana-Vulkans mit seinen für den Kaffeeanbau besonders guten Böden mit Maisfeldern und Bohnengärten bestellt.

Das Land der Indígenas war traditionell Gemeineigentum. Es wurde entweder als kommunales Land von den Bewohnern eines Dorfes gemeinsam bearbeitet oder als sogenannte *ejidos* – was in etwa mit Gemeindeacker übersetzt werden kann – von einzelnen Familien bewirtschaftet; diese mussten das Land an die Gemeinschaft zurückgeben, wenn sie es nicht mehr bebauen konnten. Dieses Land, kommunales wie *ejidos,* konnte nicht verkauft werden.

Die Situation änderte sich Anfang der 1880er Jahre. Schon Mitte der siebziger hatten die Kaffeeexporte dem Land mehr Einnahmen gebracht als die von Indigo. 1880 stellten sie rund die Hälfte der gesamten Exporterlöse. Die mit Kaffee bestandene Fläche war langsam, aber stetig ausgeweitet worden. Vereinzelt war es schon zu gewaltsamen Vertreibungen von indigenen Gemeinden gekommen. Hauptsächlich aber wurde neues Land gewonnen, indem Urwald mit der Axt oder mit Feuer abgeholzt wurde. Ähnlich wie in Brasilien der Atlantische Regenwald vernichtet wurde, verlor auch El Salvador den größten Teil seiner ursprünglichen Wälder. Heute sind gerade noch zwei Prozent seiner Fläche mit Urwald bestanden.

Der große Kaffeeboom begann mit zwei Gesetzen, die der liberale Präsident Rafael Zaldívar in den Jahren 1881 und 1882 angeregt hatte und die vom Parlament erlassen wurden. Er hatte sich zuvor eine Auflistung von kommunalem und ejidalem Land geben lassen. Mit dem Gesetz vom 26. Februar 1881 wurde das kommunale Land abgeschafft, mit der Begründung, dass »die Existenz von Land im Eigentum indianischer Gemeinden die landwirtschaftliche Entwicklung verhindert und die Zirkulation des Wohlstandes einschränkt«. Ganz ähnlich heißt es im Gesetz vom 2. März 1882: »In Erwägung, dass 1. die Landwirtschaft für die Nation die wichtigste Quelle des Lebens und des Wohlergehens ist und dass es die Pflicht der Gesetzgebung ist, jegliches Hindernis auf dem Weg ihrer Entwicklung zu entfernen, und 2. das System des Gemeindelandes ein Haupthindernis ist [...], erklärt das Abgeordnetenhaus von El Salvador: Artikel 1: Das System der *ejidos* in El Salvador wird abgeschafft.«

Es waren klassische liberale Gesetze dieser Zeit. Die Elite, die im Parlament saß, orientierte sich an Europa, war stolz auf ihre europäische Abstammung und verleugnete die indigenen Anteile, die es in ihren Familien durchaus gab. Alles Indigene erschien ihr als rückständig und hinterwäldlerisch. Das hatte zum einen mit ihrer Ignoranz zu tun – die Elite verstand die Maya und Pipiles einfach nicht und wollte sie auch gar nicht verstehen. Zum anderen gab es seit der Zeit der spanischen Eroberung einen ganz selbstverständlichen Rassismus gegenüber Indígenas, und es gibt ihn noch immer. Der Liberalismus, in dessen ideologischem Zentrum stets das Privateigentum und sein Schutz standen, bot nun im Namen des Fortschritts eine Rechtfertigung, diese »Rückständigen« zu enteignen. Ihr Gemeineigentum an Grund und Boden war ein »Haupthindernis« für die »Entwicklung« und das »Wohlergehen«. Dabei wurde unterschlagen, dass auf diesem kollektiv bewirtschafteten Land in aller Regel Grundnahrungsmittel angebaut wurden. Sie sollten nun durch Kaffee ersetzt werden, ein Exportprodukt, das man nicht essen kann und das auch keinerlei Nährwert hat.

In den Ausführungsbestimmungen dieser Enteignungsgesetze wurde festgelegt, dass jeder Bauer, der ejidales Land bewirtschaftet, das Recht habe, dafür einen Eigentumstitel zu beantragen. Voraussetzung war, dass mindestens ein Viertel dieser Flächen mit den Exportprodukten Kaffee, Kakao oder Gummibäumen oder mit Trauben oder Agaven zu bestellen sei. Letztere wurden zum Brennen von Schnaps verwendet. Der wurde hauptsächlich von Indígenas getrunken, die Steuer darauf war nach den Importzöllen die wichtigste Einnahmequelle der Regierung. Exporte, Landbesitz und Einkommen dagegen wurden nicht mit Steuern oder Zöllen belastet.

Indígenas, die kommunales oder ejidales Land bestellten, konnten also – rein theoretisch – private Landbesitzer werden. Sie hatten ein halbes Jahr Zeit, ihre Ansprüche anzumelden. Das Land war zwar umsonst, doch es fielen erhebliche Gebühren für die Ausstellung von Besitzurkunden an. In indigenen Gemeinden aber war Tauschhandel üblich. Geld spielte eine sehr untergeordnete Rolle, die meisten Bewohner hatten keines oder nur sehr wenig. Entsprechend machte kaum jemand Ansprüche auf die Ausstellung von Besitzurkunden geltend.

Land, auf das niemand Ansprüche erhob, wurde öffentlich versteigert. Das meiste landete in den Händen der Elite; 73 Prozent des bis 1885 privatisierten ehemaligen kommunalen Landes wurde Großgrundbesitzern übertragen, die gerade einmal 5,7 Prozent der neuen Eigentümer stellten. 23,5 Prozent der Fläche ergatterten die 44 Prozent neuer Landbesitzer, die Betriebe mittlerer Größe führten. Die restlichen 3,5 Prozent des privatisierten Bodens bekamen die 50,3 Prozent, die nicht mehr hatten als das, was für die Selbstversorgung nötig war. Die meisten dieser Subsistenzbauern waren Indígenas. Mit der Privatisierung ist auch eine neue Klasse entstanden, die es vorher in El Salvador nicht gegeben hatte, das Landproletariat. Es waren Campesinos, die keinen eigenen Boden für die Selbstversorgung mehr besaßen und deshalb gezwungen waren, für Landbesitzer zu arbeiten.

Über ein Viertel der gesamten Fläche von El Salvador ging in diesen Jahren vom kommunalen in privaten Besitz über. Vorher war der Zugang zu Land in indigenen Gemeinden ein soziales Recht, nun war Land eine handelbare Ware für den Meistbietenden geworden. Der Wandel vollzog sich, ohne dass es zu einem größeren Aufstand der Enteigneten gekommen wäre. Nur hier und da gab es vereinzelt Widerstand. Es wurden Kaffeeplantagen und einzelne *beneficios* niedergebrannt, Beamten, die Besitzurkunden für ehemals kommunales Land ausgestellt hatten, wurden die Hände abgehackt. Um Ruhe in der Kaffeeregion zu schaffen, wurde 1889 eine berittene Landpolizei geschaffen, die zwischen Santa Ana und den Exporthäfen am Pazifik patrouillierte.

In jener Zeit entstand eine enge Allianz zwischen den neureichen Kaffeeproduzenten und den Sicherheitskräften, die im Grund bis zum Ende des Bürgerkriegs, der von 1980 bis 1992 in El Salvador wütete, Bestand hatte. Militär und Polizei verteidigten stets die Interessen einer kleinen Elite, die die politische Macht entweder selbst ausübte oder sie in für sie brenzligen Zeiten an Militärdiktatoren abtrat.

Die großen Oligarchenfamilien, die damals entstanden, sollten für über ein Jahrhundert das Land im Griff haben. Sie gehören noch heute zur Wirtschaftselite und jeder in El Salvador kennt ihre Namen. Sie eigneten sich das angehäufte Land nicht nur auf dem gesetzlich vorgesehenen Weg der Versteigerung an, sondern – wie im Fall der Familie Dueñas – auch durch die Fälschung von angeblich freiwillig übertragenen Besitztiteln. Die derart enteigneten Indígenas wurden mit Gefängnis bedroht und dann mit lächerlichen Summen zum Schweigen gebracht. Zum Teil wurden Indígenas auch mit bloßer Gewalt von ihrem Land vertrieben. Der Patriarch dieser Familie, Francisco Dueñas, war zudem erst Senator, dann Vizepräsident und schließlich Präsident von El Salvador. Ein anderer Patriarch, Ángel Guirola, war nicht nur Kaffeeproduzent, sondern hatte auch ein *beneficio,* war einer der größten Exporteure und besaß eine der ersten Banken des Landes. Ein kleiner Zirkel von ein paar wenigen Dutzend Familien eignete sich in diesen Jahren rund vierzig Prozent der landwirtschaftlich nutzbaren Fläche an. Die Familie Álvarez Lalinde etwa hat ihren Besitz innerhalb von sechs Jahren von 741 auf 4147 Hektar mehr als verfünffacht. Insgesamt hatte es 1860 in El Salvador nur 850 Hektar Kaffeeland gegeben; 1890 waren es 45 000 Hektar, über fünfzigmal so viel.

Die Zeit war ideal für ein derart explosives Wachstum. In Brasilien war 1888 die Sklaverei aufgehoben worden, und weil das gesamte Kaffeegeschäft dort auf Zwangsarbeit aufgebaut war, fiel die Produktion in der wichtigsten Anbauregion im Bundesstaat Rio de Janeiro in den nächsten fünf Jahren um die Hälfte. Zudem wütete auf den Plantagen in Asien der Kaffeerost. In Ceylon sank die Produktion von 1881 bis 1890 um über 85 Prozent, in Java um über fünfzig Prozent. Die weltweite Nachfrage war größer als das Angebot, der Preis des Kaffees stieg um über fünfzig Prozent. El Salvador, aber auch die anderen zentralamerikanischen Länder, Mexiko und Kolumbien nutzten die für sie günstige Konjunktur.

Wie James Hill zum Kaffeekönig wurde

Der britische Einwanderer James Hill gehörte damals noch nicht zum kleinen illustren Kreis der salvadorianischen Kaffeeoligarchie. Nach Monaten als Textilhändler in Sonsonate und Umgebung wurde er abenteuerlustig. Er ritt zunächst nach San Salvador, reiste von dort nach La Libertad und dann weiter die Küste entlang nach Osten bis zum Golf von Fonseca. Dort nahm er eine Fähre nach Potosí in Nicaragua, wanderte weiter nach Honduras und gelangte schließlich nach Guatemala. Immer wenn er Geld brauchte, verdingte er sich als Verkäufer in Warenläden.

Als er 1892 nach El Salvador zurückkehrte, ließ er sich in Santa Ana nieder und eröffnete ein Kleidergeschäft mit importierter Ware aus Europa. Er hatte schnell den Ruf, ein schlitzohriger Geschäftsmann zu sein, der seine Kunden mir nichts dir nichts über den Tisch ziehen konnte. 1894 heiratete er Lola Bernal, deren Familie bereits Kaffee anbaute. Sie selbst hatte drei kleinere Plantagen geerbt. Hill aber wollte größer in dieses Geschäft einsteigen. Er lieh sich von der London Bank of Central America 25 000 Dollar. Er hatte den Vorteil, Ausländer und deshalb für eine internationale Bank kreditwürdig zu sein. Das nationale Kreditwesen, auf das Einheimische angewiesen waren, steckte noch in den Kinderschuhen. Die wenigen Privatbanken bedienten fast ausschließlich die Familien ihrer Besitzer.

Hill weitete mit diesem Kredit nicht nur die Plantagen seiner Frau aus, sondern baute auch außerhalb von Santa Ana das *beneficio* Las Tres Puertas. Es wurde 1896 eröffnet und sollte bei der Ernte 1897/98 nicht nur Hills eigenen Kaffee, sondern auch den von anderen Produzenten verarbeiten. Es hatte einen riesigen Wasserverbrauch. Um fünfhundert Pfund Kaffeekirschen in hundert Pfund Rohkaffee zu verwandeln, verbrauchte es über 750 Liter. An einem Tag bei voller Produktion wären das über 750 000 Liter gewesen. Aber dazu kam es zunächst wegen der ersten weltweiten Überproduktionskrise nicht; sie drückte die Preise in den Keller, Kaffee wurde zum Verlustgeschäft, und eine Plantage nach der anderen ging bankrott.

Hill sah darin keine Katastrophe, sondern eine Chance. Er verschuldete sich weiter und kaufte bankrotte Plantagen zu Spottpreisen auf. Und so verfuhr er wieder und wieder, auch bei den folgenden Überproduktionskrisen von 1910, 1914, 1920 und 1930. Er war sicher der erfolgreichste, aber nicht der einzige Kaffeeproduzent, der in diesen Jahren seine Besitztümer enorm erweiterte. Auch andere Großgrundbesitzer hatten genügend finanzielle Reserven, um eine Krise zu überstehen und sich für billiges Geld die Flächen von in wirtschaftliche Not geratenen kleineren Produzenten anzueignen. Die aufeinanderfolgenden Preisabstürze auf dem Weltmarkt des Kaffees hatten in El Salvador eine enorme Konzentration des Landbesitzes zur Folge. Das zeigte sich nicht nur in riesigen Flächen, sondern auch in protzigem Reichtum. Die Oligarchenfamilien bauten sich große Villen in noch größeren Gartenanlagen. Sie beschäftigten ein Heer von Bediensteten, kleideten sich nach der neuesten Mode aus London oder Paris und schickten ihre Kinder dorthin zur Ausbildung.

Auf dem Land dagegen herrscht bittere Armut. Campesinos, egal ob Indígenas oder Mestizen, lebten in meist runden Hütten mit nur einem Raum, gestampftem Lehmboden, Wänden aus Bambusrohren und einem Dach aus Palmstroh. Wenn sie überhaupt ein Stück Land besaßen, war es nicht groß genug, um mit dem Ertrag eine Familie zu ernähren. Zeitweise, meistens während der Erntezeit, konnten sie durch Lohnarbeit in Agrarbetrieben überleben. Eine Missernte bedeutete für sie und ihre Familien, dass sie Hunger leiden mussten. Dem neuen Landproletariat ging es noch schlechter. Es hatte vor der Enteignung meist ejidales Land für die Selbstversorgung bewirtschaftet und war nun gezwungen, sich als Tagelöhner in den Betrieben der Großgrundbesitzer zu verdingen. In Krisenzeiten war es ohne Arbeit und Einkommen.

Das Regime auf den Kaffeeplantagen war hart, und der härteste aller Plantagenbesitzer war James Hill. Er bezahlte seinen Arbeitern nur einen Teil des Lohns aus, den anderen Teil als Mahlzeiten. Die bestanden aus einer Tortilla – einem etwa handtellergroßen Fladen aus ausgebackenem Maismehl –, der mit roten Bohnenkernen beladen wurde. Dazu gab es eine Tasse dünnen Kaffees. Diese karge Mahlzeit wurde nur ausgegeben, wenn der Arbeiter ein vorher festgelegtes Arbeitspensum erledigt hatte. Wer sehr früh kam und deshalb auch sehr früh mit der Arbeit begann, bekam zusätzlich auch ein kleines Frühstück. Wer sein Arbeitspensum nicht erledigt hatte, bekam auch kein Essen. So waren Kaffeeproduktion und Hunger von Anfang an miteinander verknüpft.

Der restliche Lohn wurde nicht in der Landeswährung Colón ausbezahlt, sondern in sogenannten Token. Das waren selbst hergestellte Wertmarken, in der Regel aus Blech, die nur in Hills eigenen Läden eingelöst werden konnten. Dort gab es die wichtigsten Grundnahrungsmittel, Arbeitsgeräte, Kleider und Waren für den täglichen Gebrauch wie Schüsseln, Teller oder Besteck, alles zu überhöhten Preisen.

Frauen bekamen in der Regel die Hälfte des Lohns der Männer. Hill versuchte, auch seine Hungerlöhne noch zu drücken. Als Arbeiterinnen, die beim Düngen ungelöschten Kalk ausbringen mussten, sich über die dabei erlittenen Verbrennungen an ihren nackten Füßen beschwerten und fünfzehn statt zehn Cent Lohn pro Tag forderten, entließ er sie einfach. Er stellte stattdessen Kinder ein, die diese Arbeit für zehn Cent am Tag erledigten. Er versuchte, zusammen mit anderen Plantagenbesitzern eine Art Kartell zu gründen, um überall gleichzeitig die Löhne zu senken und so das Abwandern der Arbeiter von einer Plantage auf eine besser bezahlende zu verhindern. Wegen der Konkurrenz unter den Kaffeeproduzenten funktionierte das Experiment nur leidlich und wurde wieder vergessen.

Auf allen Plantagen war es den Arbeitern verboten, von den Früchten der Schattenbäume zu essen oder die Bohnen mitzunehmen, die zwischen den Kaffeesträuchern als Dünger wuchsen und die Bodenerosion vermindern sollten. Wer trotzdem beim Naschen erwischt wurde, bekam im besten Fall eine Tracht Prügel von den Vorarbeitern. Auf einer Finca in Santa Ana wurde ein Arbeiter erschossen, weil er zwei Büschel Bananen stehlen wollte. Ein anderer Plantagenbesitzer ermordete einen Arbeiter eigenhändig mit einem Kopfschuss, als er ihn beim Pflücken von Orangen ertappte. Auf einer von

Hills Plantagen wurde der Arbeiter Miguel Hernández erhängt, weil ihm unterstellt worden war, er habe einen Sack Kaffee stehlen wollen.

Hill versuchte, die Sache grundsätzlich zu lösen. Er ließ die Schatten spendenden Obstbäume fällen und stattdessen Madre de Cacao pflanzen, einen schnell wachsenden Baum, dessen Blätter ein guter Dünger für Kaffeepflanzen sind. Die Früchte können zwar an Vieh verfüttert werden, sind aber für Menschen ungenießbar und in größeren Mengen giftig. Die Bohnen auf dem Boden ließ Hill zunächst als Dünger unterpflügen, sobald sie reif waren. Dann ersetzte er sie durch die aus Asien importierten Juckbohnen. Werden sie gegessen, lösen sie im besten Fall Erbrechen und Darmkrämpfe aus. Sie können aber auch zu einer akuten toxischen Psychose führen. Affen, Eichhörnchen und Ameisenbären, die unter den Landarbeitern in El Salvador als letzte Hungerdiät gegolten hatten, verschwanden nun aus den Monokulturen der Plantagen. Den Arbeitern blieb nichts als Tortillas und Bohnen, die Hill von seinen Köchinnen auf den Plantagen ausgeben ließ.

Der Brite war der erste, der die Arbeit standardisierte. Er hatte genaue Vorstellungen davon, wie tief eine Hacke beim Jäten in den Boden geschlagen werden musste und welche Fläche auf diese Weise an einem Arbeitstag zu erledigen war. Er selbst inspizierte regelmäßig seine Plantagen. Sah er jemanden, der während der Arbeit redete oder gar lachte, hieß das für ihn, dass er nicht hart genug schuftete. Der Erwischte bekam mehr Arbeit für denselben Lohn aufgebürdet. Ähnlich erging es Landarbeitern, die nach einer halben Stunde in der Plantage noch immer nicht ihre Jacken ausgezogen hatten, weil sie nicht schwitzten.

Ab 1912 musste Hill sein strenges Regelwerk nicht mehr von den eigenen Vorarbeitern durchsetzen lassen. In diesem Jahr wurde in El Salvador auf Druck der Kaffeeoligarchen die Guardia Nacional gegründet. Diese Garde sollte in erster Linie für Disziplin auf den Kaffeeplantagen sorgen, was sie mit Brutalität und Gewalt auch tat. Sie, nicht mehr die Plantagenbesitzer, war nun für das Regime zuständig. Hill forderte in mehreren Jahren während der gesamten Erntezeit ein festes Kontingent dieser Nationalgarde für seine Plantagen an. Er bekam es stets.

Deutsche erobern Guatemala

El Salvador war mit der liberalen Gesetzgebung innerhalb weniger Jahrzehnte zu einer reinen Kaffeerepublik geworden. Großgrundbesitzer bestimmten die Politik und setzten sie, wenn nötig, mit Gewalt durch. Sie folgten damit dem Beispiel des fünfmal so großen Nachbarlands Guatemala, wo vergleichbare Gesetze zur Enteignung und Vertreibung der Indígenas schon über ein Jahrzehnt zuvor verabschiedet worden waren. Nur ging es in Guatemala nie ausschließlich um Kaffee, sondern genauso um Zuckerrohr, Baumwolle und Bananen. Und obwohl Guatemala meist mehr Kaffee produzierte als El Salvador, war der politische Einfluss des US-Früchtekonzerns United Fruit Company vor allem im 20. Jahrhundert viel größer als derjenige der ansässigen Kaffeeoligarchie.

Der Beginn der Kaffeewirtschaft hatte ähnliche Gründe wie in El Salvador, die ebenfalls mit einem Farbstoff zusammenhängen. Zwar wurde auch in Guatemala Indigo produziert, jedoch in geringerem Umfang als in El Salvador. Die Exportökonomie des Landes war in den 1840er Jahren hauptsächlich auf die Cochenille-Schildlaus aufgebaut. Die sechs bis sieben Millimeter großen Weibchen dieses Insekts und ihre Eier enthalten einen roten Farbstoff aus Carminsäure, der unter den Namen Scharlachrot oder Karminrot bekannt ist. Die Läuse leben vom Saft von Kakteen und wurden auf großen Plantagen gezogen, gesammelt und getrocknet. Gemahlen und aufgekocht, waren sie lange das beste Mittel, um Stoffe leuchtend rot einzufärben. 1856 wurde in der Badischen Anilin- und Sodafabrik (BASF) im südwestdeutschen Ludwigshafen synthetisches Anilin als Färbemittel erfunden. Die Nachfrage nach getrockneten Cochenille-Schildläusen sank in der Folge rapide. Der damalige guatemaltekische Präsident Rafael Correa, der von 1839 bis 1865 regierte, warb daraufhin für den Anbau von Kaffee, Zuckerrohr und Baumwolle.

Vor allem die Vulkanhänge an der Pazifikseite des Landes hatten für Kaffeeplantagen perfekte Voraussetzungen. Man hatte sie vorher für wertlos gehalten, und so siedelten dort fast ausschließlich verschiedene Maya-Ethnien. Sie lebten in Streusiedlungen und bauten auf kleinen Feldern Mais und Bohnen an, vorwiegend für den Eigenbedarf. Nun wollten Mestizen und Weiße ihr Land. In dieser Zeit kamen in Zentralamerika und in Mexiko liberale Regierungen an die Macht, die sich am europäischen und US-amerikanischen Fortschrittsmodell orientierten. Die Maya waren dabei nur hinderlich. Sie stellten zwar die Mehrheit der Bevölkerung, waren aber politisch und wirtschaftlich bedeutungslos. Den Liberalen galten sie als Hemmnis für die Entwicklung. Den guatemaltekischen Eliten lag damals die US-amerikanische Lösung dieses »Problems« am nächsten, ein Genozid an der »minderen Rasse«. Aber sie brauchten die indigene Bevölkerung als sklavenähnliche Arbeitskräfte. Schuldknechtschaft und Zwangsarbeit waren noch üblich und gesetzlich verankert.

1871 waren nach einem Staatsstreich die Liberalen mit General Justo Rufino Barrios als Präsident an die Macht gekommen. Der erklärte alle Flächen, die kein Weideland und nicht mit Kaffee, Zucker oder Baumwolle bestanden waren, zu Brachland im Staatsbesitz und verkaufte es an den Meistbietenden. Maya hatten in aller Regel keine Besitztitel über den von ihnen bebauten Boden, und sie hatten auch kein Geld. Als Alternative zur Zwangsarbeit auf den neu entstehenden Plantagen blieb ihnen nur, noch höher in die Berge oder ins benachbarte Mexiko zu fliehen. Viele taten das. Um dem entgegenzuwirken, wurden die Armee ausgebaut und neue Milizen geschaffen. Guatemala wurde für Maya zu einem großen Arbeitslager; Rebellionen wurden in aller Regel mit Massakern beendet. Für die Plantagenbesitzer war diese repressive Politik erfolgreich. Die Exportmenge von Kaffee wuchs von 14 900 Tonnen im Jahr 1873 auf 69 000 Tonnen 1895 und über 100 000 Tonnen 1909.

In diesen Jahren des Booms veränderte sich die schmale Schicht der Elite. 1877 verabschiedeten die Liberalen ein Gesetz, das Ausländern den Landkauf erleichterte. Wer nach Guatemala kam, um ins Kaffeegeschäft einzusteigen, dem wurden zehn Jahre lang alle Steuern erlassen. Zudem konnte er sechs Jahre lang Werkzeuge und Maschinen ohne Zölle importieren. Die Gesetze zielten vor allem auf Nordeuropäer. Sie galten der guatemaltekischen Elite als fortschrittlich, diszipliniert und effizient. Zudem versprach man sich von weißen Einwanderern eine »Verbesserung der Rasse«. Das rassistische Element in der liberalen Entwicklungspolitik war nirgendwo so stark wie in Guatemala, und nirgendwo sonst in Zentralamerika gelang es so vielen deutschen Einwanderern, in die Elite aufzusteigen.

Deutsche Einwanderer gab es in Guatemala schon seit der Unabhängigkeit 1821. Hier und auch in Costa Rica ließen sich vor allem Händler nieder, die Werkzeuge und Textilien verkaufen und agrarische Rohstoffe einkaufen wollten. So wurde der erste Kaffee, der nachweislich aus Zentralamerika exportiert wurde, von dem deutschen Kaufmann Georg Stiepel 1832 von Costa Rica aus über Chile nach Britannien verschifft. Der Kaffee wurde im Hafen von Valparaiso umgepackt und dann als »chilenischer Kaffee« in London verkauft, obwohl Kaffee in Chile wegen der klimatischen Bedingungen gar nicht angebaut werden kann.

Während des Goldrauschs in Kalifornien in den Jahren um 1850 blieben in Nicaragua etliche Deutsche hängen. Um auf dem Weg von der Ost- an die Westküste der USA die für Goldgräber gefährliche Route durch die indigenen Gebiete im mittleren Westen zu vermeiden, zogen es viele vor, mit dem Schiff die Karibik hinunter bis Puerto Cabezas zu fahren. Von dort nahmen sie den viel kürzeren und ungefährlicheren Weg quer durch Nicaragua. Vom Pazifikhafen Corinto gab es dann Schiffe an die kalifornische Küste. Auf dem Weg durch Nicaragua gab es auch im Dreieck von Rosita, Siuna und Bonanza und dann noch einmal bei Matagalpa kleinere Goldvorkommen, was etliche Abenteurer zum Bleiben verleitete.

Die größte deutsche Einwanderungswelle in Guatemala gab es, begünstigt durch das Gesetz über die Erleichterung des Kaufs von Land, ab 1880. Damals hatte noch kein Land in Zentralamerika ein entwickeltes Bankensystem. Deutsche Einwanderer aber kamen oft mit dem Kapital der großen Handelshäuser in Hamburg im Rücken und bekamen deshalb günstige internationale Kredite zum Landkauf und zur Vorfinanzierung der Ernte. So konnten sie in kurzer Zeit große Plantagen aufbauen. Schon 1890 dominierten sie die Produktion in der Kaffeeregion Alta Verapaz. Deutschen gehörten die hundert größten Fincas mit den *beneficios* dazu. Kleine Produzenten waren so für die Aufbereitung ihres Kaffees von den Einwanderern abhängig. Es war üblich, dass ihre Kinder zu Zwangsarbeit in den großen Betrieben verpflichtet wurden und dass die Wachmannschaften der Großgrundbesitzer die Mais- und Bohnenfelder der einheimischen Kleinbauern niederbrannten, damit sie sich in der Not als billige Arbeitskräfte verdingen mussten.

Zu den größten Landbesitzern in Alta Verapaz gehörten der 1888 eingewanderte Erwin Paul Dieseldorff, der Spross einer Hamburger Kaufmannsfamilie, und die Gebrüder Nottebohm, deren Familie mit der Kaufmannsbank Nottebohm & Co. eine der ältesten Hamburger Privatbanken besaß. Diese handelte unter anderem mit Kaffee, Baumwolle, Edelhölzern und Tabak. Carl Ludwig Nottebohm kam als erster

1894 nach Guatemala. In den nächsten dreizehn Jahren folgten dann seine Brüder, zuerst Johannes, dann Arthur und schließlich Friedrich. Dieseldorff war ein Schöngeist, der sich für Archäologie, indigene Folklore und die Naturheilkunde der Maya interessierte. Er lernte mehrere Maya-Sprachen und ging mit seinen indigenen Arbeitern herablassend paternalistisch um. »Man muss die Indianer behandeln wie Kinder«, soll er gesagt haben. Deutlichere Worte fand der deutsche Kaffeepflanzer Gustav Le Boy: »Es ist wichtig, sie an Unterwürfigkeit zu gewöhnen, wofür eine gewisse Strenge unablässig ist.« Die Deutschen betrachteten die Maya in aller Regel als Lasttiere, die man wie störrische Esel mit dem Prügel behandeln müsse.

Bei der Regierung setzten die deutschen Siedler Gesetze zur Zwangsarbeit durch, wie sie zu Zeiten der spanischen Kolonialherrschaft üblich waren. Während der Erntezeit trieben die Armee und Milizen Tagelöhner gewaltsam auf die Plantagen. Arbeiter, die das ganze Jahr über gebraucht wurden, lebten als sogenannte *colonos* auf dem Land ihrer Herren. Sie und ihre Familien wohnten dort in einfachen Unterkünften. Man stellte ihnen ein Stück Land für den Anbau von Lebensmitteln zur Selbstversorgung zur Verfügung. Sie bekamen deshalb nur einen kleinen Teil ihres Lohnes ausbezahlt. Sie waren vollkommen rechtlos. Wollte ein Fincabesitzer seine *colonos* loswerden, konnte er sie einfach von seinem Land werfen. Sie waren dann von einem Moment auf den anderen ohne Arbeit und Lohn und ohne ein Dach über dem Kopf.

Ende des 19. Jahrhunderts produzierten deutsche Pflanzer rund ein Drittel der guatemaltekischen Kaffeeernte. Sie waren darüber hinaus an Eisenbahnlinien, Elektrizitätswerken und Häfen beteiligt und gründeten mit vorwiegend deutschem Kapital die ersten Banken des Landes, 1878 die Banco Internacional und 1881 die Banco del Occidente. Noch heute besitzen Deutschstämmige, oft mit doppelter Staatsbürgerschaft, einen Großteil der wichtigen Banken. Die erste Überproduktionskrise ab 1897, in der viele mittlere Betriebe in Bedrängnis kamen, nutzten die Deutschen, um ihre Plantagen zu erweitern. Allein in Alta Verapaz kauften sie in diesen Jahren sechshundert Quadratkilometer Kaffeeland zu Spottpreisen. 1898 besaßen sie in dieser Provinz 1500 Quadratkilometer, die Provinzhauptstadt Cobán war fest in ihrer Hand. Schon 1888 war dort der erste deutsche Verein des Landes gegründet worden, weitere kamen dazu. 1892 eröffnete die erste deutsche Schule in Guatemala-Stadt. 1921 kam eine weitere in Quetzaltenango hinzu. Der Versuch einer Schulgründung in Cobán aber scheiterte; die deutschen Familien wohnten so verstreut auf ihren Gütern, dass der Schulweg für ihre Kinder zu weit war. In ganz Guatemala besaßen Deutsche kurz vor der Jahrhundertwende 2700 Quadratkilometer fruchtbares Land und dazu eine Unmenge von großen Immobilien in den Städten.

Auf der anderen Seite des Atlantiks war in Hamburg 1887 nach London und Le Havre die dritte Kaffeebörse Europas gegründet worden. Im Hamburger Hafen wurden 1888 bereits 24 Prozent des in Europa konsumierten Kaffees umgeschlagen. Bis 1898 erweiterte sich dieser Anteil auf 38 Prozent. Und die Expansion in Guatemala ging weiter. Anfang des 20. Jahrhunderts entstanden acht große deutsche Plantagengesellschaften, an denen Handelshäuser aus Hamburg und Banken aus Hamburg und Berlin beteiligt waren. Sie hatten ihren Sitz in Hamburg und wurden vor Ort von Verwaltern geleitet. Kaffee war zum Investitionsobjekt geworden, die Gesellschaften bezahlten hohe Dividenden.

Während des Ersten Weltkriegs wurden die Handelsrouten zwischen Guatemala und Europa wegen des U-Boot-Kriegs des Deutschen Reichs unterbrochen. Die USA wurden nun wichtigster Abnehmer für Kaffee aus Zentralamerika. Auf Druck der Regierung in Washington, die sich seit dem 6. April 1917 am Krieg beteiligte, brach Guatemala am 27. April desselben Jahres die diplomatischen Beziehungen mit Deutschland ab. 39 deutsche Firmen, darunter alle Plantagengesellschaften und alle großen deutschen Kaffeeexporteure, kamen auf eine schwarze Liste. Kaffeeexporte waren ihnen untersagt. Weil sich die Deutschen aber längst in die guatemaltekische Elite eingeheiratet hatten, konnten sie über Mittelsmänner ihre Geschäfte weiter abwickeln.

Erst nach der Kriegserklärung Guatemalas an Deutschland am 1. Mai 1918 wurden deutsche Unternehmen wie die Verapaz-Eisenbahn und das Elektrizitätswerk in Quetzaltenango unter staatliche Verwaltung gestellt. Mit einem Erlass vom 12. Februar 1919, also nach Ende des Ersten Weltkriegs, wurden siebzig deutsche Kaffeegüter enteignet und vom Staat übernommen, unter anderem alle der Hamburger Plantagengesellschaften. Nach zähen Verhandlungen wurde dieses Enteignungsdekret am 29. Juni 1921 wieder aufgehoben. Allerdings mussten die deutschen Firmen gut eine halbe Million US-Dollar bezahlen, um ihren Besitz zurückzuerhalten.

Der Erste Weltkrieg war nur eine kurze Unterbrechung in der wirtschaftlichen Erfolgsgeschichte deutscher Einwanderer. Kurz danach setzte eine neue Einwanderungswelle ein. Ehemalige Militärs, Nationalisten, Gegner der Weimarer Republik und Wirtschaftsflüchtlinge kamen nach Guatemala. Um 1925 gab es zwischen 2500 und 3000 deutsche Staatsbürger im Land. Sie stellten nicht einmal 0,2 Prozent der damaligen Bevölkerung, aber rund fünfzehn Prozent der Fincabesitzer, und die bebauten fast 45 Prozent der mit Kaffee bestellten Fläche.

Fast alle Deutschen unterstützten den Aufstieg von General Jorge Ubico zum Diktator, der dann von 1931 bis 1944 regierte. Ubico förderte die Kaffeewirtschaft, und davon profitierten seine deutschen Freunde. Er schaffte zwar die zuvor übliche Schuldknechtschaft in der Landwirtschaft ab, bestimmte aber gleichzeitig, dass die Schuldner ihre Schuld in den kommenden beiden Jahren ableisten mussten; das heißt, sie mussten umsonst arbeiten. Außerdem erließ er Gesetze gegen das sogenannte Vagantentum. Danach mussten Indígenas, die ohne erkennbare Arbeit auf der Straße aufgegriffen wurden, zwischen hundert und hundertfünfzig Tage Zwangsarbeit auf einer Kaffeeplantage leisten. Im selben Gesetzespaket bekamen Fincabesitzer das Recht, Indígenas zu erschießen, wenn sie glaubten, diese hätte gestohlen, die Ernte geschädigt oder Land besetzt.

Um 1930 lebten rund fünftausend deutsche Staatsbürger in Guatemala. In der Kaffeeregion rund um Cobán besaßen sie achtzig Prozent des landwirtschaftlich bebaubaren Bodens. Sie kontrollierten die Exportbank Nottebohm Brothers und die meisten Exportfirmen für Kaffee. Die Mehrzahl von ihnen waren Parteigänger der Nationalsozialisten; im deutschen Club in Cobán hing eine Hakenkreuzfahne an der Wand. Schon 1929 hatte der eben eingewanderte deutsche Pfarrer Otto Langmann eine Ortsgruppe der Nationalsozialistischen Deutschen Arbeiterpartei (NSDAP) gegründet, die 1931 Teil der Auslandsorganisation der Nazis wurde (NSDAP/AO). In ihren besten Zeiten hatte sie 274 aktive Mitglieder. 1933 und danach kehrten rund tausend Deutsche aus Nazibegeisterung von Guatemala in ihre Heimat zurück. Wer wirtschaftlich erfolgreich war, der blieb. Das waren vor allem Händler und Angestellte auf Kaffeeplantagen, in Banken und in Exportfirmen. In der Weltwirtschaftskrise hätte ihnen in Deutschland ein sozialer Abstieg gedroht. Die deutschen Kaffeeoligarchen hielten sich eher bedeckt. Sie waren über Heiraten und Geschäfte mit der einheimischen Elite verbandelt und fürchteten Konflikte, wenn sie sich offen auf die Seite der NSDAP/AO stellten. Nur wenige wie Walter Haunstein und Erwin Paul Dieseldorff und dessen Sohn Willi waren offene Nazigegner.

Die deutschen Nazis in Guatemala waren davon überzeugt, dass Adolf Hitler nach der Unterwerfung Europas seine Armee nach Guatemala schicken würde, um das Land als Kolonie zu beherrschen. Es gab eine lokale Gestapo, die vorsorglich Listen mit deutschen Staatsbürgern zusammenstellte, die sie für »unpatriotisch« hielt; sie müssten im Fall eines deutschen Einmarsches erschossen werden. Unter anderem stand die Familie Dieseldorff auf einer dieser Listen. Es gab auch eine von Juden, die nach der Machtübernahme der Nazis enteignet werden sollten. Ortsgruppen der NSDAP/AO in den Kaffeeanbauregionen zogen nachts durch die Gegend und markierten Brücken mit Hakenkreuzen, die ihrer Meinung nach von den vorrückenden deutschen Truppen gesprengt werden müssten. 1938 gab es in Guatemala-Stadt einen Aufzug deutscher Nazis in SA-Uniformen, der vor dem Präsidentenpalast endete. Es war ihr letzter öffentlicher Auftritt. Im Mai 1939 ließ Diktator Ubico – eigentlich ein Verehrer Hitlers – auf Druck der USA die NSDAP/AO in Guatemala verbieten und untersagte Deutschen jegliche politische Aktivität.

Seit der sogenannten Monroe-Doktrin vom 2. Dezember 1823 betrachteten die USA Lateinamerika als Region unter ihrem Einfluss. Die wachsende wirtschaftliche Macht der Deutschen in Guatemala verstanden sie als Angriff auf diesen Anspruch. Zudem überschätzten sie den politischen Einfluss der NSDAP/AO. Ein erster Schritt zur Kontrolle der Deutschen war eine schwarze Liste mit Nazis und ihren Sympathisanten, die von der britischen und der US-Botschaft gemeinsam erstellt wurde; auch deutsche Antifaschisten wie die Familie Dieseldorff halfen dabei mit. Solche schwarzen Listen gab es nicht nur in Guatemala, sondern überall in Lateinamerika. Sie wurden kontinuierlich gepflegt und erweitert und waren nicht nur auf deutsche Staatsbürger beschränkt. Bisweilen reichte es aus, wenn Einheimische ihre Kinder auf eine deutsche Schule schickten, um auf eine solche Liste zu kommen. Bis Mai 1942 wurden in Guatemala 418 Personen und Firmen registriert.

Schon im Oktober 1941 hatte Diktator Ubico per Dekret angeordnet, dass die Kaffeeexporte von Fincabesitzern und Firmen, die auf dieser Liste standen, bei der Zentralbank abgeliefert werden mussten. Die übernahm dann den Export und verwaltete die Erlöse auf eingefrorenen Konten. Die USA hatten zuvor verlautbart, sie würden keinen Kaffee von Nazifreunden mehr importieren. Sie waren inzwischen der bei weitem wichtigste Abnehmer von guatemaltekischem Kaffee, die Nachfrage der US-Armee war riesig. Die Handelswege nach Europa waren kriegsbedingt meistens unterbrochen. Am 11. Dezember 1941 erklärte Guatemala auf Drängen der USA Deutschland den Krieg.

Am 15. Juni 1942 erließ die Regierung ein weiteres Dekret, das 130 deutsche Kaffeeplantagen unter staatliche Kontrolle mit einem eingesetzten Verwalter stellte; die deutschen Angestellten wurden entlassen. Trotzdem betrachteten die USA den von diesen Gütern stammenden Kaffee weiterhin als »deutsch«. So wurden die Besitzer dieser Betriebe am 22. Juni 1944 schließlich enteignet, der Staat übernahm die Plantagen. Zwei Wochen später wurden diese Enteignungen über Kaffeefincas hinaus auf jeglichen deutschen Besitz erweitert, egal, ob es sich um Grund- oder Immobilienbesitz, um Handelsunternehmen oder um Aktien handelte. Damit verloren alle Deutschen ihr Hab und Gut und nicht nur die Personen auf der schwarzen Liste, also viel mehr, als die USA verlangt hatten. Die enteigneten Güter wurden schnell verkauft, ausschließlich an Guatemalteken und meist an Freunde Ubicos.

Ab Oktober 1941 drängte die Regierung in Washington die Regierungen Lateinamerikas dazu, deutsche, japanische und italienische Staatsbürger zu verhaften und an die USA auszuliefern. In Guatemala mussten sich alle deutschen Männer zwischen siebzehn und fünfzig Jahren bei der Polizei zum Verhör melden. Darüber hinaus wurden alle verhaftet, die auf der schwarzen Liste der US-Botschaft standen. Sie wurden in der Hauptstadt in ein Lager gesteckt, von dort gesammelt zum nächsten Hafen gebracht, dann mit einem Truppenfrachter der US-Armee nach Texas und Kalifornien verschifft und in Internierungslager gesteckt. Die USA verwendeten sie, um sie gegen Kriegsgefangene und ertappte Spione auszutauschen. Die erste Verhaftungswelle begann am 15. Oktober 1941 in Costa Rica, der Dominikanischen Republik, Guatemala, Nicaragua und Panamá. Ab Mitte Februar 1942 beteiligten sich auch El Salvador, Haiti und Kuba. Zuletzt weigerten sich nur noch die großen Länder Argentinien, Brasilien, Chile und Mexiko, bei diesem Auslieferungsprogramm mitzumachen. Nicht nur Nazis wurden damals verhaftet. Von den 558 Deutschen, die von Guatemala in die USA verschifft wurden, waren 120 NSDAP-Mitglieder. Daneben fanden sich auch Antifaschisten und jüdische Flüchtlinge. Auch die männlichen Mitglieder der Familie Dieseldorff wurden verhaftet. Sie konnten sich vor der Deportation nur retten, weil ihre Namen auf einer Liste der zu erschießenden »unpatriotischen« Deutschen standen, die bei Nazis beschlagnahmt worden war. Insgesamt wurden in diesen Jahren 4058 Deutsche aus Lateinamerika in die USA deportiert.

In Guatemala wurden die schwarzen Listen von Deutschen nach dem Zweiten Weltkrieg zwar schrittweise reduziert, der Kriegszustand aber dauerte noch lange an. Erst 1956 erklärte ihn Guatemala mit einem Gesetz einseitig für beendet – unter der Bedingung, dass die Bundesrepublik Deutschland auf die Rückerstattung der enteigneten Güter verzichtet. Als danach deutsche ehemalige Fincabesitzer versuchten, ihre Ländereien einzuklagen, reagierte die Regierung in Guatemala-Stadt im Juni 1956 mit weiteren Enteignungen. Diplomatische Beziehungen wurden wegen dieses Streits erst drei Jahre später aufgenommen. Es folgten vier weitere Jahre zäher Verhandlungen über Entschädigungen für die Enteigneten. 1963 wurden die Enteignungsgesetze aufgehoben. Trotzdem sind nur wenige Deutsche zurückgekehrt, vor allem diejenigen, die ihre – meist guatemaltekischen – Familien zurückgelassen hatten. Aber auch sie bekamen ihr Land nur teilweise zurück.

Deutsche und Deutschstämmige spielen im Bankenwesen und im Import- und Exportgeschäft Guatemalas heute wieder eine große Rolle. Die Macht der deutschen Kaffeebarone aber wurde im Zweiten Weltkrieg gebrochen. Die grünen Hügel rund um Cobán sind heute wieder in guatemaltekischer Hand. Nur die erstaunlich vielen Menschen mit grünen oder blauen Augen und helleren Haaren zeugen davon, dass deutsche Einwanderer auch mit einheimischen Frauen – oft mit Gewalt – Nachwuchs in die Welt gesetzt haben.

Eddy Kühl und die deutsche Kolonie in Nicaragua

Auch in Nicaragua gab es eine größere deutsche Kolonie, die entscheidend am Aufbau der Kaffeeindustrie beteiligt war. Und ähnlich wie in Guatemala und El Salvador war das Wachstum der Plantagen mit der Enteignung und Vertreibung der indigenen Bevölkerung verbunden. Erforscht wurde diese Geschichte von dem deutschstämmigen Nicaraguaner Eduardo Kühl, dessen Familie im Norden des Landes in der Nähe von Matagalpa eine riesige Kaffeefinca besitzt. Das Anwesen hieß ursprünglich »La Hammonia«, der latinisierte Name von Hamburg, und wurde 1890 von dem deutschen Einwanderer Hans Boesche aufgebaut. 1954 hat er es an den Nicaraguaner Reinaldo Rivera verkauft. In der Kaffeekrise von 1975, als viele Produzenten verschuldet waren und ihr Land billig verkauften, erwarben Kühl und seine ebenfalls deutschstämmige Frau Annegret Hayn das Anwesen von der Witwe Riveras. Weil sie dort neben dem Kaffeeanbau noch ein Hotel als zweites wirtschaftliches Standbein errichteten und dieses »Selva Negra« (Schwarzwald) nannten, ist die Finca in Nicaragua heute unter diesem Namen bekannt. Auch der Kaffee von dort wird unter diesem Label verkauft. Die Verpackung ziert ein stilisiertes Portrait von Kühls Großvater Otto. Er war 1891 nach Nicaragua gekommen, war Mechaniker, klein und drahtig und hatte einen beeindruckenden gezwirbelten Schnurrbart.

Eduardo, der sich »Eddy« nennen lässt, wurde 1940 geboren und ist ebenfalls klein und drahtig. Auch er trug, als er noch jünger war, einen Schnauz, nur war der lange nicht so ausladend wie der des Großvaters; inzwischen ist ein Vollbart daraus geworden. Auch die beruflichen Neigungen scheinen in der Familie zu liegen. Eddy, Enkel eines Mechanikers, hat als Ingenieur Ende der sechziger Jahre eine Fabrik für Fertighallen aus Metallgerüsten in der Hauptstadt Managua aufgebaut; aber den Betrieb gibt es seit über vierzig Jahren nicht mehr. Um die Finca und das Hotel kümmern sich seine Frau und die vier Töchter.

Neben seinem nicaraguanischen hat Kühl auch noch einen deutschen Pass; er spricht aber nur noch ein paar wenige und kaum verständliche Worte Deutsch. Eines davon ist »arbeiten«. Seine Frau, die er – auch das ein deutsches Überbleibsel – »Mausi« nennt, spricht ein zwar fließendes, aber ebenfalls gewöhnungsbedürftiges Deutsch. Ihre Vorfahren sind eine Generation vor Otto Kühl aus Südwestdeutschland eingewandert; der dortige Dialekt hat sich in der Familie über die Generationen erhalten. Annegret Hayn spricht so, wie man vor 150 Jahren im Nordschwarzwald gesprochen hat. Sie hat noch immer Verwandte in Nagold. Daher kommt der Name des Hotels, Schwarzwald. Kühls Vorfahren kamen aus der Gegend von Lübeck. Plattes Land, das nicht zu den Bergen rund um Selva Negra passt und deshalb als Namensgeber nicht in Frage kam.

Das Anwesen liegt rund zehn Kilometer nördlich von Matagalpa und ist leicht zu finden. Man fährt auf der Nationalstraße 3 in Richtung Jinotega, immer höher hinauf in die hauptsächlich mit Kaffee bestandenen Berge. Dort, wo in einer der vielen Kurven auf der rechten Seite ein kleiner alter Panzer vor sich hinrostet, biegt man ab auf ein Sträßchen, das durch die Kaffeeplantage direkt zur Rezeption des Hotels führt. Der Panzer steht seit Ende des Bürgerkriegs dort. Die Nationalgardisten des damaligen Diktators Anastasio Somoza hatten ihn einfach stehen lassen und waren Hals über Kopf geflohen, nachdem sie im Juli 1979 von der Guerilla der Sandinistischen Befreiungsfront vernichtend geschlagen worden waren. Heute ist er der Wegweiser nach Selva Negra.

Das rund fünfhundert Hektar große Anwesen besteht zu einem Drittel aus beschatteten Kaffeepflanzungen, zu einem weiteren Drittel aus biologischer Landwirtschaft. Hier stehen Milchkühe, es gibt Schweine, Hühner, Wachteln, Pfauen und Gänse, dazu Blumen und Gemüse. Man produziert eigenen Käse und eigene Wurst. Die Landwirtschaft dient vor allem zur Versorgung des Hotels und der Arbeiter auf der Kaffeeplantage. Zweihundert Männer und Frauen sind ganzjährig beschäftigt, zur Erntezeit kommen noch einmal zweihundert Saisonarbeiter dazu. Sie alle bekommen drei Mahlzeiten am Tag, eine davon mit Fleisch. Die ständig Beschäftigten leben in einer kleinen Siedlung, die Junggesellen in Zimmern in langgestreckten Gebäuden, die Familien in kleinen Häusern. Dazu kommen ein Sportplatz, eine Schule bis zur sechsten Klasse und eine Krankenstation mit einer Krankenschwester. Einmal in der Woche schaut ein Arzt vorbei. Kindern, die nach der sechsten Klasse weiter auf die Schule gehen wollen, bezahlt Kühl den Transport nach Matagalpa und das anfallende Schulgeld, für besonders gute Schüler lobt er Stipendien für die Universität aus. Kühl bezeichnet sich selbst als sozialdemokratischen Unternehmer. In Nicaragua werden die Arbeiter sicher nicht auf vielen Kaffeeplantagen so behandelt.

Es gibt vier natürliche Seen auf dem Gelände, von denen auch das Wasser für das *beneficio* kommt. In Selva Negra wird der Kaffee gewaschen. Das saure Abwasser wird aufgefangen und so aufbereitet, dass es bedenkenlos zum Bewässern der Blumen- und Gemüsefelder verwendet werden kann. Die Familie besitzt zudem einen Trockenhof unten in der heißen und trockenen pazifischen Küstenebene, im 35 Kilometer entfernten Sébaco. Über der 1200 bis 1600 Meter hoch gelegenen Plantage wabern oft Wolken, es ist angenehm kühl und auch feucht. Die Kaffeebohnen würden hier viel zu lange zum Trocknen brauchen, wodurch sie schimmeln könnten.

Ein Drittel des Anwesens ist weiterhin mit tropischem Regenwald bestanden, ein kleines privates Naturschutzgebiet. Hier gibt es über zweihundert Sorten von Orchideen auf gewaltigen Bäumen, hier leben Pumas, Ozelote und Faultiere und die Gäste des Hotels werden morgens bisweilen vom Geschrei der Brüllaffen geweckt.

Eddy Kühl ist seit Jahren Hobbyhistoriker und schreibt ein Buch nach dem anderen. Auch das Standardwerk über die Geschichte des nicaraguanischen Kaffees und der deutschen Kolonie stammt von ihm: *Nicaragua y su café*. Kühl schreibt nicht nur, er erzählt auch liebend gerne von seinen Forschungen. Und er malt. Auf einer langen Wand des *beneficio* hat er den Weg der Bohnen von ihren Ursprüngen in Äthiopien bis nach Nicaragua in Bildern und kurzen Texten erzählt.

Im Jahr 1797 wird Kaffee in Managua zum ersten Mal erwähnt. Wahrscheinlich wurden die Pflanzen von Haitianern, die vor den Unruhen der Revolution aus ihrer Heimat geflohen waren, nach Honduras gebracht. Von dort reichten sie zunächst vor allem katholische Priester untereinander weiter; sie schätzten die Sträucher mehr als Zierpflanzen in ihren Gärten als zur Produktion der Bohnen. Die erste in Dokumenten erwähnte Kaffeeplantage hat der Arzt Manuel Matus Torres 1825 in dem Städtchen Jinotepe südlich von Masaya angelegt. Seine Ernte wurde nur in der dortigen Gegend verkauft.

Seit 1835 wird der Anbau von Kaffee staatlich gefördert. Ähnlich wie in Guatemala und El Salvador wurden Bauern, die bestimmte Mengen von Büschen anpflanzten, von Steuern und ihre Arbeiter vom Militärdienst befreit. Plantagen entstanden zunächst im Süden zwischen Managua und Granada, dann an den Hängen der Vulkankette in der pazifischen Küstenebene östlich von León. Erst danach entdeckte man, dass das bergige Land um Matagalpa und Jinotega ideale Bedingungen für die Pflanze bietet. Heute kommen rund neunzig Prozent der nicaraguanischen Produktion aus dieser Gegend.

Mitte des 19. Jahrhunderts versuchte die Regierung in Managua, Ausländer für dieses Geschäft anzuwerben. 1851 unterschrieb sie einen Vertrag mit dem Franzosen Auguste Miyonnet; der sollte sechshundert katholische Einwanderer bringen, fand aber keinen einzigen. Auch ein zweiter Vertrag mit dem Franzosen Alexandre Camus aus demselben Jahr brachte nicht das gewünschte Ergebnis. 1853 scheiterte ein dritter Versuch. 1865 versuchte die Regierung dann, Vertriebene des Bürgerkriegs in den USA anzuwerben. Ein Dekret versprach jeder ausländischen Familie 120 Manzanas (84 Hektar) Land, Junggesellen sollten die Hälfte erhalten. Ein paar US-Amerikaner kamen, widmeten sich aber eher der Viehzucht als dem Kaffeeanbau.

1854 kam das deutsche Paar Luis Elster und Katharina Braun nach Matagalpa. Elster war aus Hannover, Braun aus Baden-Baden. Sie hatten sich 1852 in New York kennengelernt, einer Zwischenstation auf dem Weg nach Kalifornien, wo sie Gold suchen wollten. Zwei Jahre blieben sie dort, bekamen ihr erstes Kind und machten sich dann auf den Weg übers Meer in den Süden nach Nicaragua, um dort von der atlantischen an die pazifische Küste zu wandern. Dann wollten sie ein Schiff nach Kalifornien nehmen. Als sie in Matagalpa hörten, dass es auch in dieser Gegend Gold gab, blieben sie. Sie kauften Indígenas ein Stück Land in der Nähe von San Ramón ab, einem Weiler zehn Kilometer östlich von Matagalpa. Viel Gold haben sie nicht gefunden, aber es reichte zum Leben.

Elster ritt immer mal wieder nach Managua, um das Edelmetall zu verkaufen. Von einer dieser Reisen brachte er seiner Frau 25 Pfund grünen Kaffee mit. Statt ihn zu rösten und zu trinken, brachte Braun die Samen in ihrem Garten aus – der Grundstock für ihre spätere Finca La Lima. Nach drei Jahren gab es die erste Ernte, die in der Region verkauft wurde. Auch Elster ließ nun die Goldsuche bleiben und widmete sich ganz dem Kaffee.

Die Ernte brachte er mit Maultieren nach León. Dort kauften der deutsche Händler Wilhelm Jericho und der Österreicher Heinrich Löw die Bohnen auf. Löw war der erste, der hundert Sack von Elsters

Kaffee über den Río San Juan an die Atlantikküste brachte und von dort nach Hamburg verschiffte. Wahrscheinlich gab es schon vor der Finca von Elster und Braun Kaffeepflanzungen in der Gegend von Matagalpa. Aber die Händler in León wussten nichts davon, und so war der Kaffee von der deutschen Finca La Lima der erste, der exportiert wurde. Seine Qualität überzeugte in Hamburg. Es gab schnell mehr Nachfrage, als die beiden liefern konnten. Jericho und sein Schwager Otto Zeyss witterten ein Geschäft. Sie gingen Anfang der achtziger Jahre ebenfalls nach Matagalpa und bauten Kaffeeplantagen auf.

Es waren die Jahre, in denen die liberale Regierung in Managua kommunales Land der indigenen Gemeinden enteignete und an alle verschenkte, die Kaffee anpflanzen wollten, inklusive der dort lebenden Indígenas als Zwangsarbeitskräfte. Diese leisteten zunächst heftigen Widerstand. Mehrere Tausend griffen 1881 Regierungsgebäude in Matagalpa an und forderten ein Ende der Zwangsarbeit. Die Revolte wurde von der Armee niedergeschlagen; es gab über tausend Tote. Der organisierte Widerstand war mit diesem Massaker gebrochen.

Jericho wurde der erste Großgrundbesitzer in Matagalpa. Er überredete Präsident Evaristo Carazo 1889 zu einem Dekret, das jedem Einwanderer gleich 500 Manzanas (gut 350 Hektar) Land versprach, wenn er mindestens 25 000 Kaffeesträucher pflanzte. Mit diesem Lockmittel wollte Jericho zwanzig deutsche Familien nach Matagalpa bringen. Auf den Bahnhöfen in Hamburg und Berlin wurde mit Plakaten dafür geworben. Außer Deutschen kamen auch ein paar US-Amerikaner, Briten, Franzosen und Schweden ins Land.

Elster und Braun hatten ihr Land noch Indígenas abgekauft. Jericho baute sein Kaffeeimperium auf enteignetem Land und mit Zwangsarbeit auf. Er soll dabei mit äußerster Härte vorgegangen sein. Prügelstrafen waren auf seinen Plantagen die Regel. Am 5. April 1896 wurde er nächtens auf dem Nachhauseweg mit einem Vorderlader erschossen. Er wurde gerade vierzig Jahre alt. Ein paar Tage später wurden in Matagalpa ein paar Indígenas gesehen, die offensichtlich Geld hatten. Schnell verbreitete sich das Gerücht, dies sei das Geld von Jericho. Die Indígenas wurden von Mitgliedern der deutschen Kolonie ergriffen und an dem Weg erhängt, der in den Weiler Los Congos führte; noch Jahrzehnte später nannte man diesen Weg die »Gasse der Erhängten«.

1891 kam Eddy Kühls Großvater Otto ins damals knapp 20 000 Einwohner zählende Matagalpa. Er war seinem Freund Albert Vogl gefolgt, der aus Kempten in Bayern nach Hamburg gekommen war. Die beiden hatten sich dort ein Zimmer geteilt und Vogl als Schreiner und Kühl als Mechaniker auf Werften gearbeitet. Kühl war zudem ein begnadeter Bastler; er hatte sich in Deutschland einen zusammenklappbaren Skattisch patentieren lassen. Vogl war schon 1888 dem Aufruf der Plakate im Hamburger Bahnhof gefolgt und hatte dann Kühl in Briefen von der Schönheit Nicaraguas vorgeschwärmt. Der brach 1889 auf, blieb aber noch zwei Jahre lang zögernd in New York, bevor er den Sprung in die Tropen wagte. Die beiden bekamen das versprochene Land und kamen schnell ins Kaffeegeschäft und in die gute Gesellschaft Nicaraguas. Sie heirateten zwei Schwestern, Töchter des Gouverneurs von Matagalpa, der selbst mit Kaffee reich geworden war.

Der Mechaniker Kühl wurde nie ein großer Kaffeebauer; seine Finca hat er immer vernachlässigt. Aber er erfand gleich 1891 eine Maschine, die das Fruchtfleisch von den Kaffeebohnen trennte, die *despulpadora* oder Entpulpungsmaschine. Vorher hatte man die reifen Kaffeekirschen in der Sonne getrocknet und dann das harte Fruchtfleisch in mühsamer Arbeit von Hand entfernt. Kühls Maschine war denkbar einfach: Sie bestand aus zwei gegeneinander rotierenden Holzzylindern, die mit Tausenden kleinen spitzen Nägeln gespickt waren. Weichte man die Kaffeekirschen vorher in einem Wasserbecken ein und schwemmte sie dann zwischen den beiden Zylindern hindurch, rissen die Nägel das Fruchtfleisch von den Bohnen. Die wurden dann für einen weiteren Tag in Wasser fermentiert, wonach sich die Reste des Fruchtfleisches leicht abwaschen ließen. Schließlich wurden die Bohnen in der Sonne getrocknet. Aufgebrühter Kaffee wurde durch diese Prozedur weicher, hatte weniger Säure und gewann schnell Liebhaber. *Café lavado Matagalpa,* gewaschener Kaffee aus Matagalpa, wurde zur Marke, für die europäische Handelshäuser gut bezahlten.

Nur Kühl verdiente sein Geld weniger mit Kaffee. Hauptsächlich war er damit beschäftigt, für andere deutsche Kaffeebauern Aufbereitungsanlagen und Trockenhöfe zu bauen. Jahre später wollte er seine *despulpadora* in New York patentieren lassen. Ein anderer Bastler aber hatte drei Jahre nach ihm eine ganz ähnliche Maschine erfunden und war Kühl mit der Patentanmeldung zuvorgekommen. Die heutigen Entpulpungsmaschinen sind nichts anderes als industrielle Fortentwicklungen dieser handwerklichen Prototypen.

Eine andere Erfindung von Kühl war zwar spektakulärer, aber letztlich nicht erfolgreich. Die Kaffeebauern von Matagalpa hatten ein Problem. Die Stadt in den Bergen lag fernab der großen Verkehrswege in der pazifischen Küstenebene. Die Ernte musste mit langen Maultierkarawanen erst 150 Kilometer weit bis nach La Paz Centro in der Ebene gebracht werden. Dort wurde sie dann auf die Züge verladen, die seit 1885 von Managua über León zum Pazifikhafen Corinto fuhren. Niemand dachte damals daran, die Kaffeeregion ans Schienennetz anzubinden. Aber Kühl hatte eine Idee. 1903 gründete er zusammen mit weiteren Kaffeebauern, in der Mehrheit Deutsche, aber auch ein paar Briten und US-Amerikaner, die Compañia de Transportes de Matagalpa. Die Investoren importierten eine Dampflok und sechs Wagen in Einzelteilen. Kühl baute sie zusammen. Weil es keine Schienen gab, sondern nur holprige Erdwege, schmiedete er riesige breite Eisenräder statt der mitgelieferten kleinen und schmalen. Die Maschine sah danach aus wie eine Dampfwalze, in jeden der sechs Wagen passten fünf Tonnen Kaffee. Weil es sich nicht um eine Eisenbahn, ein *ferrocarril,* handelte, sondern um eine Erdbahn, wurde das Ungetüm *terrocarril* genannt. Damit sollte die Kaffeeernte von Matagalpa nach La Paz Centro gebracht werden.

Bald tauchten neue Probleme auf. Zwar waren am Rand des Wegs schnell Holzlager eingerichtet, um die Dampfmaschine befeuern zu können. Um den Druck aufrecht zu erhalten, musste aber auch Wasser nachgefüllt werden, und das gab es zwischen Matagalpa und La Paz Centro nicht. Hinter dem voll beladenen Zug trottete deshalb immer eine Karawane von Maultieren her, die Wasserkanister schleppten. Kühl war der einzige Maschinist der Gesellschaft. Nur er verstand es, mit dem *terrocarril* umzugehen. Wenn alles glatt lief, brauchte er vier Tage bis zum Bahnhof von La Paz Centro. Aber meist lief nicht alles glatt. Der Erdweg wurde im feuchten Klima der wolkenverhangenen Berge schnell zur glitschigen Schlammpiste, das schwere Gerät mit den noch schwerer beladenen Wagen versank immer wieder im Morast und musste freigeschaufelt werden. So unternahm Kühl nur sechs bis acht Fahrten, danach gab man das *terrocarril* auf.

In Selva Negra steht heute noch ein mannhohes Rad der Dampfmaschine und rostet vor sich hin. Und im Speisesaal des Hotels hängt ein großes Ölgemälde an der Wand, auf dem das kuriose Gerät abgebildet ist. Darum herum sind in kleinen Kreisen die Portraits der Gründer und Investoren der Compañía de Transportes de Matagalpa zu sehen; alles Männer mit stattlichen Vollbärten oder beeindruckend ausladenden Schnauzern.

Kühl verlor seine Finca 1941, als auch der Diktator Anastasio Somoza auf Druck der Vereinigten Staaten alle Deutschen, Italiener und Japaner verhaften und in die USA deportieren ließ. Zwar stand Somoza den Diktatoren Adolf Hitler und Benito Mussolini politisch sehr viel näher als dem Demokraten Franklin D. Roosevelt im Weißen Haus in Washington. Er störte sich nicht daran, dass im Deutschen Club in Matagalpa seit Jahren eine Hakenkreuzfahne an der Wand hing. Aber ihn verlockte die Aussicht, sich die enteigneten Plantagen der Deutschen unter den Nagel zu reißen. Er wollte nicht nur der politisch, sondern auch der wirtschaftlich mächtigste Mann von Nicaragua sein. 46 Kaffeeplantagen besaß seine Familie schon. Mit den Enteignungen und anschließenden dubiosen Versteigerungen Anfang der vierziger Jahre wurde der Clan endgültig zum mit Abstand größten Grundbesitzer des Landes.

Otto Kühl und sein Sohn Klaus wurden 1941 verhaftet. Eddy war damals erst ein Jahr alt. Der Deportation sind die beiden entgangen. Sie hatten gute Beziehungen zu mächtigen Männern, auch solchen, die Somoza nahestanden. Nach vierzig Tagen im Internierungslager kamen sie frei. Die deutsche Kaffeekolonie von Matagalpa aber ist damals verschwunden. »Heute gibt es hier außer meiner nur noch eine Finca im Besitz einer deutschstämmigen Familie«, sagt Eddy Kühl.

Dass er und seine Frau 1975 La Hammonia kauften und Selva Negra daraus machten, hatte zunächst eher nostalgische Gründe. Beide waren auf Kaffeefincas groß geworden. Dass auch noch ein Hotel dazukam, ist Kühls unternehmerischem Gespür zu verdanken. Er wusste, dass der Weltmarkt für Kaffee bisweilen Kapriolen schlägt und war selbst zu niedrigen Preisen ins Geschäft eingestiegen. Das Hotel sollte den Betrieb in schlechten Jahren stabilisieren, und so war es auch. Selva Negra hat alle Kaffeekrisen verhältnismäßig gut überstanden. Dass der Betrieb 1990 zum diversifizierten biologischen Landwirtschaftsbetrieb umgebaut wurde, war zunächst gegen Eddys Willen. »Ich dachte wie ein Unternehmer in Zahlen«, erzählt er. »Biokaffee ist mehr Arbeit bei weniger Produktion.« Er hat die

Abstimmung in der Familie verloren. Seine Frau und die vier Töchter waren dafür, seine war die einzige Gegenstimme. Heute ist er froh darüber. »In Jahren mit hohen Preisen ist eine konventionell betriebene Finca rentabler«, sagt er. »Aber der Preis für Biokaffee ist stabiler.«

Zunächst hatte Kühl nicht viel von seinem neuen Besitz. Das Hotel war 1978 fertiggestellt und wurde eröffnet. Es war das Jahr, in dem er ins Exil fliehen musste. Er hatte bei der Jahresversammlung des Unternehmerverbandes COSEP als Besitzer der Firma für Fertighallen öffentlich den Rücktritt von Somoza gefordert. Das hatte vor ihm noch kein Unternehmer gewagt. Er floh noch am selben Abend in die deutsche Botschaft. Am nächsten Morgen um fünf Uhr, es war der 13. September 1978, wurden er und seine Frau im offiziellen Botschaftswagen zum Flughafen gebracht. Die Fahrt muss eines Actionfilms würdig gewesen sein. »Zuletzt hat der Fahrer einfach eine Straßensperre durchbrochen.« Der Wagen sei ziemlich ramponiert auf dem Flughafen angekommen. Dort wartete eine kleine Propellermaschine, um das Ehepaar nach Costa Rica ins Exil auszufliegen.

In Costa Rica wurde um den Schriftsteller und späteren Vizepräsidenten Sergio Ramírez eine Exilregierung gebildet, Kühl arbeitete als Sozialdemokrat mit ihr zusammen. Am 18. Juli 1979 wurde er von dieser Gruppe als Botschafter zu einer Versammlung der Sozialistischen Internationalen nach Stockholm geschickt. »Als ich dort ankam, wussten alle, was geschehen war, nur ich nicht.« Somoza war mit Frau, Kindern, Geliebter und den Gebeinen seiner Vorfahren nach Miami geflohen. Am 19. Juli 1979 zog die Sandinistische Befreiungsfront in Managua ein. Für Kühl folgten bewegte Tage.

Von Stockholm ging es zunächst nach Bonn. Kühl wurde vom damaligen Staatsminister Hans-Jürgen Wischnewski empfangen. Der wollte, »dass ich die nicaraguanische Botschaft in Bonn übernehme«. Die war von Demonstranten umlagert, und Wischnewski suchte einen Weg, die Lage zu entspannen. Sein Wunsch wurde nach Managua gekabelt, und die Sandinisten waren einverstanden. »Ich war 39 Jahre alt und wurde zum ersten Gesandten der revolutionären Regierung.« Bei der Übernahme der Botschaft half ihm ein nicaraguanischer Student als Dolmetscher. Der sagte ihm, er solle die Stempel des Konsulats verlangen. Sie wurden ihm von Botschaftsmitarbeitern genauso überreicht wie die Schlüssel des schwarzen Dienstmercedes. Nur sein Vorgänger, Francisco Mendoza, ein General der Somoza-Armee, war nicht zugegen. Der hatte sich abgesetzt. In den Tagen darauf wiederholte Kühl dieses Prozedere, zunächst in Brüssel, dann in Paris und schließlich in Madrid. In nur zwei Wochen war er Botschafter in vier Ländern geworden. »Ich hatte keine Ahnung, wie man sich da zu verhalten hat. Manchmal benahm ich mich wie ein Unternehmer, manchmal fühlte ich mich eher wie ein Komödiant.«

Aber es gab schon die ersten Missverständnisse mit dem Außenministerium in Managua. »Dort hatten die moskautreuen Kommunisten das Sagen, und ich war Unternehmer. Ich war für sie der Klassenfeind.« Als er am 14. August 1979 nach Nicaragua zurückkehrte, wurde ihm – »aus Höflichkeit« – der Botschafterposten in Stockholm angeboten. Kühl lehnte ab. »Meine Mission war beendet, wir trennten uns im Guten.« Die bald darauf beginnende Militarisierung der nicaraguanischen Gesellschaft, provoziert durch den sogenannten Contrakrieg der von den USA organisierten Somozisten, behagte ihm gar nicht. »Ich hatte vier kleine Töchter und wollte nicht, dass sie im Krieg aufwachsen.« Das Bergland nördlich von Matagalpa aber wurde sehr schnell zum Schlachtfeld. Auch europäische junge Leute, die solidarisch ins revolutionäre Nicaragua gereist waren, um bei der Kaffeeernte zu helfen, sind in diesem Krieg ums Leben gekommen.

Die Familie überlegte zunächst, nach Deutschland zu ziehen; alle hatten deutsche Pässe. Aber Kühl traute sich nicht zu, die deutsche Sprache zu lernen. So gingen sie in die USA. Kühl arbeitete als Tiefbauingenieur, zunächst in Houston, dann in Miami, wo Annegret Hayn eine Stelle in einer Exportfirma gefunden hatte. 1989 kehrte sie mit den Töchtern nach Nicaragua zurück, ein Jahr später folgte Kühl. Die Finca und das Hotel waren noch intakt. Obwohl die Sandinisten alle Güter von Unternehmern beschlagnahmt hatten, die ins Ausland gegangen waren, wurde der Besitz der Familie Kühl nie angetastet. »Vielleicht war das eine Anerkennung für meine frühen Verdienste um die Revolution«, mutmaßt Eddy Kühl.

Er lebt noch heute, über achtzigjährig, in Selva Negra, plaudert gerne mit Gästen auf der Terrasse des Hotels und verbringt viele Stunden in seinem Arbeitszimmer am Schreibtisch. Dort stapeln sich Bücher, Fotokopien aus Archiven und unzählige Zettel mit Notizen.

El Salvadors Oligarchen und der Hunger

El Salvador ist das einzige Land Zentralamerikas, das lediglich über eine Pazifikküste verfügt. Von Deutschland aus gesehen, lag es auf der anderen Seite des Kontinents. Wer einwandern wollte, kam über den Atlantik. Nicaragua und Guatemala lagen auf dem Weg, und es gab dort auch viel mehr Land. Kaum jemand gelangte bis nach El Salvador. Dort spielte die deutsche Einwanderung deshalb kaum eine Rolle; es gab keine deutsche Kaffeekolonie. Nur einer konnte schnell in die kleine Gruppe der Oligarchen aufsteigen, der Ende des 19. Jahrhunderts eingewanderte Fedor Deininger, ein Ingenieur und Landwirt. Er kaufte sich zunächst Kaffeeland in den Gemeinden Quetzaltepeque und La Libertad und eignete sich dann bei der Privatisierung von ehemals indigenem Kommunalland für wenig Geld riesige Flächen an. Anfang des 20. Jahrhunderts besaß er 1104 Hektar, auf denen neben Kaffee auch Zuckerrohr stand oder Vieh gezüchtet wurde. Deininger besaß zudem eine der ersten Zuckerfabriken El Salvadors.

Die wenigen Ausländer, die in die kleine Kaffeeoligarchie El Salvadors aufstiegen, waren aus anderen Gründen ins Land gekommen. Es waren Männer wie der Handelsreisende James Hill, für den bei seiner Ankunft Kaffee nicht mehr war als ein Getränk. Auch sein Einstieg in dieses Geschäft war zunächst unglücklich. Aber er wusste geschickt alle Krisen zu nutzen. Innerhalb weniger Jahre besaß er 650 Hektar Kaffeeplantagen.

Hill wurde zum Vorbild des kapitalistischen Kaffeeunternehmers. Er studierte die Pflanze, verstand sein Geschäft und war der erste, der die Arabicasorte Bourbon in großem Stil anbaute. Sie galt zwar als qualitativ minderwertiger als andere Sorten aus El Salvador. Aber sie bringt viermal mehr Ertrag und hat härteres Holz und ist im Ganzen eine sehr viel robustere Pflanze. Bourbon erträgt niedrigere Temperaturen in Höhenlagen, die vorher nicht bebaut werden konnten. Und die Sorte kommt besser mit Hitze zurecht, konnte auch in tiefen Lagen angepflanzt werden, die vorher als ungeeignet für den Kaffeeanbau galten. Seinen Sohn Jaime schickte Hill zum Landwirtschaftsstudium in die USA, und der kam mit allerlei Wissen über die Düngung zurück. Das half, um die Erträge weiter zu steigern.

Mit dem Reichtum wuchs auch der politische Einfluss des alten

Hill. Da er Brite war, konnte er sich nicht direkt in die Geschicke des Landes einmischen. Indirekt aber redete er mit. 1929 wurde auf seine Initiative hin die Asociación Cafetalera de El Salvador gegründet, die Vereinigung der Kaffeeproduzenten. Innerhalb dieses Interessensverbandes entstand als politische Lobbygruppe die Sociedad para la Defensa del Café, die Gesellschaft für die Verteidigung des Kaffees. Ihr Vorsitzender war James Hill. Sein Ziel war die Senkung der Exportsteuern und der Transportkosten. Hill hatte festgestellt, dass die Exportsteuern in El Salvador zwanzigmal höher waren als die des größeren Konkurrenten Kolumbien. Den Kaffee zum Hafen zu bringen, kostete siebenmal so viel, die Verschiffung in die USA war noch immer doppelt so teuer, obwohl der Weg von Kolumbien sehr viel weiter ist. Aber ohnehin sollten Steuern bald keine Rolle mehr spielen.

Seit Mitte der zwanziger Jahre war El Salvador, das kleinste Land Zentralamerikas, der größte Kaffeeproduzent der Region. Der Verkauf der Bohnen brachte über neunzig Prozent der Exporteinnahmen. Das war nicht nur Hill und seiner Massenproduktion zu verdanken, auch andere Oligarchen weiteten ihre Flächen in der Zeit dramatisch aus. Die Familie Guirola etwa besaß 1913 drei Fincas im Departement La Libertad, 1929 waren es zwanzig. Am besten aber verdienten die wenigen Besitzer von *beneficios*. Sie kauften den Kaffee für sechs bis zehn US-Cent pro Pfund ein und verkauften ihn um zwanzig bis sechsundzwanzig Cent weiter. Die Familie Guirola besaß eine solche Aufbereitungsanlage, genauso wie die Familie Hill.

Es heißt oft, vierzehn Familien seien über die Kaffeeproduktion zu den Besitzern des Landes geworden; tatsächlich waren es um die fünfzig. Sie lebten in Saus und Braus. Die US-amerikanische Reiseschriftstellerin Agnes Rothery wunderte sich 1929: »Diese in Geld schwimmende Klasse lebt in extremem Luxus, in eleganten Wohnvierteln oder großen Landgütern. Die Familien haben Häuser mit dreißig Zimmern, die üppig dekoriert und mit den feinsten Möbeln ausgestattet sind. Sie schicken ihre Kinder in Schulen in England, der Schweiz oder Frankreich – und oft genug bringen sie sie selbst dorthin.« Auch der damals für Zentralamerika zuständige US-Militärattaché A. R. Harris war erstaunt: »Das erste, das auffällt, wenn man nach San Salvador kommt, ist der Überfluss an Luxusautos in den Straßen. Anscheinend gibt es nichts zwischen den teuersten Limousinen und den von Ochsen gezogenen Karren mit einem barfuß gehenden Treiber. Es gibt praktisch keine Mittelklasse zwischen den extrem Reichen und den Bitterarmen. Leute, mit denen ich gesprochen habe, sagen mir, dass ein halbes Prozent der Bevölkerung rund neunzig Prozent seines Reichtums besitze. Zwischen dreißig und vierzig Familien sind die Eigentümer fast des gesamten Landes. [...] Der Rest der Bevölkerung besitzt praktisch nichts. Eine sozialistische Revolution mag noch ein paar Jahre auf sich warten lassen, sagen wir zehn oder zwanzig. Aber wenn sie am Ende kommen wird, wird sie blutig werden.« Ein durchschnittlicher Großgrundbesitzer hatte Anfang der zwanziger Jahre ein jährliches Einkommen von rund einer halben Million der Landeswährung Colón, so viel wie fast dreitausend Landarbeiter zusammen; deren durchschnittlicher Jahreslohn lag bei 168 Colones.

Die Situation der Landarbeiter verschlechterte sich noch einmal in den zwanziger Jahren. Der US-amerikanische Wirtschaftsberater Frederic W. Taylor empfahl dem diktatorisch regierenden Präsidenten Jorge Meléndez, Baumwolle als zweites landwirtschaftliches Exportgut neben dem Kaffee zu fördern. In der Folge standen auf den wenigen Flächen, auf denen im Tiefland noch Lebensmittel produziert worden waren, Pflanzen, die man nicht essen kann. Kleinbauern wurden gewaltsam vertrieben, ihre Felder und Hütten niedergebrannt. Wer vorher von der Subsistenzwirtschaft gelebt und während der Kaffeeernte ein bisschen Geld verdient hatte, musste nun das magere Einkommen von wenigen Monaten über das ganze Jahr strecken. So gut wie alles, was im Land produziert wurde, war für den Export. Für die Grundnahrungsmittel der traditionellen Diät der Armen, Mais, Reis und Bohnen, gab es keinen Platz mehr. Lebensmittel wurden importiert, und das war teuer. Der Preis von Mais und Bohnen verdoppelte sich zwischen 1922 und 1926, der für Reis verdreifachte sich sogar. Die Löhne aber blieben gleich. Die Landarbeiter wohnten in Lehmhütten mit Palmstrohdach und gestampftem Boden. Viele besaßen nicht einmal eine eigene Hütte, sondern lebten als *colonos* auf den Gütern der Großgrundbesitzer. Sie aßen hauptsächlich Tortillas und waren chronisch unterernährt. Die Kindersterblichkeit war hoch. Mehr als zwei Drittel der Menschen konnten weder lesen noch schreiben.

Alberto Masferrer, ein bürgerlich-liberaler Journalist und Schriftsteller, schreibt 1929 über die Zustände auf dem Land: »Es gibt hier keine Krise, es gibt chronische Krankheiten und endemischen

Hunger. El Salvador hat keine wildwachsenden Früchte mehr und auch kein Gemüse, das früher jedermann ernten konnte. Es werden keine Früchte mehr angebaut, die einstmals billig zu haben waren. Heutzutage gibt es nur noch Kaffeefarmen und auf denen wächst ausschließlich Kaffee.« In einem anderen seiner Artikel steht: »Der Landfraß der Kaffeeindustrie ist alarmierend. Sie hat alle Höhenlagen besetzt und steigt nun herab in die Täler und verdrängt dabei Mais, Reis und Bohnen. Sie geht vor wie ein Eroberer und verbreitet Hunger und Elend.«

1931 gab es ein bisschen Hoffnung für die Landbevölkerung. Arturo Araujo war zum Präsidenten gewählt worden. Er gehörte zwar auch zur Oligarchie und war in Britannien erzogen worden, hatte sich aber dort für die Labor Party begeistert und wollte deren sozialdemokratische Politik auf El Salvador übertragen. Unter anderem sprach er von einer Landreform, wenn auch von einer sehr vorsichtigen. Er wusste, dass das riskant war, dass die Armee und die Oligarchie eine Einheit waren und dass er, sollte er sich zu weit aus dem Fenster lehnen, stürzen werde. Eben deshalb hatte er sich den General Maximiliano Hernández Martínez zum Vizepräsidenten genommen, einen schrulligen Theosophen, den man *El Brujo,* den Hexer, nannte. Hernández Martínez glaubte an Telepathie, Reinkarnation und Seelenwanderung bei Menschen, nicht aber bei Tieren. Die hatten, glaubte er, keine Seele. Für ihn war es deshalb schlimmer, eine Ameise zu töten als einen Menschen; der Mensch werde auf dem Weg der Reinkarnation wiedergeboren, die Ameise aber sei für immer tot. Mit ihm an der Seite wollte Araujo die Streitkräfte in die Regierung einbinden. Doch das Kalkül ging nicht auf. Araujo wurde nach acht Monaten und einem Tag im Amt am 2. Dezember 1931 von der Armee gestürzt, Vizepräsident Hernández Martínez wurde sein Nachfolger und regierte als Militärdiktator bis 1944. Oligarchen wie Hill unterstützten diesen Putsch.

Der verhinderte Reformer Araujo hinterließ einen riesigen Schuldenberg. Die Staatskasse war so leer, dass zuletzt nicht einmal mehr die Soldaten ihren Sold bekamen. Das war nicht die Schuld Araujos, die Umstände waren gegen ihn. Mit dem Zusammenbruch der Börse von New York im Oktober 1929 war auch der Kaffeepreis eingebrochen. 1926 war das Pfund Kaffee aus El Salvador noch für 25 US-Cent gehandelt worden. James Hill hatte in diesem Jahr über drei Millionen Pfund Rohkaffee an einen US-amerikanischen Röster verkauft und konnte mit dem Erlös seine Schulden bezahlen. 1930 wurde das Pfund dann für acht Cent verschleudert – weniger als die Produktionskosten. Für ein Land, das über neunzig Prozent seiner Exporterlöse mit Kaffee machte, war das eine Katastrophe.

Die ersten, die die Krise zu spüren bekamen, waren die Arbeiter auf den Plantagen. Tausende wurden entlassen, weil es sich für die Grundbesitzer nicht mehr lohnte, die Fincas zu bewirtschaften. Denjenigen, die noch Arbeit hatten, wurde der Lohn um bis zu siebzig Prozent gekürzt. Auf den Plantagen wurde Wasser nicht mehr an die Arbeiter ausgegeben, sondern verkauft. Auch die Läden der Großgrundbesitzer, die einzigen, die die Wertmarken des Lohns akzeptierten, erhöhten die Preise drastisch. Die Oligarchen frohlockten. »Bald werden sie nur noch für Tortillas arbeiten« wurde zum geflügelten Wort. Sie erwarteten allen Ernstes, dass sie demnächst gar keine Löhne mehr bezahlen mussten, weil der Hunger unter der Landbevölkerung so groß war, dass die Menschen bereit sein würden, für zwei mit Bohnen beladene Maisfladen am Tag zu arbeiten.

Tatsächlich führte die Arroganz der Plantagenbesitzer zum Gegenteil. Die Landarbeiter gründeten Gewerkschaften, hielten nachts heimliche Treffen ab. Die waren eine Mischung aus Agitationsveranstaltungen und Familienfesten. Es wurde gemeinsam gegessen, es wurden Reden gehalten, man sang Revolutions- und Volkslieder. Eine übergeordnete Organisation hinter diesen sich schnell ausbreitenden Treffen war nicht zu erkennen. In den Kaffeegebieten gab es zwar die Federación Regional de Trabajadores de El Salvador, den regionalen Verband der Arbeiter (FRTS), und den Socorro Rojo Internacional, die Internationale Rote Hilfe, die sich um verhaftete Arbeiter und ihre Familien kümmerte. Dazu kam die 1930 gegründete Kommunistische Partei von El Salvador (PCS). Alle drei Organisationen aber waren eher städtisch und von Mestizen geprägt. Die Arbeiter auf den Plantagen dagegen waren in ihrer übergroßen Mehrheit Indígenas.

Es gab Verbindungen zwischen beiden Welten. Dabei spielten Männer wie Miguel Mármol, einer der Gründer des PCS, eine Rolle. Er wurde am 4. Juli 1905 am Lago Ilopango geboren, jenem riesigen Kratersee im Osten von San Salvador. Damals war das eine sehr ländliche Gegend. Mármol war Mestize, Sohn einer ledigen Frau. Er und seine Mutter waren immer am Rand des Verhungerns. Sie lebten von gestohlenen Früchten, zogen gelegentlich einen Fisch aus dem

See und sammelten, wenn es sonst nichts gab, weggeworfenes Essen aus dem Müll. Mit elf Jahren schloss sich Mármol einer Gruppe von Fischern an. Später wurde er Hausdiener bei der Guardia Nacional. Dort bekam er wenigstens genügend zu essen und Kleidung. Nach ein paar Jahren wurde er selbst zum Nationalgardisten ausgebildet und erkannte schnell, dass seine Kollegen Erpresser und Folterknechte waren. Er quittierte den Dienst und ging zu einem Schuhmacher in die Lehre. Von dem hörte er, dass El Salvador von den Herrschenden wie eine Plantage regiert werde und dass es sich lohne, dagegen aufzubegehren. Er besuchte Kurse an der sogenannten Volksuniversität von San Salvador, die 1924 von Gewerkschaften gegründet worden war, eine Einrichtung nach dem Vorbild europäischer Arbeiterschulen. Dort lernte er, dass die USA der größte Feind seines Volks seien.

Mármol war als Schuhmacher erfolgreich. Er eröffnete eine Werkstatt in San Martín, einem östlichen Vorort des Hauptstadtgebiets, und wurde wegen seiner Geschicklichkeit für seine Ware besser bezahlt als andere. Zu den besten Zeiten seines Betriebs hatte er sieben Angestellte, was nach der orthodoxen kommunistischen Lehre Ausbeutung war. Er rechtfertigte dies damit, dass es eine solche Fassade für ihn leichter mache, im Untergrund zu agitieren. Sein politisches Bewusstsein war das der Stadt, aber er kannte aus seiner Kindheit auch das Elend auf dem Land. So ging er hinaus auf die Kaffeeplantagen und begann, die Arbeiter zu organisieren. Er war nicht der einzige. Die vorher schwache Gewerkschaftsbewegung erlebte in den Jahren 1929 bis 1931 einen enormen Aufschwung, und bald kam es zu ersten Streiks. Mit den Streiks begann auch die Repression.

Eine der ersten Arbeitsniederlegungen ereignete sich am 23. September 1931 auf einer Kaffeeplantage in Zaragoza. Rund zweihundert Landarbeiter standen dort zusammen. Der Besitzer rief die Guardia Nacional. Die eröffnete mit Maschinenpistolen das Feuer auf die Versammlung. Vierzehn Menschen wurden getötet, 24 verletzt. Nach dem Putsch gegen Präsident Araujo am 2. Dezember 1931 kam es dann vom 9. bis zum 20. Dezember zu einer ganzen Reihe von Streiks in den Kaffeeanbaugebieten der Departements Santa Ana, Ahuachapán und La Libertad. Die Streikenden forderten höhere Löhne und bessere Arbeitsbedingungen. Das Militärregime verhielt sich zunächst neutral. Ein paar Plantagenbesitzer waren sogar bereit zu verhandeln; sie wollten vorläufig kein weiteres Massaker, weil sie befürchteten, dies würde der noch jungen Kommunistischen Partei bei der Kommunalwahl am 3. bis 5. Januar 1932 und bei der folgenden Parlamentswahl vom 10. bis 12. Januar Wähler in die Arme treiben. Die Kommunisten erwarteten, die Wahlen in den Kaffeedepartements zu gewinnen und landesweit auf gut vierzig Prozent der Stimmen zu kommen.

Statt eines linken Wahlsiegs gab es bei der Kommunalwahl einen unglaublichen Wahlbetrug. In Izalco etwa, einem zu über achtzig Prozent von Indígenas bewohnten Städtchen, bekam der Regierungskandidat 768 Stimmen, der Kandidat der Indígenas gerade eine. Das Ergebnis in anderen überwiegend indigenen Gemeinden sah kaum besser aus. Die Landarbeiter reagierten mit militanten Streiks, die Regierung mit der Armee. In Turin etwa schossen Soldaten in eine Versammlung von rund vierhundert Streikenden. Mehrere Dutzend wurden getötet, aber auch zwei Wachleute wurden von den Arbeitern erschlagen. In den Tagen darauf brannte die Armee in der Umgebung Hütten ab und ermordete nach einer Schätzung des britischen Konsuls D. R. Rogers mindestens weitere sechzig Landarbeiter. Weitere Quellen geben Zahlen von dreißig bis vierhundert Toten an. Die Regierung sagte die anstehende Parlamentswahl ab.

Die Kommunistische Partei wollte zunächst mit Präsident Hernández Martínez verhandeln. Der erklärte sich auch bereit, Farabundo Martí, den führenden Kopf der Kommunisten, zusammen mit einer kleinen Delegation am 8. Januar 1932 zu empfangen. Die Männer standen bereits vor der Tür des Präsidentenpalasts, da ließ Hernández Martínez das Treffen absagen; er leide unter starken Zahnschmerzen. Zwei Tage darauf beschloss das Zentralkomitee des PCS mit sechs gegen drei Stimmen einen großen Volksaufstand. Dessen Ziel war, die Kasernen einzunehmen und zusammen mit linken Soldaten und deren Waffen eine Revolution zu entfachen. Der PCS hatte zwar noch keine fünfhundert Mitglieder, aber auch Männer mit Bodenhaftung wie Miguel Mármol glaubten an die Leninsche These, nach der eine kleine Partei eine Revolution entfachen könne, wenn sie sich an die Spitze der Massen stelle.

Der große Aufstand und sein Scheitern

Die Armee wusste vorab Bescheid. Schon an den Tagen zuvor waren alle Offiziere verhaftet worden, die man für Sympathisanten der Kommunisten hielt. Bei Verhören von ihnen hatten die Sicherheitskräfte erfahren, wo sich Farabundo Martí versteckt hielt. Er wurde zusammen mit zwei Mitstreitern am 19. Januar 1932 verhaftet. Auch die Pläne für die Erhebung und ein Waffenlager mit 75 Sprengkörpern flogen auf. Am 20. Januar erklärte Hernández Martínez den Ausnahmezustand. Trotzdem sollte der Aufstand zwei Tage darauf beginnen.

Dieser Tag war im Kaffeeanbaugebiet im Westen von El Salvador ein dunkler Tag. In der Nacht zuvor waren im Nachbarland Guatemala gleich drei Vulkane ausgebrochen. Die von ihnen ausgeworfene Asche verdunkelte die Sonne so sehr, dass man sich später erzählte, die Vögel seien im Flug zusammengestoßen. Trotzdem erklangen in der folgenden Nacht im Umland von Ahuachapán, Sonsonate, Izalco und Santa Tecla die Muschelhörner. Feuerwerkskörper wurden gezündet – das Signal zum Angriff. Zwischen fünftausend und siebentausend mit Prügeln, Äxten, Macheten und ein paar Flinten bewaffnete Männer und auch etliche Frauen machten sich auf, um die Kasernen von Ahuachpán, Santa Tecla und La Libertad anzugreifen. Besonders stark war die revolutionäre Bewegung in den überwiegend indigenen Gemeinden im Departement Sonsonate.

Izalco wurde am 23. Januar 1932 um 9 Uhr am Morgen von rund sechshundert Aufständischen eingenommen. Das britische Konsulat berichtete darüber nach London: »Die Bewohner wurden von Revolverschüssen im Zentrum des Dorfs geweckt. Dann schlugen die Kommunisten mit ihren Äxten, Macheten und Prügeln gegen die Türen. Andere rannten durch die Straßen und schlugen mit ihren Messern gegen Steine.« Der Lärm lockte Miguel Call, den kürzlich von der Regierung eingesetzten Bürgermeister, aus einer Kneipe; er hatte sich zusammen mit seinem Freund Rafael Castro, dem Besitzer einer Kaffeeplantage in Chalchuapa, ein erstes Gläschen genehmigt. Die beiden Männer schossen mit ihren Revolvern auf eine Gruppe von Indígenas, die an einer Ecke zusammenstand. Als sie ihre Trommeln leergeschossen hatten, rannten die Aufständischen mit dem Schrei »Es lebe der Kommunismus, ihr Hurensöhne!« auf die beiden zu. Call wurde an Ort und Stelle mit Macheten erschlagen. Castro entkam zwar, starb aber wenige Tage später an seinen Verletzungen. Eusebio Chávez, der betrogene Kandidat der Indígenas bei der Kommunalwahl, wurde als Bürgermeister eingesetzt.

Am stärksten war die Aufstandsbewegung in Juayúa. Das Städtchen liegt dreizehn Kilometer nördlich von Sonsonate in einem Tal auf gut tausend Metern zwischen dem Vulkan Izalco und der Gebirgskette von Apaneca. Es war ursprünglich von Gemeinschaftsland umgeben. Aber der Landraub hatte dort lange vor der liberalen Gesetzgebung zur Enteignung der Indígenas begonnen. Schon 1858 hatten sich drei Familien mit Gewalt Ländereien angeeignet und große Kaffeeplantagen aufgebaut. Die Abschaffung des Gemeinschaftslands 1881 war in Juayúa nur die Legalisierung eines Landraubs, der schon viel früher eingesetzt hatte. Die Erinnerung an die Zeiten davor war 1932 noch lebendig.

Schon um Mitternacht zum 23. Januar nahmen rund sechshundert Landarbeiter aus der Umgebung den Ort ein, ohne auf größeren Widerstand zu stoßen. Rund achtzig Männer marschierten sofort zum Telegrafenbüro und zerstörten es. Eine andere Gruppe griff das Rathaus an. Einer der Verteidiger wurde getötet, die anderen konnten fliehen. Im Rathaus zerstörten die Aufständischen die Archive über die Landtitel, die Kaffeepflanzer für ehemaliges Kommunalland erhalten hatten – ein Vorgang, der sich in anderen Gemeinden wiederholen sollte. Auf dem Dach des Rathauses wurde eine rote Fahne gehisst. Eine dritte Gruppe zog zum Haus von Emilio Radaelli, einem italienischen Einwanderer und Faschisten, der eine lange und konfliktreiche Geschichte mit der Arbeiterbewegung vor Ort hatte. Er war Bürgermeister von Juayúa gewesen, besaß eine Kaffeeplantage, einen großen Laden, war Kaffeeexporteur und Geschäftsführer eines *beneficio*. Als die Aufständischen sein Haus erreichten, kam er auf den Balkon und fragte: »Was wollt ihr?« Die Menge antwortete: »Dein Geld!« Er versprach, es herunterzubringen. Als er aus dem Haus trat, wurde er mit einem Steinhagel empfangen. Dann fiel die Menge über ihn her und erschlug ihn. Sein Haus wurde niedergebrannt, sein Laden geplündert.

Der unangefochtene Führer der Aufständischen in Juayúa war Francisco Sánchez, ein kleiner und eher schmächtiger indigener Tagelöhner. Er hatte in den Wochen zuvor die Arbeiter auf den Fincas organisiert. Alle kannten ihn und hatten Vertrauen zu ihm. Sánchez konnte mit den Massen umgehen. Er gestaltete den 23. Januar 1932 als Fest mit Musik und Reden und Feuerwerk. Er teilte die Aufständischen in Gruppen mit verschiedenen Aufgaben ein. Ein paar Dutzend requirierten die Lastwagen der Großgrundbesitzer und fuhren in nahe Dörfer, um dort den Aufstand zu unterstützen. Andere plünderten die Läden der Stadt und brachten alles, was nicht niet- und nagelfest war, ins Rathaus. Dort wurde die Ware an Bedürftige verteilt. Die Frauen der reichen Familien wurden gezwungen, auf der Straße Tortillas für alle zu backen. Abgesehen von der Schießerei ums Rathaus mit einem Toten und dem Lynchmord an Radaelli war die Übernahme von Juayúa friedlich verlaufen. Auch bei der Eroberung eines guten Dutzends weiterer Ortschaften in der Kaffeeregion im Westen kam es kaum zu Gräueltaten. Insgesamt gab es gerade sieben tote Zivilisten und weniger als zwanzig Exekutionen durch die Aufständischen. Nur selten wurde über Plünderungen wie in Juayúa berichtet. Und es liegen keine Hinweise auf Vergewaltigungen von Frauen vor, obwohl dies in der Hauptstadtpresse behauptet wurde.

Die Hauptstadt selbst war nie in Gefahr. Zwar sammelte sich in Colón eine Menge und marschierte von dort auf das acht Kilometer südöstlich liegende Santa Tecla zu, um die Kaserne anzugreifen. Unterwegs aber wartete schon die Armee, verstärkt durch die Nationalgarde, und belegte den Zug der Aufständischen mit Maschinengewehrfeuer. Der stieb auseinander, bildete kleine Gruppen, und die griffen einzelne Dörfer und ein paar Plantagen an.

In San Salvador waren die Revolutionäre von der ersten Stunde an in der Defensive. »Statt den Eindruck einer Partei zu machen, die dabei ist, einen großen Aufstand ins Werk zu setzen, waren wir, zumindest die Kader von San Salvador, eher eine Gruppe von verzweifelten, verfolgten und in die Enge getriebenen Revolutionären«, erzählte Miguel Mármol in seiner von dem Schriftsteller Roque Dalton 1966 aufgeschriebenen Lebensgeschichte. »Der Feind wartete nicht auf unsere berühmte Stunde Null, sondern begann schon vorher mit seinen konterrevolutionären militärischen Aktionen.« Regierung und Armee seien viel besser organisiert gewesen, und sie verfügten über eine sehr viel größere Feuerkraft. Mármol äußerte noch Jahrzehnte später: »Es schmerzt mich noch immer, wenn ich daran denke, was für Idioten wir Kommunisten damals waren. Wir hatten nicht einmal sichergestellt, dass jeder unserer Führer zu Beginn des Aufstands eine Pistole hatte. Weiß der Teufel, was wir uns damals gedacht haben! Wir wussten, dass das Leben aller unserer Anführer in höchster Gefahr wäre, wenn sie verhaftet würden. So fielen wir alle in die Krallen der Polizei, ohne einen einzigen Schuss abzugeben. Nicht einmal einen armseligen Spion oder Verräter haben wir auch nur verletzt.«

Mármol wurde am Nachmittag des 22. Januar 1932 in San Salvador verhaftet und in die Zentrale der Nationalpolizei gebracht. Dreimal wurde er dort verhört, zuletzt nackt auf einen Metallstuhl gefesselt, der an den Strom angeschlossen war. Dann wurde er zusammen mit anderen politischen Gefangenen in eine völlig überfüllte Gefängniszelle geworfen. »Wir aßen und kackten im selben kleinen Raum. Der Gestank der Latrine, nicht mehr als ein Loch im Boden, war unerträglich. Vor der Zelle war auf einem Stativ ein Maschinengewehr aufgebaut, das auf uns zielte, und die Wächter drohten immer wieder damit, auf uns zu schießen.« In der Nacht hörte er, wie Militärflugzeuge nach Westen in die Kaffeeanbaugebiete flogen. »Da war mir klar, dass nichts, aber auch gar nichts geklappt hatte. Um diese Zeit hätten nach unseren Plänen alle Militärmaschinen entweder von unseren Leuten kontrolliert oder zerstört sein sollen. Ein Kommando hätte den Flughafen von Ilopango zusammen mit Militärs der dortigen Kaserne einnehmen sollen. Ich selbst hatte das geplant und jedes Detail und alle Kontakte so hinterlassen, dass die Aktion durch meine Verhaftung nicht hätte beeinträchtigt werden müssen.«

Gegen Morgen wurde er zusammen mit siebzehn weiteren politischen Gefangenen aufgerufen, gefesselt, verprügelt und auf einen Lastwagen geworfen. Der fuhr zu dem Weiler El Matazano bei Ilopango, einer damals ländlichen und heute längst verstädterten Gegend, die zum Großraum von San Salvador gehört. Auf einem Feld wurden zunächst zwei Männer vor ein Erschießungskommando von fünfzehn Polizisten gestellt. Sie brauchten drei Salven, um sie zu töten. Danach kam er mit einem weiteren Gefangenen an die Reihe. Keiner von den beiden wurde von der ersten Salve getroffen. »Ich dachte, dass das rein aus böser Absicht so war, um unser Martyrium zu verlängern.« Bei den nächsten beiden Salven bekam er nur Streifschüsse ab und erst von der vierten wurde er in der Brust und am linken Arm getroffen. Aber er stand noch. »›Hurensöhne!‹, habe ich sie angeschrien. ›So werden wir niemals fertig!‹ Ich weiß auch nicht, wo ich den Mut und das Gefühl hergenommen habe, unverletzlich zu sein.« Von der fünften Salve aber wurde er voll getroffen. »Ich spürte etliche Einschläge und im Kopf so etwas wie einen elektrischen Schlag. Dann sah ich ein blendendes Licht und wurde ohnmächtig.«

Als Mármol wieder zu sich kam, untersuchten die Polizisten die auf dem Boden liegenden Körper, um eventuell Überlebenden einen Gnadenschuss zu geben. Mármol hielten sie für tot, weil er Gehirnmasse im Gesicht hatte. Die stammte von dem Mann, der zusammen mit ihm erschossen worden war. Der Vorgesetzte der Polizisten befahl, man solle den Leichen die Fesseln durchschneiden, damit die Männer, die sie am nächsten Morgen in ein Massengrab schleifen sollten, weniger Arbeit mit ihnen hätten. Dann fuhr das Erschießungskommando weg. Mármol rappelte sich auf und untersuchte zunächst die anderen. »Alle waren sie mausetot.« Dann schleppte er sich weg. »Ich hatte keine Ahnung, wie viele Wunden ich über meinen Leib verteilt hatte.« Als er auf eine Gruppe von Männern traf, dachte er schon, dass es jetzt endgültig vorbei sei. Aber es waren Genossen. Die versteckten ihn und pflegten seine Wunden.

Farabundo Martí, der führende Kopf der Kommunisten, wurde am 1. Februar 1932 zusammen mit zwei Studentenführern auf einem Friedhof in San Salvador erschossen. Er sollte fast fünfzig Jahre später dem Dachverband von fünf linken Guerillaorganisationen den Namen geben: der Frente Farabundo Martí para la Liberación Nacional, der FMLN.

Ein Völkermord für den Kaffee

Ab dem 24. Januar 1932 waren Armee und Nationalgarde überall in der Offensive. Die Gemeinden, die von den Aufständischen besetzt worden waren, wurden eine nach der anderen zurückerobert. Nur Juayúa konnte sich drei Tage halten, dann zogen sich auch die dortigen Revolutionäre nach einem vergeblichen Kampf Haus um Haus in die umliegenden Berge und Plantagen zurück. Sie waren alle von dort gekommen und kannten die Gegend viel besser als die Soldaten. Nachts trugen sie noch einzelne Angriffe in Guerillamanier vor, dann begann das, was man in El Salvador *La Matanza* nennt, das große Schlachten. Die örtliche Zeitung in Santa Ana beschrieb das Ziel des Mordens so: »Wir wollen diese Plage mit den Wurzeln ausrotten. [...] In Nordamerika haben sie es richtig gemacht: Sie haben zuerst die Indianer getötet.«

Das Blutbad fand in drei Etappen statt, zuerst Massenexekutionen in den zurückeroberten Gemeinden, dann große Massaker an verschiedenen Orten und schließlich das systematische Morden nach Listen, auf denen alle aufgeführt waren, die von der Regierung für »Bolschewisten« gehalten wurden. Victor Brodeur, der Kommandant zweier kanadischer Kriegsschiffe, die zu dieser Zeit zufällig in Acajutla vor Anker lagen, verschaffte sich bei einem mehrtägigen Landgang ein Bild des großen Schlachtens und merkte an: »Es ist sehr zweifelhaft, ob die Indios, die an der Revolution teilgenommen haben, überhaupt wussten, was Bolschewismus bedeutet. Für sie ging es einfach nur darum, sich von der Sklaverei zu befreien.« Für die Regierung und die Armee aber waren Kommunismus, Bolschewismus und Indígena-Sein dasselbe, und so wurden alle über zwölfjährigen indigenen Männer erschossen, die man in den zurückeroberten Ortschaften auffinden konnte. In einzelnen Gemeinden haben die Soldaten auch Frauen und Mädchen an die Wand gestellt. Leónidas Durán, ein Augenzeuge, der entkommen konnte, erinnerte sich später: »Der reinrassige Indio war zum Tod verurteilt. Egal, was er sagte und welche Beweise und Zeugen er vorbringen konnte, sie waren nutzlos.« Die Rache für den Aufstandsversuch war von Anfang an rassistisch, das große Morden ein Genozid.

General Tomás Calderón, der den Feldzug anführte, sprach von 4800 Toten in den ersten Tagen. Historiker halten diese Einschätzung für realistisch. Präsident Hernández Martínez ließ alles dokumentieren. Die Regierung stellte Fotografen an, die die Exekutionen ablichten sollten. So kann man noch heute in Archiven Fotos betrachten, auf denen Indígenas in ihrer weißen Tracht gefesselt, vor eine Wand gestellt und dann von Erschießungskommandos ermordet worden sind. Auch das Verscharren der Leichen in Massengräbern wurde dokumentiert. Hernández Martínez wollte diese Aufnahmen nicht nur haben, er ließ sie auch veröffentlichen. Er empfand keine Scham über den Völkermord. Die Fotos sollten alle abschrecken, die vielleicht in Zukunft an einen Aufstand dachten. Auch von der Exekution des Rebellenführers Francisco Sánchez gibt es Fotos. Er war mit einer Gruppe von Anhängern in die Berge geflohen, wurde aber am 15. Februar 1932 von einer Armeeeinheit aufgegriffen, nach Juayúa gebracht und dort auf dem Platz vor der Kirche vor ein Erschießungskommando gestellt.

Juayúa ist heute ein umtriebiges Städtchen von gut 20 000 Einwohnern. Auf den Bergen der Umgebung wächst noch immer der beste Kaffee El Salvadors. Kein Denkmal erinnert an den Aufstand und an die Toten von 1932. Das heutige Rathaus ist von einem großen Wandgemälde geschmückt, das die Kaffeeernte als fröhliche Idylle darstellt.

In der zweiten Etappe des Rachefeldzugs kam es zu mehreren großen Massakern. So wurden flüchtende Zivilisten, die sich in Guatemala in Sicherheit bringen wollten, an der Grenze in der Nähe von Tacuba von guatemaltekischen Wächtern aufgehalten und zurückgeschickt. Die salvadorianische Armee rückte nach und tötete wahllos Männer, Frauen und Kinder. Dabei soll es mindestens achthundert Tote gegeben haben.

Wegen des landesweit verhängten Ausnahmezustands war es verboten, sich ohne amtlichen Passierschein außerhalb der Ortschaften zu bewegen. Ortskommandanten und Bürgermeister nutzten das aus, um die indigene Bevölkerung zu versammeln. So rief Francisco Brito, der Bürgermeister von Nahuizalco, alle erwachsenen indigenen Männer des Ortes für den 13. Februar 1932 in die Kommandantur. Sie sollten dort die nötigen Ausweisdokumente erhalten. Als sie sich versammelt hatten, ließ der Ortskommandant Flores Argumedo die Türen verschließen. Soldaten brachten die Eingeschlossenen in Gruppen von acht bis zehn Männern auf den Friedhof, stellten sie an die Friedhofsmauer und erschossen sie. Dionisio Nerio hat dieses Massaker überlebt, weil zwei Leichen auf ihn fielen und er sich totstellen konnte. Jahre später erzählte er einem Journalisten: »Aus dem Tor des Friedhofs quoll ein Fluss aus Blut.« Es soll mindestens tausend Tote gegeben haben; manche Quellen sprechen sogar von 2500. Ein ähnliches Massaker fand auf der Kaffeeplantage des italienischen Einwanderers und Faschisten Gabino Mata statt. Der ließ alle seine Arbeiter versammeln und sie dann von der Armee mit Maschinengewehren niederschießen. Dabei soll es zwischen fünfhundert und achthundert Tote gegeben haben. Das genaue Datum dieses Massakers ist unbekannt.

Es ist nur schwer zu schätzen, wie viele Menschen Opfer der dritten Etappe des großen Schlachtens wurden, als alle ermordet wurden, die von der Regierung für »Bolschewisten« gehalten wurden. Es dürften jedenfalls mehrere Tausend gewesen sein. Diese Morde nach Listen dauerten bis in den März 1932 hinein. Vor allem katholische Priester taten sich bei der Zusammenstellung dieser Mordregister mit Denunziantentum hervor.

Lange nicht alle Leichen wurden verscharrt. Viele ließ man einfach dort liegen, wo sie ermordet worden waren. Und weil auf dem Land in El Salvador Schweine frei herumlaufen, hatte dies makabre Konsequenzen. Schon am 5. Februar 1932 schrieb die Zeitung *Diario de El Salvador:* »Derzeit erleidet Schweinefleisch im Departement Sonsonate, an vielen Orten in Ahuachapán und auch in Santa Ana einen so extremen Preisverfall, dass es praktisch wertlos ist. Der Grund dafür ist, dass die Schweine die Leichen fressen, die in großer Zahl im Gestrüpp liegen geblieben sind.«

Es gab keine Trauerfeiern aus Angst vor der Armee. Viele Familien wussten nicht einmal, wo ihre Toten ermordet und verscharrt worden waren, wenn sie denn überhaupt verscharrt wurden.

Die Historiker sind sich bis heute uneins darüber, wie viele Menschen in diesen rund sechs Wochen umgebracht wurden, die Massenexekutionen am Anfang, die großen Massaker und die vielen gezielten Morde nach Listen zusammengenommen. Die vorsichtigsten Schätzungen liegen mit zehntausend Toten sicher zu niedrig. Die Bandbreite reicht dann bis zu vierzigtausend Toten. Die meisten, die über diese *Matanza* geforscht haben, gehen von rund dreißigtausend Toten aus. Das wären etwa zehn Prozent der damaligen indigenen Bevölkerung.

Die indigene Kultur El Salvadors ist seither verschwunden. Niemand mehr trug die traditionelle Kleidung – für die Männer weite weiße Baumwollblousons und weiße Hosen aus demselben Stoff, für die Frauen lange gewobene Wickelröcke und bunt bestickte Blusen. Niemand mehr traute sich, Náhuatl-Pipil zu sprechen. Die Sprache wird heute nur noch von ein paar wenigen Alten beherrscht. Und wenn vereinzelt wieder die alten Trachten auftauchen, dann bei folkloristischen Veranstaltungen für Touristen.

Das Trauma des Mordens wirkte lange nach und wirkt noch immer. Als die schon ein Jahrzehnt anhaltenden Guerillaaktionen 1980 in einen offenen Bürgerkrieg mündeten, wurde in der Kaffeeregion im Westen gleich zu Beginn der Widerstandsgeist mit einem Massaker gebrochen. Am 26. Februar 1980 ermordete die Armee in Santo Domingo de Guzmán westlich von Sonsonate sechs junge Männer, die sie für Sympathisanten der Guerilla hielt. Das weckte Erinnerungen an 1932. Der FMLN fehlte es bis zum Ende des Kriegs

1992 in dieser Region an Unterstützung; es gab dort nur wenige Operationen.

El Salvador war nach diesen sechs Wochen von 1932 ein anderes Land. Die Militärs hatten sehr viel Macht gewonnen. Es entstand eine Symbiose zwischen der Oligarchie und der Militärdiktatur; die Militärs schützten nicht nur die Interessen der Kaffeebarone, sondern auch die eigenen. Und trotz vieler Staatsstreiche in den folgenden Jahrzehnten blieben die Interessen der Oligarchie unhinterfragt. Die Militärs nutzten fortan Repression als ständiges Mittel zur Lösung aller Konflikte, seien sie politischer oder sozialer Art. Genauso wurden Menschenrechtsanwälte erschossen, wenn sie diese Gewalttaten anprangerten. Es entstand eine Kultur der Gewalt, die El Salvador auch in Friedenszeiten zu einem Land gemacht hat, das sich, was die Zahl der gewaltsamen Tode im Verhältnis zur Bevölkerung betrifft, lange Zeit in der Spitzengruppe der drei gefährlichsten Länder der Welt befand. Noch Ende der neunziger Jahre eröffnete die damalige rechtsextreme Regierungspartei ARENA, eine Gründung von Kaffeeoligarchen und Führern der Todesschwadrone, ihren Wahlkampf in Izalco mit dem Slogan: »Hier haben wir die Kommunisten begraben.«

Die Oligarchie überlebt, auch ohne Kaffee

Die Kaffeeoligarchen bekamen nach diesen blutigen sechs Wochen, was sie sich gewünscht hatten, eine Masse von verängstigten armen Leuten, die bereit war, unter allen Bedingungen zu arbeiten, nur um nicht zu verhungern. Und weil die Weltmarktpreise für Kaffee noch ein paar Jahre lang im Keller blieben, waren mittlere und kleinere Betriebe weiterhin in Schwierigkeiten, was den Großen in die Hände spielte. Die Konzentration von Land setzte sich fort. James Hill weitete in den Jahren zwischen 1929 und 1941 seine Plantagen von 650 auf 1200 Hektar aus. Er beschäftigte zur Erntezeit fünftausend Landarbeiter, außerhalb der Ernte aber nur fünfhundert. Seine Kinder hatten die salvadorianische Staatsbürgerschaft und konnten sich mehr und mehr in die Politik einmischen. Vor allem Jaime, der älteste Sohn, übernahm öffentliche Ämter. Er war zunächst Sekretär des Verbands der Kaffeeproduzenten, stieg dann zu dessen Präsidenten auf, um schließlich Landwirtschaftsminister zu werden.

Der alte Hill hat in seinen letzten Jahren unter extremem Bluthochdruck gelitten. Am 29. August 1951 erlitt er im Landhaus seiner jüngsten Tochter Julia in Pebble Beach in Kalifornien einen Herzinfarkt und starb noch am selben Tag im Stanford-Lane Hospital in San Francisco. Jaime Hill übernahm den Betrieb. Das Los der Arbeiter änderte sich dadurch nicht. Nach einer Studie der Panamerikanischen Gesundheitsorganisation von 1954 brauchten Landarbeiter in El Salvador mindestens 2800 Kilokalorien am Tag. Die übliche Ration, die auf den Fincas verteilt wurde, hatte durchschnittlich nur 1926 Kilokalorien. Es handelte sich weiterhin um Tortillas mit Bohnen und einer Prise Salz, dazu ein Aufguss aus geröstetem Mais oder dünner Kaffee. Die Rationen enthielten weder Vitamine noch tierisches Eiweiß. Die Arbeiter waren chronisch unterernährt, ihre durchschnittliche Lebenserwartung lag 1950 nur bei knapp über vierzig Jahren. Es gab keine Arbeitsverträge, sondern nur mündliche Absprachen, die von den Vorarbeitern jederzeit widerrufen werden konnten. Auch Tarifverträge existierten nicht. Den Landarbeitern war es verboten, sich in Gewerkschaften zusammenzuschließen. Das blieb so bis in die achtziger Jahre.

Immer Anfang Dezember begann eine Massenwanderung in El Salvador. Ganze Familienverbände verließen ihre Dörfer, um zur Ernte in die Kaffeeregionen zu gehen und für drei Monate ein bisschen Geld zu verdienen. Kinderarbeit war dabei gang und gäbe. Die Pflücker wurden in diesen Monaten meist in großen Schuppen mit gestampftem Boden untergebracht, oft gab es nicht einmal Latrinen. Und weil es in den Höhenlagen, in denen Kaffee gedeiht, in diesen Monaten nachts empfindlich kalt und windig wird, litten viele Erntearbeiter an Grippe, Bronchitis oder Lungenentzündung. Bezahlt wurde nach geerntetem Gewicht, wobei die Pflücker häufig von den Vorarbeitern an den Waagen betrogen werden.

Mit solchen Methoden steigerten die Kaffeeoligarchen ihre Exportmengen fast jährlich. El Salvador, gerade so groß wie das deutsche Bundesland Hessen, stieg in den siebziger Jahren zum weltweit drittgrößten Produzenten auf. Der größte Produzent Brasilien ist mehr als vierhundertmal so groß, der damals zweitgrößte Kolumbien mehr als fünfzigmal. Den Höchststand erreichte die salvadorianische Produktion bei der Ernte von 1974/75 mit 4,5 Millionen Quintales, umgerechnet 207000 Tonnen.

Zu der Zeit spielte Kaffee schon nicht mehr die alles entscheidende Rolle in der Außenwirtschaft des Landes. Schon in den zwanziger Jahren waren Baumwolle und Zucker als Exportprodukte hinzugekommen. Die Anbauflächen für Zuckerrohr waren vor allem nach der kubanischen Revolution 1959 vervielfacht worden. Die USA kauften keinen kubanischen Zucker mehr, so sahen salvadorianische Unternehmer ihre Chance. Damals wurden die letzten Regenwälder des Landes abgeholzt. Die Baumwollfelder sind heute verschwunden. Aber der Export von Zucker bringt fast dieselben Erlöse wie der von Kaffee. Zudem erlebte El Salvador seit den sechziger Jahren eine langsame Industrialisierung. Dadurch veränderte sich die Zusammensetzung der Exporterlöse. Der Anteil von Kaffee sank kontinuierlich.

Die soziale Ungleichheit blieb. Den Oligarchen, die mit Kaffee steinreich geworden waren, gehörten nun auch die Zuckerrohrfelder und die Fabriken. Sie betrieben sie mit denselben Methoden wie ihre Kaffeeplantagen, immer unterstützt von den wechselnden Militärregierungen. So erscheint es fast wie eine logische Konsequenz, dass sich Anfang der siebziger Jahre erste Guerillaorganisationen gründeten, die vor allem unter den Zuckerrohrarbeitern Anhänger fanden. Das Land steuerte auf einen Bürgerkrieg zu.

Am 31. Oktober 1979 traf eine Guerillaaktion des Ejército Revolucionario del Pueblo (ERP, revolutionäres Volksheer) die Familie Hill. Jaime Hill junior wurde aus seinem Haus in San Salvador entführt. Er war von seinem Vater, dem ältesten Sohn von James Hill, 1978 aus der Familienfirma geworfen worden, weil er nur Whisky trank und Polo spielte. Seine Frau hatte sich von ihm getrennt, Familie und Freunde hatten Abstand von ihm genommen. Das ERP-Kommando brachte Jaime junior in ein Haus in der Nähe von Chalchuapa und stellte nach zwei Wochen eine Lösegeldforderung über acht Millionen US-Dollar. Harold Hill, der jüngere Bruder des Entführten, übernahm die Verhandlungen, in die sich auch Oscar Arnulfo Romero, der Erzbischof von San Salvador, einschaltete. Im März 1980 hatte sich die Familie mit dem ERP geeinigt. Sie bezahlte vier Millionen US-Dollar in bar, und der gepanzerte Mercedes Hills wurde der Guerilla übergeben. Dazu musste die Familie ganzseitige Anzeigen bezahlen, auf denen das ERP ein Manifest veröffentlichte. Es erschien am 12. März 1980 in der *New York Times* und gleichzeitig in der *Washington Post*, in *Le Monde* und mehreren Zeitungen in Spanien, Mexiko und Venezuela. »Das salvadorianische Volk steht vor einem entscheidenden

Moment in seiner Geschichte«, heißt es darin. »Es sucht seine endgültige Befreiung.« Der Kampf darum werde nicht enden, bis »das Volk sich genommen hat, was ihm legitim gehört: die vielen Plantagen, auf denen Kaffee, Zuckerrohr und Baumwolle wachsen; die vielen Fabriken, Banken und das gesamte Eigentum der Oligarchie«.

Jaime Hill junior wurde am 14. April 1980 nach San Salvador gebracht und am Stadtrand freigelassen. In diesem Jahr gab es eine kurze Zeit der Hoffnung. Auf Druck der USA erließ die damalige Militärregierung eine Landreform. Die Regierung in Washington befürchtete in El Salvador einen ähnlichen Volksaufstand wie im Jahr zuvor in Nicaragua, wo die linken Sandinisten die von den USA unterstützte Somoza-Diktatur gestürzt hatten. Die Großgrundbesitzer verloren bei dieser Reform allen Besitz über fünfhundert Hektar, wurden aber großzügig entschädigt. Über 300 000 Hektar wurden an 85 000 Familien verteilt, das meiste davon Kaffeeland. Siebzig Prozent davon gingen an Kooperativen. Weil es für die aber weder landwirtschaftliche Beratung noch genügend Kredite gab, waren die meisten bald bankrott. Nur ein paar wenige haben bis heute überlebt.

Zehn Tage nach der Freilassung von Jaime Hill junior, am 24. April 1980, wurde Erzbischof Romero von einem Scharfschützen beim Zelebrieren einer Messe erschossen. Romero hatte in seinen Predigten die Armee immer wieder aufgefordert, Gewaltakte gegen die Zivilbevölkerung einzustellen. Der Mord an ihm gilt als der Beginn des offenen Bürgerkriegs, der erst nach zwölf Jahren und über 80 000 Toten mit einem Friedensvertrag am 16. Januar 1992 beendet wurde. In den Bürgerkriegsjahren ging die Kaffeeproduktion stetig zurück. Dem Land eröffnete sich eine neue Devisenquelle: Tausende flohen in die USA, fanden dort Arbeit und schickten Geld an die Familien zu Hause. Diese massive Auswanderung hält bis heute an. Jeden Tag verlassen dreihundert bis vierhundert Salvadorianer ihre Heimat, um ihr Glück im Norden zu suchen, die allermeisten als illegale Migranten. Ihre Überweisungen sind die bei weitem wichtigsten Einnahmen des Landes. Statt Kaffee exportiert El Salvador heute Arbeitskraft. 2021 kamen über diese sogenannten *Remesas* 7,571 Milliarden US-Dollar ins Land – die Kaffeeernte 2021/22 brachte nur knapp hundert Millionen Dollar.

Die Familie Hill ist über alle diese Wirren nicht ärmer geworden. Sie ist noch heute einer der größten Kaffeeproduzenten des Landes und verdient zudem im Finanzsektor und mit anderen Geschäften.

Sie ist mit anderen Oligarchenfamilien verwandt oder verschwägert und macht weiterhin Politik. Alexandra Hill Tinoco, die Tochter von Jaime Hill senior, wurde am 1. Juli 2019 Außenministerin von El Salvador und verklagte wenige Tage danach den Staat, den sie international vertritt, auf Schadensersatz. Ihrer Familie gehören die Aktien der Firma Sociedad Rafael y Nini Guirola, die im Rahmen der Agrarreform von 1980 teilweise enteignet wurde. Die damaligen Besitzer bekamen eine Entschädigung von gut eineinhalb Millionen US-Dollar ausbezahlt und waren zufrieden. Später ging die Firma in den Besitz der Familie Tinoco über, aus der die Mutter der Außenministerin stammt. Alexandra Hill Tinoco behauptet nun, die Enteignung habe wenige Tage vor der Veröffentlichung des Reformdekrets im Amtsblatt stattgefunden und sei mithin illegal gewesen. Deshalb stehe den heutigen Besitzern der damals teilweise enteigneten Gesellschaft – sie selbst besitzt 16,67 Prozent der Aktien – eine Entschädigung zu. Die müsse nach dem damaligen Wert des Landes plus den bis heute theoretisch angefallenen Zinsen berechnet werden. Dazu kämen entgangene Einnahmen aus Kaffeeernten und entgangenen Investitionen, die man mit diesen Einnahmen hätte tätigen können. Und schließlich müsse auch der Verlust an Kreditwürdigkeit und wirtschaftlichem und sozialem Prestige in Rechnung gestellt werden. Insgesamt kommt Hill Tinoco auf eine Summe von 254,9 Millionen US-Dollar, die ihr und ihrer Familie zustehe. Der Rechtsstreit zieht sich noch immer hin.

Konzentrierter Kaffee

Warum Kriege löslichen Kaffee zum Massenprodukt machten und wenige Konzerne heute den Weltmarkt beherrschen

La Matanza, das große Schlachten in El Salvador, ist sicher einzigartig in der Geschichte des Kaffees. Aber Kaffee und Gewalt standen oft in einer engen Beziehung, angefangen bei den Sklaven, die die Bohnen mutmaßlich von Äthiopien in den Jemen brachten. Bisweilen führten die Kolonialmächte sogar regelrechte Kriege um Kaffeeanbaugebiete. So haben sich Portugal, die Niederlande und Britannien um Ceylon gestritten, als auf der Insel fast nur Kaffee angebaut wurde. Spanien und Britannien versuchten, die französische Kolonie Saint-Domingue zu erobern, als diese der weltgrößte Kaffeeproduzent war. Allerdings ging es da nicht nur um Kaffee; Zucker war in Saint-Domingue die wichtigere Kolonialware.

Seit dem Bürgerkrieg in den USA von 1861 bis 1865 spielte Kaffee in Kriegen eine neue Rolle. In diesem Krieg wurde er erstmals gezielt als Stimulanz für Soldaten eingesetzt. Seit Mitte des 19. Jahrhunderts war es jedes Mal gut für die Kaffeeproduzenten, wenn irgendwo auf der Welt ein größerer bewaffneter Konflikt ausbrach. Die Nachfrage stieg, weil die Kriegsherren riesige Mengen Kaffee für ihre Heere bestellten, und damit stiegen auch die Preise. Das Unionsheer im Bürgerkrieg der Vereinigten Staaten etwa stellte jedem Soldaten fünfzehn Kilogramm Kaffeebohnen pro Jahr zur Verfügung – gut dreimal so viel wie der heutige durchschnittliche jährliche Pro-Kopf-Verbrauch in Deutschland. Ein General soll seinen Untergebenen befohlen haben, vor einer Schlacht nicht Wasser, sondern Kaffee in die Feldflaschen zu füllen. Er habe den Zeitpunkt eines Angriffs danach gewählt, wann die Soldaten ein Maximum an Koffein im Blut hatten.

Kaffee auf dem Schlachtfeld war eine komplizierte Angelegenheit. Den Soldaten wurde in der Regel eine Ration grüner Bohnen zugeteilt. Sie mussten deshalb nicht nur eine Blechtasse in ihrem Tornister mitschleppen, sondern auch eine kleine Pfanne, einen Topf und einen Mörser. Und sie brauchten Holz, um ein Feuer anzufachen. Auf dem rösteten sie die Bohnen auf der Pfanne, zerstießen sie mit dem Mörser, kochten Wasser und brühten damit das Kaffeepulver auf. Die Prozedur dauerte mindestens eine halbe Stunde. In einer Schlacht war daran nicht zu denken. Man experimentierte deshalb mit einer konzentrierten Paste, die aus Kaffee, Milchpulver und Zucker bestand und in Dosen gefüllt wurde. Milchpulver und Zucker wurden später durch geschmacklose Kohlenhydrate ersetzt. Aber viele Freunde hat dieser pampige Dosenkaffee nicht gefunden. Auch Versuche mit Koffein als Tabletten oder Kaugummi waren nicht sehr erfolgreich. Die Verbindung zwischen Krieg und Kaffee führte aber zur Ausbreitung einer Erfindung, die heute in vielen Haushalten zu finden ist, vor allem in den USA und in Britannien: der lösliche oder Instantkaffee.

1906 entwickelte der damals in Guatemala lebende Belgier George Washington eine Art löslichen Kaffees, die dem heutigen ziemlich nahekommt. Der Erfinder, der über ein Dutzend Patente besaß, dickte aufgebrühten Kaffee so lange ein, bis er daraus Kaffeekristalle gewonnen hatte. Die konnten dann in heißem Wasser wieder zu einem kaffeeartigen Getränk aufgelöst werden. Der Erfinder zog nach New York, baute dort eine kleine Fabrik auf und brachte 1910 mit »G. Washington's Refined Coffee« den ersten Instantkaffee auf den Markt. Der hatte zwar weder den Geschmack noch das Aroma und den Körper von frisch geröstetem, gemahlenem und aufgebrühtem Kaffee, aber er war heiß, enthielt Koffein und fand mit viel Werbung auch einen kleinen Markt. Im Ersten Weltkrieg erlebte Washington dann einen Boom. Seit sich die Vereinigten Staaten ab April 1917 am Krieg beteiligten, stattete die US-Armee ihre Einheiten mit seinem Instantkaffee aus. Im Sommer 1918 kaufte sie die gesamte Produktion auf, im Oktober orderte sie täglich 37 000 Pfund, obwohl die Tagesproduktion bei gerade sechstausend Pfund lag. Dann war der Krieg vorbei, und Washingtons Fabrik musste ums Überleben kämpfen.

1930 stieg das Schweizer Lebensmittelunternehmen Nestlé in dieses Geschäft ein. Es hatte sich zuvor noch nicht mit Kaffee befasst, sondern war vor allem für sein Milchpulver bekannt. Aber es hatte Erfahrung mit der Konservierung von Lebensmitteln. Als sich in den Lagerhallen in Brasilien der Valorisationskaffee stapelte und mit der Zeit seine Qualität einbüßte, fragte die dortige Regierung bei den Schweizern nach. Sie sollten herausfinden, wie man den gehorteten Kaffee haltbar machen könne. Nach acht Jahren Entwicklungsarbeit waren sie soweit und nannten ihr Produkt »Nescafé«.

Der Prozess der sogenannten Sprühtrocknung ist denkbar einfach, braucht aber eine große und teure Apparatur. Ein Kaffeeextrakt aus den löslichen Bestandteilen der Kaffeebohne wird mit großem Druck über Zerstäuberdüsen in einen hohen Zylinder gepumpt, den sogenannten Sprühturm. Von unten strömt gleichzeitig heiße trockene Luft ein. Das Wasser des Kaffeeextrakts verdampft, unten im Zylinder sammelt sich ein feines Pulver. Dieses wird mit einem geschmacklosen Trägerstoff zu kleinen Körnern zusammengefügt, die wiederum mit heißem Wasser als Instantkaffee aufgelöst werden können. Das Verfahren wird heute fast nur noch verwendet, um löslichen Cappuccino herzustellen. Ansonsten ist die Gefriertrocknung üblich. Bei ihr wird der Kaffeeextrakt zunächst mit Luft oder Kohlendioxid aufgeschäumt und auf minus fünf Grad Celsius abgekühlt. Es entsteht eine kalte Kaffeepaste, die auf einem Förderband durch ein Kühlsystem läuft und dabei auf minus fünfzig Grad tiefgefroren wird. Diese Masse wird dann gemahlen und gesiebt, anschließend werden die zu Eis gewordenen Wasseranteile in einem Vakuumtrockner verdampft. Was übrig bleibt, ist der Instantkaffee.

Die Erfindung kam rechtzeitig vor dem Zweiten Weltkrieg und wurde sofort in die Truppenverpflegung der Armeen von den USA, Britannien und Frankreich aufgenommen. In den USA baute Nestlé dafür Werke. Auch mit der deutschen Wehrmacht kam das Unternehmen ins Geschäft. In Kappeln in Schleswig-Holstein wurde eine im Aufbau befindliche Milchpulverfabrik umgerüstet. Dort stellten dann Zwangsarbeiter das Pulver für die deutschen Soldaten her. So trafen bei Schlachten Gegner aufeinander, die alle mit Nescafé aufgeputscht waren – und Nestlé machte im Krieg riesige Gewinne. Danach hatte der Konzern weltweit nahezu ein Monopol für lösliches Koffeinpulver.

Ein Jahr bevor Washington in Guatemala den Instantkaffee erfand, meldete der Bremer Kaufmann Ludwig Roselius ein Patent für entkoffeinierten Kaffee an. Koffein wurde von der damaligen Lebensreformbewegung wegen der stimulierenden Wirkung abgelehnt. Die psychoaktive Substanz schade dem Herzen, mache nervös und hektisch, hieß es. Auch Roselius war davon überzeugt. Sein Vater, einer der führenden Kaffeeimporteure in Bremen, der auch an Plantagen beteiligt war und Filialen in Hamburg, London, Amsterdam und Wien unterhielt, hatte stets großen Wert auf die Qualität seiner Bohnen gelegt. Er soll deshalb höchstselbst täglich bis zu hundert Kaffeeproben zu sich genommen haben. Ob diese Überdosis an Koffein der Grund für seinen frühen Tod war, sei dahingestellt. Der Sohn jedenfalls glaubte das und versuchte deshalb, den Bohnen das Koffein zu entziehen. Und es gelang ihm.

Roselius hatte in vielen Experimenten herausgefunden, dass das Koffein in den Bohnen löslich ist, wenn diese eine Feuchtigkeit von zwanzig bis 25 Prozent haben. Er erhitzte deshalb die noch grünen Bohnen mit Dampf, bis sie feucht genug waren. Dann schüttete er Benzol als Lösungsmittel darüber und entzog ihnen damit das Koffein. Vor dem Rösten wurden die Bohnen noch einmal getrocknet. Später ersetzte Roselius das hochgiftige und krebserregende Benzol durch andere Chemikalien und schließlich durch Wasser und Aktivkohle oder Kohlendioxid.

1906 gründete er zusammen mit anderen in Bremen die Kaffee-Handels-Aktiengesellschaft, kurz: Kaffee HAG. Ihren schnellen Erfolg verdankte die Firma einer Marketingstrategie, die Roselius bei einer Reise in die USA der dortigen United Fruit Company abgeguckt und seit 1908 angewandt hatte. Sein Werbespruch setzte auf den Gesundheitsaspekt: »Für die Gesundheit – schont Herz und Nerven«. Unterstrichen wurde das mit einem roten Rettungsring als Logo. Dieser war nicht nur auf jeder Packung, sondern auch auf den Kleinbussen, die Kaffee HAG auslieferten. Cafés und Restaurants, die diesen Kaffee ausschenkten, bekamen dafür Tassen und Kännchen mit dem Schriftzug und dem Logo. Wer anderes Geschirr verwendete, wurde nicht mehr beliefert. Kaffee HAG war einer der Pioniere des modernen Corporate Design in Deutschland und wurde in kurzer Zeit zu einer der bekanntesten Marken. 1929 kam zum Rettungsring ein kleines rotes Herz dazu. Für andere europäische Länder und die USA entwickelte Roselius einen anderen Marktauftritt. Dort verkauft die HAG ihre Bohnen unter der Marke Sanka, was vom französischen *sans caféine* (ohne Koffein), abgeleitet ist und wie der Rettungsring und das Herz auf die Gesundheit anspielt; »Sanka« ist die Kurzform für »Sanitätskraftwagen« Ob die Anspielung in Frankreich verstanden wurde, sei dahingestellt. Den »Sanka« gibt es nur im Deutschen; das entsprechende französische Kürzel ist »Samu« für *Service d'aide médicale d'urgence.*

Auch Nestlé drückte nach dem Zweiten Weltkrieg seinen Instantkaffee mit großem Werbeaufwand in den Markt. In Europa, Afrika und Asien half dabei die Präsenz US-amerikanischer Truppen. Alles, was sie von zu Hause mitbrachten, galt als modern und schick – Jazz, Rock 'n' Roll, Pomade im Haar, Kaugummi und eben löslicher Kaffee. Der hat zwar geschmacklich mit aufgebrühtem Kaffee nichts gemein, aber er enthält Koffein, mehr sogar als das herkömmliche Getränk, und er ist billig und bequem. Der größte und wichtigste Markt dafür blieben die USA, wo Instantkaffee 1952 siebzehn Prozent Marktanteil hatte und Ende der fünfziger Jahre schon ein Drittel. Neben Nestlé drängte Instant Maxwell House auf diesen Markt. Mit einer noch aggressiveren Werbestrategie hatte das einheimische Unternehmen, was die Marktanteile angeht, in den Vereinigten Staaten Mitte der fünfziger Jahre die Schweizer überholt.

Weil beide Konzerne auch das letzte aus den verwendeten Bohnen herausholten, entstand ein Getränk, das im Wesentlichen nur bitter und aufputschend war. Aber es war hoch rentabel, trotz der enormen Investitionen in die Produktionsanlagen. Bei Nestlé etwa liegt die Umsatzrendite von Nescafé bei 27 Prozent, die von anderen Lebensmittelprodukten zwischen fünf und fünfzehn.

Wie Robusta den Kaffeemarkt verändert

Voraussetzung für den Aufstieg von Instantkaffee war eine Kaffeeart, die man bis dahin kommerziell für völlig ungeeignet hielt, weil das daraus hergestellte Getränk bitter und flach und bisweilen nach verbranntem Gummi schmeckt, Robusta. Die Pflanze war 1862 in Uganda entdeckt und schnell wieder vergessen worden. Die Wiederentdeckung in der Kolonie Belgisch-Kongo 1898 aber kam zur rechten Zeit. Der Kaffeerost hatte die Plantagen in Ceylon und Südostasien zerstört, und vor allem die Holländer suchten verzweifelt nach Arten und Sorten, die gegen diesen Pilz resistent sind. Sie experimentierten eine Zeitlang mit der in Westafrika entdeckten Art Liberica. Die Pflanzen sind größer und kräftiger als die Arabicas, gedeihen auch im feuchtheißen Tiefland und schienen zunächst weniger anfällig gegen Kaffeerost zu sein. Aber Liberica ist im Unterschied zu den Arabicas zweigeschlechtlich. Man braucht eine männliche und eine weibliche Pflanze für die Befruchtung. Daraus ergibt sich eine größere genetische Breite, aber auch eine weniger einheitliche Qualität. Die geernteten Bohnen waren unterschiedlich groß, und sie schmeckten anders als Arabicas. Trotzdem erlebte Liberica einen Boom. Doch dann wurde auch diese Art vom Rost befallen.

Die Holländer suchten nach einer den Arabicas ähnlichen Art. Sie bauten zwischen 1900 und 1930 rund sechshundert Versuchsfarmen auf, experimentierten mit um die zwanzig wilden Sorten, die sie in Afrika gesammelt hatten, und blieben am Ende doch am Robustakaffee hängen. Die Art war damals in vielen Unterarten vom tropischen Westafrika über das Kongobecken bis ins heutige Uganda und Tansania verbreitet. Die einheimische Bevölkerung verwendete die Bohnen schon lange bei religiösen Ritualen und als Energiespender. Die Pflanze produziert sehr viel mehr Frucht als Arabicas. Schon nach zwei Jahren kann sie abgeerntet werden. Die Kirschen sind kleiner und haben eine dünnere Haut und sind deshalb sehr viel einfacher zu verarbeiten. Das wog den Mangel an Geschmack und Körper wenigstens ein bisschen auf. Zudem enthalten die Bohnen von Robusta doppelt so viel Koffein wie die von Arabicas – zur Abwehr der vielen Insekten im feuchtheißen afrikanischen Tiefland.

Um 1900 wurden auf Java die ersten Robustasträucher gepflanzt. Bis 1935 kamen 94 Prozent der Kaffeeproduktion der Insel von dieser Art; in Sumatra waren es 93 Prozent. Weil ihre damaligen Kolonien fast ausschließlich Robusta produzierten, haben die Holländer lange fast ausschließlich den daraus gebrühten bitteren Kaffee getrunken. In den vergangenen Jahrzehnten aber kamen auch sie auf den Arabicageschmack. Die Importmengen für diese feineren Bohnen nahmen zu und haben inzwischen Robusta überholt.

Als die Lebensmittelläden in den USA und Europa begannen, nicht mehr nur ganze Bohnen zu verkaufen, sondern auch gemahlene Mischungen, erweiterte sich der Markt für Robusta. Man bewarb die Marke, nicht die Herkunft der Bohnen und schon gar nicht die Sorte des Kaffees. Wichtig war nur, dass der Geschmack immer etwa gleich blieb. Was die Mischung alles enthielt, spielte keine Rolle. In den USA begannen die Röster damit, ihre Arabicas mit sehr viel billigeren Robustabohnen zu verschneiden, in der Regel in einem Verhältnis von eins zu eins. Die Arabicas lieferten den Geschmack, Robusta war Auffüllmaterial. Weil solche Mischungen mehr Gewinn versprachen, wurden sie von europäischen Röstern schnell kopiert. Der größte Markt für Robusta aber ist löslicher Kaffee. Der wird fast ausschließlich aus diesen Bohnen fabriziert.

Mit Robusta wurde Afrika, die Heimat des Kaffees, auch zu einem nennenswerten Exporteur der Bohnen. Bis zum Ersten Weltkrieg hatten europäische Siedler ein paar kleine Anbaugebiete in Natal in Südafrika und auf den von Portugal beherrschten Inseln São Tomé und Príncipe im Atlantik vor Gabun angelegt. Auf dem Weltmarkt spielte der Kontinent jedoch keine Rolle; zu Beginn des 20. Jahrhunderts lieferte Afrika gerade ein Prozent der Weltproduktion. Zwischen den beiden Weltkriegen aber wurden um ein Vielfaches größere neue Anbauflächen mit Kaffee bestockt. Um 1930 hatte der Kontinent seinen Anteil am Weltmarkt auf zehn Prozent gesteigert. Die europäischen Kolonialmächte hatten das Landesinnere der von ihnen beherrschten Gebiete erschlossen und Eisenbahnen gebaut, um Ernten zu den Häfen an den Küsten zu bringen.

In Kenia, dem damaligen Tanganjika, Ruanda, Burundi und dem Ostkongo wurden Arabicas für den Export angebaut. Kaffeerost war dort kein Problem. Die Anbaugebiete waren oft in Höhenlagen von über zweitausend Metern und für den Pilz zu kalt. Zudem wurde der Kaffee zunächst sehr locker gepflanzt, auf Farmen mit großer Biodiversität. Die besten Böden waren weißen Siedlern vorbehalten, die vor allem in Kenia hochwertige Arabicas produzierten. Afrikaner dominierten dagegen den Robustaanbau. Den gab es vor allem in Uganda, im Kongobecken, in Angola und in Westafrika.

Der mit Abstand größte Robustaproduzent ist heute Vietnam. Das Land spielte auf der Weltkarte des Kaffees lange keine Rolle. Zwar war die Pflanze schon 1887 von der damaligen Kolonialmacht Frankreich ins Land gebracht worden. Sie stand aber nur auf kleinen Plantagen, mit deren Ernte der lokale Markt bedient wurde. In den letzten Jahren des von 1955 bis 1975 dauernden Vietnamkriegs setzten Sprühflugzeuge der US-Armee flächendeckend das Entlaubungsmittel Agent Orange ein. Dass dadurch auch die kleine Kaffeeproduktion vernichtet wurde, ist im Vergleich zum menschlichen Leid, das durch dieses hochgiftige Herbizid verursacht wurde, nebensächlich. Nach dem Krieg wurden zwar mehrere Staatsfarmen aufgebaut, das Land exportierte in den achtziger Jahren rund 65 000 Sack à sechzig Kilogramm im Jahr. Es lag damit gerade auf Platz 42 der Weltrangliste der kaffeeproduzierenden Länder.

Der große Boom begann 1989. Die Regierung des sozialistischen Vietnam setzte – ähnlich wie China – kapitalistische Marktreformen um. Die Sowjetunion unter Michail Gorbatschow unterstützte das nicht ohne Eigeninteresse und lancierte ein Entwicklungsprogramm zum Aufbau von Kaffeeplantagen. Die Sowjetunion wollte mit billigem Kaffee aus dem sozialistischen Bruderland unabhängiger vom kapitalistischen Weltmarkt werden. 1994, nach dem Zusammenbruch der Sowjetunion, übernahmen die Weltbank und die Asiatische Entwicklungsbank dieses Programm und weiteten es erheblich aus. Sie wollten beweisen, dass Produktion zu niedrigen Kosten und Markteffizienz ein armes Entwicklungsland nach vorne bringen können. Die beiden Finanzinstitute steckten viele Millionen US-Dollar in den Aufbau einer Kaffeeindustrie. Das entlaubte Vietnam sollte mit Robusta wieder belaubt werden. Die Anbauflächen wurden von 22 000 Hektar auf eine halbe Million Hektar ausgebaut. Dass dabei auch indigene Völker ihr Acker- und Weideland verloren, interessierte die Marktstrategen nicht. Wichtig war nur, dass die Arbeitskosten bei etwa einem Drittel der Vergleichswerte von Lateinamerika lagen. Die neuen Plantagen konnten maschinell geerntet werden, was die Arbeitskosten zusätzlich senkte.

Vietnam stieg mit diesem Programm innerhalb weniger Jahre zum weltweit zweitgrößten Produzenten auf. Schon 2001 wurden fünfzehn Millionen Sack exportiert. Die Folge waren ein Überangebot und ein weltweiter Preiseinbruch. In Zentralamerika hungerten die Landarbeiter, weil für Kaffee so wenig bezahlt wurde, dass es sich nicht mehr lohnte, die Plantagen zu bewirtschaften. In den Supermärkten in Europa und Nordamerika aber wurde der Kaffee billiger. Vietnam wurde so zu einem Musterbeispiel neokolonialer Wirtschaftspolitik: In den ehemaligen Kolonien wird billige Arbeitskraft ausgebeutet, zugunsten der Konsumenten in den reichen Ländern.

Viel mehr noch als die Konsumenten profitierten die großen Röster von dieser provozierten Krise. Der Preis für ungerösteten Kaffee sank vom Höchststand 1997 bis 2001 um achzig Prozent. Der durchschnittliche Supermarktpreis in den USA aber ging nur um 27 Cent auf 2,75 US-Dollar pro Pfund zurück, also um neun Prozent. In Britannien wurde der Preis für Instantkaffee, der dort 85 Prozent des Kaffeemarktes ausmacht, für die entsprechende Menge gar nur um fünf Cent zurückgenommen. Die großen transnationalen Röster wie Procter & Gamble, Nestlé, Sara Lee und Philip Morris mit seiner Tochter Kraft Foods steckten den Rest ein und machten Riesengewinne. Sie können sich seither aussuchen, wo sie Robustakaffee zum Auffüllen ihrer Mischungen oder zur Herstellung von löslichem Kaffee bestellen. Sie spielen die Produktionsländer gegeneinander aus und kaufen immer dort, wo die Ware gerade am billigsten ist. Mittel- oder langfristige Abnahmegarantien gibt es nicht. Die Produzenten können der Marktmacht der Großröster nichts entgegensetzen.

Im 19. Jahrhundert wurde Kaffee in aller Regel grün eingekauft und zu Hause auf der Pfanne oder in einem Kupfertopf geröstet. Auch die Kaffeehäuser rösteten meist selbst. Daneben gab es kleine handwerkliche Röstereien, die ihre Ware regional verkauften. Großröstereien sind erst Ende des 19. Jahrhunderts entstanden und wurden meist mit Kaffeeläden kombiniert. Der älteste deutsche dieser Betriebe war Kaiser's Kaffee, gegründet 1895 in Duisburg. Schon 1898 war daraus eine Kette mit 250 Filialen entstanden; vor dem Zweiten Weltkrieg waren es 1900. Ebenfalls 1895 eröffnete Johann Jacobs in Bremen einen Kolonialwarenladen, der vor allem Kaffee und Tee, aber auch Kakao und Schokolade verkaufte. 1907 kam eine Rösterei dazu. Auch die bediente zunächst nur den lokalen Markt. Dann kam 1930 Walther Jacobs, der Neffe von Johann Jacobs, von einem längeren Aufenthalt in den USA zurück, wo er aggressive Werbestrategien kennengelernt hatte. Er stieg in das Geschäft seines Onkels ein. Die große Expansion erlebte der Betrieb in der Zeit des Nationalsozialismus. Jacobs Kaffee – im Werbeslogan kombiniert mit »wunderbar« – wurde in ganz Deutschland zu einer angesehenen Marke.

Eduard Schopf wählte einen anderen Weg der Vermarktung. Er kam eigentlich aus dem Brennstoff- und Baumaterialhandel, wechselte aber 1924 in die Kaffeebranche. Er baute in Bremen eine große Rösterei und verkaufte seine Ware über den Versandhandel. Seit 1925 nannte er seine Marke Eduscho, ein Kürzel aus den ersten Buchstaben seines Vor- und Nachnamens. Als er 1935 im Alter von 41 Jahren an einem Herzinfarkt starb, war sein Betrieb mit der damals innovativen Vermarktung zu Deutschlands größtem Röster geworden. Auch Tchibo, in der zweiten Hälfte des 20. Jahrhunderts der große Konkurrent von Eduscho, fing mit dem Versandhandel an. 1949 taten sich in Hamburg der Kaffeeimporteur Max Herz und der armenische Gewürzkaufmann Carl Tchilling-Hiryan zusammen, eröffneten eine Rösterei und verkauften ihr Versandprodukt als »Tchilling-Bohne«, woraus dann das Kürzel »Tchibo« entstand. Als Herz 1952 Tchilling-Hiryan seine Geschäftsanteile abkaufte, blieb er bei dem Namen, weil Tchibo schon nach drei Jahren eine in ganz Deutschland bekannte Marke war. 1957 stieg die Firma ins Filialgeschäft ein und stellte den Versandhandel schrittweise ein.

1997 kaufte Tchibo den Konkurrenten Eduscho. Die Übernahme kam fast schon spät; der Konzentrationsprozess auf dem Markt der Röster hatte bald dreißig Jahre früher eingesetzt. 1971 hatte sich die Tengelmann-Gruppe Kaiser's Kaffee einverleibt. In einer langen Geschichte von Aufkäufen und Verkäufen ging die Lebensmittelsparte der Gruppe stückweise an verschiedene andere Lebensmittelketten über; Tengelmann besitzt heute vor allem Baumärkte und Textildiscounter. 1979 kaufte der US-Konzern General Foods Kaffee HAG. General Foods wiederum wurde 1985 vom Konzern Philip Morris übernommen, der 1988 auch noch den Lebensmittelriesen Kraft dazukaufte. Im folgenden Jahr fusionierten die beiden Philip-Morris-Tochtergesellschaften zu Kraft Foods. Kraft Foods kaufte 1990 Jacobs Suchard; der Bremer Röster trug diesen Namen, seit er 1982 den Schweizer Konzern Interfood übernommen hatte, dem die Marken Suchard und Tobler gehören. 2007 wurde Kraft wieder unabhängig und spaltete sich 2012 in die Kraft Foods Group und Mondelez International auf. 2015 legten dann Mondelez International und das von der JAB Finanzholding kontrollierte holländische Unternehmen D. E Master Blenders 1753 ihre Kaffeemarken zu dem reinen Kaffeeunternehmen Jacobs Douwe Egberts (JDE) mit Sitz in Amsterdam zusammen. An diesem hält Mondelez International 49 und die JAB Holding 51 Prozent.

Die ursprünglich deutsche JAB Holding, die das Vermögen der Familie Reimann verwaltet, hat heute ihren Sitz aus steuerlichen Gründen in Luxemburg. Sie ist in der Öffentlichkeit weniger bekannt. Wer im Kaffeegeschäft ist, muss sie kennen. Unter ihrem Dach findet sich ein ganzes Sammelsurium an Firmen und Firmenbeteiligungen, von der Kosmetikindustrie über Veterinärkliniken für Haustiere bis hin zu Ketten von Schnellrestaurants. JAB ist aber auch einer der weltweit größten Exporteure, Importeure und Großhändler für Kaffee. Zusammen mit Nestlé kontrolliert diese Holding rund die Hälfte des weltweiten Marktes, wobei die beiden etwa gleich große Anteile haben. Letzten Endes bestimmen sie den Preis, der den Produzenten bezahlt wird. Im besten Fall kommen bei einem Kaffeebauern, der für den Weltmarkt produziert, zehn Prozent dessen an, was in Europa im Supermarkt für seine Ware bezahlt wird; meistens ist es weniger. Bei Kaffeekapseln etwa liegt der Anteil der Bauern am Endpreis bei rund zwei Prozent.

Kolumbien
Panamá
Venezuela
Provinz Antioquia
Provinz Risaralda
Provinz Caldas
Manizales
Bogotá
Provinz Chocó
Provinz Quindío
Valle del Cauca
Provinz Tolima
Brasilien
Ecuador
Peru
200 km

Die große Krise

Wie Neoliberalismus und Klimawandel den Kaffeebauern zusetzen und wie diese versuchen, trotzdem zu überleben

1989 war das Jahr, in dem alles anders wurde. In Deutschland fiel die Mauer in Berlin, die Sowjetunion begann zu implodieren, der Kalte Krieg schien – bis auf Weiteres – vorbei zu sein. Der von den USA vertretene ungezügelte Kapitalismus wurde zur alles bestimmenden Ideologie. Davon war auch der Weltmarkt für Kaffee betroffen. Das von der Internationalen Kaffeeorganisation (ICO) überwachte System von Exportquoten, das seit 1965 für leidlich stabile Preise gesorgt hatte, brach zusammen. Die USA als weltweit größter Konsument weigerten sich, die Gültigkeit dieser Quoten routinemäßig zu verlängern. Sie lehnten jeglichen Mechanismus zur Preisregulierung ab, weil der zulasten der heimischen Verbraucher gehe. Formal blieben sie noch Mitglied der ICO; erst 2018 traten sie unter dem rechtspopulistischen Präsidenten Donald Trump aus der Organisation aus.

Der neoliberale Schock löste an der New Yorker Kaffeebörse einen Preissturz aus, wie es ihn vorher nicht gegeben hatte. Vom Höchststand von knapp über 2,50 US-Dollar pro Pfund im Jahr 1985 stürzte er auf unter 40 Cent im Jahr 2001 ab, weit unterhalb der Produktionskosten. Millionen von Kaffeebauern kämpften ums Überleben, Zehntausende Fincas wurden aufgegeben. Nur Mitte der neunziger Jahre gab es eine kurzfristige Erholung, weil Fröste in Brasilien Ernteeinbrüche und damit eine Verknappung des weltweiten Angebots zur Folge hatten.

Der Preissturz war nicht das einzige Problem, dem sich die Produzenten stellen mussten. Vor 1989 waren sie in fast allen lateinamerikanischen Ländern nicht nur durch das internationale Quotensystem geschützt, sondern auch durch staatliche nationale Kaffeeinstitute. Die waren zum einen dafür zuständig, das Quotensystem national umzusetzen. Sie kauften die heimische Ernte auf, oft zu garantierten Preisen, übernahmen dann die Verhandlungen mit den Abnehmern und sorgten für den Export. Zudem hatten sie Kreditprogramme und ein Heer von landwirtschaftlichen Beratern, um die Kaffeebauern mit Fortbildungen zu unterstützen. Der Internationale Währungsfonds und die Weltbank sahen darin staatliche Eingriffe in die freie Privatwirtschaft und drängten die Regierungen, die Institute zu schließen. Sie verschwanden alle in den Jahren 1989 und 1990. Die Kaffeebauern, in ihrer großen Mehrheit kleine Produzenten mit weniger als zehn Hektar Boden, verloren den Zugang zu billigen Krediten und professioneller Beratung und waren nun den Schwankungen des Weltmarkts und der Macht der großen Röstkonzerne und Großhändler direkt ausgeliefert.

Zwischen den Exporteuren und den Produzenten entstand ein Netzwerk von Zwischenhändlern, die man in Lateinamerika *coyotes* nennt. Sie profitierten davon, dass die meisten Bauern nicht die Mittel hatten, ihre Ernte zu den Exporteuren in den Hafenstädten zu bringen. Die *coyotes* fuhren mit Lastwagen über die Dörfer und sammelten die Ernten der kleinen Produzenten ein. Sie bezahlten dafür oft weniger als ein Drittel des Preises, den sie dann selbst von den Exportfirmen bekamen.

Wer 2001, als die Krise am tiefsten war, durch die Kaffeeregion im Norden Nicaraguas reiste, sah eine üppige grüne fruchtbare Landschaft. Die Dörfer im Bergland von Matagalpa heißen El Paraiso (das Paradies), El Progreso (der Fortschritt) oder La Esperanza (die Hoffnung). Aber es gab keine Hoffnung, keinen Fortschritt und schon gar kein Paradies. Es gab alle paar Kilometer eine Straßensperre von ausgemergelten Landarbeitern, die um Geld und Lebensmittel bettelten. In den Zeitungen in der Hauptstadt Managua standen täglich Meldungen von Hungertoten. Auf den meisten Kaffeeplantagen wurde nicht mehr gearbeitet, zum Teil schon seit Jahren. Die Tagelöhner fanden keine Anstellung mehr. In Zentralamerika gingen in der Krise mindestens 170 000 dauerhafte Arbeitsplätze verloren, dazu mehr als das Vierfache an saisonalen Jobs während der Erntezeit. Das Welternährungsprogramm der Vereinten Nationen rief für die ganze Region den Notstand aus. Auch in Afrika litten die Kaffeebauern. Nach einer Erhebung des internationalen Hilfswerks Oxfam sank in Äthiopien das Jahreseinkommen von kleinen Produzenten von 320 auf 60 US-Dollar.

Es gab ein paar verzweifelte Versuche, den Preisverfall aufzuhalten. So einigten sich in der Erntesaison 1995/1996 Kolumbien, El Salvador, Costa Rica, Honduras und Nicaragua auf einen absoluten Exportstopp, um das Kaffeeangebot auf dem Weltmarkt zu verknappen. Mexiko, Guatemala und Ecuador aber nutzten das aus und exportierten umso mehr. Die neoliberale Doktrin hatte erreicht, was die USA, der Internationale Währungsfonds und die Weltbank angestrebt hatten: ein Hauen und Stechen unter den Produzenten und Billigstpreise für die Großhändler und Röstkonzerne.

Wie in allen Krisen versuchten die Kaffeebauern, wo immer möglich zu sparen. Sie vernachlässigten zunächst das Säubern des Bodens und das Zurückschneiden der Pflanzen, damit weniger Arbeitskosten anfielen. Sie düngten nicht mehr und setzten auch keine Pestizide mehr ein. Die vernachlässigten Plantagen waren anfälliger für Pflanzenkrankheiten und Schädlinge. Die vielen verlassenen Pflanzungen wurden zum richtiggehenden Einfallstor für Plagen. Es war nur eine Frage der Zeit, bis die lateinamerikanischen Anbaugebiete von einer Kaffeerostepidemie heimgesucht wurden.

Zum ersten Mal war der Pilz *Hemileia vastatrix* 1970 auf dem Kontinent festgestellt worden. Wie er auf eine kleine Farm in Ubaitaba nahe Ilhéus im brasilianischen Bundesstaat Bahia gelangte, ist unklar. Es gibt verschiedene Theorien. Die mikroskopisch kleinen Sporen des Pilzes könnten an den Schuhen oder der Kleidung von Kaffeepflanzern nach Lateinamerika gelangt sein. Reisen zwischen den Anbaugebieten Brasiliens und denen in Angola, wo der Pilz vorkam, waren damals nicht unüblich. Wissenschaftler wollen aber auch nicht ausschließen, dass die Sporen in Luftströmungen in großer Höhe von Afrika aus über den Atlantik geweht wurden. 1971 erreichte der Pilz die Anbaugebiete um São Paulo.

Zunächst versuchte man, ihn mit Chemie zu bekämpfen, vor allem mit Mischungen auf der Basis von Kupfer. Allein 1972 importierte Brasilien 15 000 Tonnen Kupferspray. Das war teuer und erhöhte die Produktionskosten um zehn bis zwanzig Prozent. Zudem belastet das Schwermetall den Boden. Man konnte mit dieser chemischen Keule zwar den Anteil der befallenen Pflanzen senken, ausrotten aber ließ sich der Rostpilz nicht.

Man versuchte, wenigstens seine Ausbreitung zu verhindern, und vernichtete alle Pflanzungen um den Ausbruchsherd. Der Sicherheitsgürtel war achthundert Kilometer lang und hundert Kilometer breit. *Hemileia vastatrix* aber übersprang die Schneise. 1972 wurde der Pilz in Paraguay festgestellt, 1978 in Bolivien, 1979 in Peru, 1981 in Ecuador, 1983 in Kolumbien und 1984 in Venezuela.

Das Einfallstor in Zentralamerika war Nicaragua, wo der Kaffeerost zuerst 1976 auf einer Pflanzung in der Provinz Carazo entdeckt wurde. Es gilt als wahrscheinlich, dass er direkt von Brasilien eingeführt wurde. Ein Nicaraguaner, der in Brasilien Landwirtschaft studierte, soll seinem Vater, einem Kaffeebauern, ein mit dem Rost befallenes Blatt geschickt haben, um ihn zu warnen. Der Ausbruch blieb zunächst auf das kleine Anbaugebiet im Südwesten des Landes begrenzt. 1979 aber erreichte der Pilz El Salvador, 1980 Guatemala und Honduras, 1982 Mexiko und die nördlichen Anbaugebiete Nicaraguas und 1983 schließlich Costa Rica. Mitte der achtziger Jahre war Kaffeerost in allen Anbaugebieten Lateinamerikas präsent.

Trotzdem blieben die Schäden überschaubar, vor allem in Mittelamerika und in Kolumbien. In Kolumbien galten damals Anbaugebiete in mehr als 1600 Metern über dem Meeresspiegel, in Mittelamerika solche über tausend Metern als rostsichere Gebiete; für den Pilz war es dort nachts zu kalt. Die wesentlichen Anbaugebiete für Qualitätskaffee dort liegen über diesen Grenzen. Mitte der Neunziger war Kaffeerost zwar immer noch überall in Lateinamerika vorhanden, aber er galt einfach als eine Plage mehr. Der große Ausbruch war abgeklungen. Bauern, deren Plantagen nicht vernichtet worden waren, hatten gelernt, ihn mit Chemie und Pflege im Zaum zu halten.

Hätten sich die Bedingungen nicht verändert, wäre vielleicht auch ein größerer Ausbruch der Pilzkrankheit nach dem neoliberalen Schock von 1989 und der nachfolgenden Krise zu bewältigen gewesen. Sie hätte sich zwar auf den verlassenen oder vernachlässigten Plantagen in tieferen Lagen ausbreiten können. Der wertvolle Hochlandkaffee aber wäre weitgehend verschont geblieben. Doch zwischen dem ersten Ausbruch der späten siebziger und der achtziger Jahre und dem, der von 2008 an folgen sollte, hatte sich das Klima merklich verändert. Kaffee gedeiht am besten, wenn die Regenzeit klar von der Trockenzeit abgegrenzt ist. Die ersten Regenfälle lösen die Blüte aus, in den feuchten Monaten danach wachsen die Kirschen. Ihre letzte Reife bekommen sie dann von der Sonne der Trockenzeit, in tieferen Lagen schon in den ersten Wochen, in höheren bis zu drei Monate später. Wegen des Klimawandels aber gibt es diese beiden markanten tropischen Jahreszeiten so nicht mehr.

Steigende Temperaturen bedeuten mehr Armut

Insgesamt nimmt die Niederschlagsmenge ab. Nach regionalen Prognosen von Klimastudien der Uno-Wirtschaftskommission für Lateinamerika und die Karibik (CEPAL) wird es überall in den Kaffeeregionen Lateinamerikas zukünftig im Durchschnitt weniger regnen. Besonders betroffen werden die zentralamerikanischen Länder sein. Selbst wenn man die günstigsten Szenarien der weltweiten Treibhausgasreduzierung unterstellt, wird bis Ende des Jahrhunderts der jährliche Niederschlag in Costa Rica, El Salvador und Honduras um durchschnittlich dreizehn Prozent abgenommen haben, in Nicaragua sogar um siebzehn Prozent. Die schlimmsten, aber durchaus möglichen Szenarien prognostizieren für Costa Rica, El Salvador, Guatemala und Honduras einen Rückgang von 27 bis 32 Prozent, für Nicaragua sogar von bis zu 35 Prozent. Ein Landstreifen, der vom Westen Guatemalas durch El Salvador und den Westen Nicaraguas bis in den Norden von Costa Rica reicht, wird davon besonders betroffen sein. Man nennt ihn den *Corredor seco,* den »trockenen Korridor«, weil er traditionell weniger Regen abbekommt als die angrenzenden Gegenden. Die Kaffeeanbaugebiete dieser vier Länder liegen zum Teil in diesem Korridor.

Schon jetzt sind die tropischen Jahreszeiten unberechenbar geworden. Häufiger gehen in der Trockenperiode starke Schauer nieder; sie können die Ausbreitung des Rostpilzes fördern. In der Regenzeit gibt es inzwischen öfter auch längere Trockenperioden, die das Wachstum der Kirschen hemmen. Über das ganze Jahr gemessen, nehmen die Niederschläge tendenziell ab und fallen nicht mehr als anhaltender Landregen, sondern geballt in heftigen Unwettern. Es kommt häufiger zu langen Dürreperioden, in manchen Gegenden auch zu plötzlichen Frösten. Solche Unregelmäßigkeiten werden in den kommenden Jahrzehnten zunehmen und können nach verschiedenen regionalen Studien zu verheerenden Ernteeinbrüchen führen. Für Lateinamerika etwa werden Verluste von regional bis zu siebzig Prozent vorhergesagt.

Am schwerwiegendsten ist der Temperaturanstieg. In den vergangenen Jahrzehnten ist es in allen Kaffeeanbaugebieten Lateinamerikas um mindestens ein Grad Celsius wärmer geworden, in manchen Hochlagen sogar um zwei. Mit den steigenden Temperaturen wanderte auch der Pilz in immer höhere Lagen und ist in Zentralamerika heute in Höhen um 1200 Meter fast überall präsent. Einzelne Herde wurden auch schon in 1600 Metern entdeckt. In Kolumbien kam es sogar in über zweitausend Metern zu schweren Ausbrüchen, einer Höhe, die noch vor wenigen Jahren als absolute Obergrenze für den Kaffeeanbau galt. Der durch ungezügelten Neoliberalismus verursachten Preiskrise von 1989 folgte zwangsläufig eine für die Bauern noch schlimmere Kaffeerostkrise.

Der große Ausbruch begann 2008 in Kolumbien, erreichte 2011 Mittelamerika und die Karibik und 2013 Peru und Ecuador. In Kolumbien stabilisierte sich die Lage 2011, in den anderen Anbaugebieten erst 2015. Die Ernteerträge in den betroffenen Gebieten gingen um durchschnittlich rund ein Drittel zurück, in manchen Regionen Kolumbiens um bis zu siebzig Prozent. In El Salvador lag der Ertrag der Ernte von 2013/2014 auf das ganze Land betrachtet um 54 Prozent niedriger als ein Jahr zuvor, viele Fincas hatten sogar einen Totalausfall. Die Mengen, die vor der Rostepidemie üblich waren, wurden danach nie wieder erreicht.

Es wird nicht der letzte große Rostausbruch bleiben. Die mit dem Klimawandel steigenden Temperaturen sorgen dafür, dass die Bedingungen für *Hemileia vastatrix* immer günstiger werden. Man kann zwar die Anbaugebiete in immer größere Höhen verlegen, aber je näher man den Gipfeln kommt, desto kleiner werden die Flächen, und irgendwann ist man oben. In Mittelamerika etwa wird die optimale Höhenlage für Plantagen nach einer regionalen Studie bis ins Jahr 2050 von derzeit 1200 Metern auf 1600 Meter steigen.

Eine Forschungsgruppe um Christian Bunn, der sich vor allem mit der Anpassung von Kaffee und Kakao an den Klimawandel beschäftigt, hat mit verschiedenen Modellen durchgerechnet, wie die für Kaffee geeigneten Flächen bis ins Jahr 2050 in den heutigen Anbauländern abnehmen werden. Die Ergebnisse sind erschreckend. Selbst nach den günstigsten Prognosen werden die am besten geeigneten Flächen – die Wissenschaftler nennen sie *highly suitable* – weltweit um 54,4 Prozent kleiner werden. Dies würde allerdings unter anderem voraussetzen, dass Treibhausgasemissionen ab sofort weltweit kontinuierlich reduziert und bis Ende des Jahrhunderts ganz eingestellt werden – ein äußerst unwahrscheinliches Szenario. Derzeit steigen die Emissionen. Bleibt alles so, wie es ist, werden diese Flächen sogar um 59,5 Prozent abnehmen. Noch schlimmer als den

Durchschnitt wird der Klimawandel nach diesen Prognosen die drei größten Produzenten erwischen. In Brasilien wird danach, je nach Szenario, zwischen 76,1 Prozent und 97,3 Prozent seiner besten Flächen verlieren, Vietnam zwischen 47,6 und 85,5 Prozent und Kolumbien zwischen 63 und 75 Prozent. Genauso werden die Flächen mittlerer Eignung – *moderately suitable* – weltweit zwischen 30,8 und 41 Prozent schrumpfen. Die Werte für die drei größten Produzenten liegen in etwa in diesem Rahmen. Die geringsten Auswirkungen werden für Ostafrika und die südostasiatischen Inseln erwartet. Dort können zwischen zehn und dreißig Prozent der geeigneten Flächen verloren gehen. Wo weiterhin Kaffee angebaut werden kann, ist mit erheblichen Ernteverlusten zu rechnen. Das Kongobecken aber dürfte als Anbaugebiet selbst für die relativ unempfindlichen Robustasträucher unbedeutend werden. Die Prognosen sehen, je nach Szenario, eine Abnahme der geeigneten Flächen um sechzig bis 95 Prozent voraus.

Gemeinhin gehen Klimatologen und Agronomen davon aus, dass bis 2050 nur noch auf rund der Hälfte der heutigen Anbauflächen Lateinamerikas Kaffee stehen wird. Besonders die klassischen Arabicasorten wie Bourbon, Typica oder Pacas reagieren empfindlich auf die sich mit dem Klimawandel verändernden Regenmuster. Sie sind zudem besonders anfällig für den Kaffeerost.

Für Millionen Kaffeebauern bedeutet das, dass sie in den nächsten dreißig Jahren ihre heutige Arbeit und das damit erwirtschaftete Einkommen verlieren werden. Für die Konsumenten bedeuten sinkende Erträge steigende Preise. Es sei denn, es werden neue Flächen erschlossen, die heute für Kaffeeplantagen zwar ungeeignet sind, unter veränderten klimatischen Bedingungen aber attraktiv werden können. Unter anderem kommen Teile des Amazonasbeckens, Regionen in Ostafrika und auch einzelne Gebiete in Indonesien in Frage. Aber diese möglichen neuen Anbaugebiete sind sehr viel kleiner als diejenigen, die verloren gehen werden, und sie sind heute meist bewaldet. Bevor dort Kaffeesträucher gepflanzt werden können, müsste gerodet werden. Damit würden weitere riesige Mengen CO_2 freigesetzt, die den Klimawandel beschleunigen würden und die für Kaffee geeigneten Flächen weiter schrumpfen ließen. Nur in Ostafrika könnten die verloren gegangenen Flächen durch neue geeignete ersetzt werden, die schon jetzt nicht mehr bewaldet sind.

Ob andere Länder, in denen Kaffeesträucher heute allenfalls in

Gewächshäusern und Ziergärten stehen, in das Geschäft mit den Bohnen einsteigen werden, ist eher fraglich. Zwar prognostizieren Klimatologen, dass bis in dreißig Jahren der Anbau in Teilen von Chile und Argentinien und auch im Südwesten der USA in Kalifornien möglich sein werde. In diesen relativ entwickelten und hochpreisigen Ländern werden sich aber kaum genügend Arbeiter finden lassen, die zu den derzeit üblichen Löhnen und sozialen Bedingungen Plantagen betreiben würden.

In den heutigen Anbaugebieten wird der Klimawandel zu sozialen Verwerfungen führen. Zumindest wird die meist illegale Migration aus Mexiko und Zentralamerika in die USA zunehmen. Allein aus der Kaffeeregion im mexikanischen Bundesstaat Veracruz sind mit der neoliberal verursachten Krise in den Jahren 1995 bis 2000 rund 800 000 Menschen abgewandert. Die Anbaugebiete im Bundesstaat Chiapas verlassen jedes Jahr etwa 30 000 in Richtung Norden. Nach einer Erhebung des zentralamerikanischen Verbandes Promecafe (Programa Cooperativo Regional para el Desarrollo Tecnológico y Modernización de la Caficultura) hat die neoliberale Krise in den Ländern Guatemala, Honduras, El Salvador und Nicaragua 373 585 neue Migranten geschaffen. Unter Umständen können neue Krisen auch Aufstände bis hin zu Bürgerkriegen zur Folge haben. Schon der Schock von 1989 hat in der sogenannten Kaffeeachse in Kolumbien deutlich mehr Gewalt provoziert.

»Kaffeeachse« nennt man die drei Departements Caldas, Quindío und Risaralda im nordwestlichen Ausläufer der Andenkette. Diese sehr ländlichen Gegenden waren bis zur neoliberalen Preiskrise viel weiter entwickelt als andere vergleichbare. Die Armutsquote war deutlich niedriger, die Arbeitslosigkeit äußerst gering. Die Straßen und Schulen waren besser; es gab ordentliche Krankenhäuser. Das alles wurde nicht vom Staat bezahlt. Der bescheidene Wohlstand kam vom Kaffee. Die Federación Nacional de Cafeteros (Fedecafé), der Nationale Verband der Kaffeeproduzenten, war nicht nur die politische Lobbyorganisation der Produzenten, sondern hatte auch Sozialprogramme und kümmerte sich um die Infrastruktur in den Anbaugebieten. In denen war es deutlich ruhiger als in den Departements, die um die Kaffeeachse herum liegen. In Antioquia, im Chocó, in Valle del Cauca und in Tolima wütete der Bürgerkrieg. Rechte Paramilitärs, linke Guerillas und die staatlichen Sicherheitskräfte bekriegten sich – in vielen Gegenden tun sie es noch heute. Dazu kamen, vor allem in Valle del Cauca, Drogenmafias, Kokainlabore und Kokaplantagen. Aber nur in zwei Prozent der Kaffee produzierenden Gemeinden von Caldas, Quindío und Risaralda wurden bis 1985 Operationen von Guerillas oder Paramilitärs registriert. Zehn Jahre später waren die bewaffneten Gruppen in 53 Prozent dieser Gemeinden präsent, die Zahl der Morde und Entführungen war sprunghaft gestiegen.

Mit dem neoliberalen Schock wurde nicht nur die mit Kaffee bestandene Fläche um über zehn Prozent kleiner, es veränderte sich auch die Besitzstruktur. Weil sich der Anbau nicht mehr lohnte, verkauften die großen kolumbianischen Produzenten ihre Güter und verschoben ihr Kapital in den Aufbau von Palmölplantagen oder in die Bauindustrie. Die Zahl der kleinen Familienbetriebe mit weniger als zehn Hektar Land aber nahm deutlich zu. In solchen Betrieben wird die Arbeit von den Familienmitgliedern erledigt, aber auch das lohnt sich in vielen Jahren nicht.

Landlose Tagelöhner finden keine Anstellung mehr. Die Arbeitslosigkeit nimmt extrem zu, ebenso die Armut. Nach der jüngsten Erhebung von 2020 leben 54,4 Prozent der kolumbianischen Kaffeebauern unterhalb der Armutsgrenze, 15,6 Prozent in extremer Armut. Das bedeutet, dass sie sich nicht einmal das Lebensminimum an Nahrung, Kleidung, Wohnung, Bildung und Gesundheitsversorgung leisten können. 10,6 Prozent haben keinerlei Schulbildung, nur 4,2 Prozent eine wie auch immer geartete Altersvorsorge. 12,1 Prozent wohnen in Häusern, die als unbewohnbar gelten. 55,3 Prozent haben kein fließendes Wasser zu Hause, 35,8 Prozent keine Vorrichtung, um Exkremente zu entsorgen. 24,2 Prozent haben keine Küche und 8,2 Prozent keinen Strom. Und das in einer Gegend, die einmal der am meisten entwickelte ländliche Raum Kolumbiens war.

In ihrer Not sind viele Kaffeebauern entweder ganz auf den Anbau von Kokasträuchern umgestiegen, oder sie tarnen die illegalen Pflanzen auf ihren Fincas; an den Rändern wächst weiterhin Kaffee, im Inneren versteckt stehen die Pflanzen mit dem Grundstoff für Kokain. Das fällt nicht einmal den Piloten der Erkundungsflugzeuge auf. Aus der Luft gleichen sich Koka- und Kaffeesträucher. Die Kokablätter glitzern genauso in der Sonne wie Kaffeeblätter. Sie sind nur etwas kleiner und ihr Grün ist ein bisschen heller.

Der Schritt vom Kaffee zum Koka ist ein Schritt in die Illegalität. Bauern, die ihn tun, haben zwar ein deutlich besseres Einkommen, geraten aber in die Abhängigkeit von Drogenmafias und ihren bewaffneten Banden. Die wiederum investieren bisweilen selbst in Kaffee, um ihre schmutzigen Gelder zu waschen. Bei solchen Geschäften ist Rentabilität nicht so wichtig.

Auch Kokafarmen sind Familienbetriebe und schaffen darüber hinaus kaum Arbeitsplätze. Die vielen arbeitslos gewordenen Landarbeiter, die vorher ein bescheidenes Auskommen hatten, wurden zu leicht rekrutierbaren Kämpfern der linken Guerillas, der rechten Paramilitärs oder der Pistoleros der Drogenhändler. Die ideologische Ausrichtung dieser Gruppierungen spielt eine eher untergeordnete Rolle; es geht darum, drei Mahlzeiten am Tag zu bekommen. Die Kaffeeachse Kolumbiens, die vor 1989 im Windschatten des Bürgerkriegs lag, wurde so zu einem umkämpften Korridor für den Transport von Drogen und Waffen.

Der Sonderweg Kolumbiens

Trotzdem hat das Land den neoliberalen Schock besser überstanden als alle anderen Kaffee produzierenden Länder in Lateinamerika. Der Grund dafür ist Fedecafé. Anders als anderswo gab es in Kolumbien kein staatliches Kaffeeinstitut, das für die nationale Umsetzung der Exportquoten der Internationalen Kaffeeorganisation zuständig war und für Beratung, Kreditprogramme und Infrastruktur sorgte. All das war in der Hand von Fedecafé, einer privatrechtlichen Organisation. Sie war dem staatlichen Zugriff genauso entzogen, wie ihr der Druck von Internationalem Währungsfonds und Weltbank nichts anhaben konnte. Fedecafé bekam zwar vor 1989 viele Millionen staatliche Subventionen, die 1989 gestrichen wurden. Der Verband hat deshalb mehr als die Hälfte seines Personals entlassen, musste Programme streichen und konnte keine Schulen und Krankenhäuser mehr bauen. Aber der Kern der Organisation hat die Krise überlebt. Er macht die Kaffeebauern kaum weniger arm, aber sie sind besser für die Zukunft gerüstet als die Bauern der anderen lateinamerikanischen Länder, weil sie noch immer landesweit organisiert sind.

Fedecafé wurde 1927 gegründet und hat heute über eine halbe Million Mitglieder. Voraussetzung für die Mitgliedschaft ist, dass man mindestens 1500 Kaffeesträucher besitzt. Bei der in Kolumbien üblichen Dichte reicht dafür ein halbes Hektar; weniger hat niemand, der vom Kaffee auch nur ein kleines zusätzliches Einkommen haben will. Geht man davon aus, dass jede Familie eines Mitglieds mindestens drei Kinder hat – oft sind es mehr –, sind über diesen Verband mindestens 2,5 Millionen Menschen organisiert, die vom Kaffee leben.

Wer Mitglied von Fedecafé ist, dem kauft der Verband die Ernte ab. Dafür wurden landesweit 36 Kooperativen gegründet, die den Kaffee an 492 Stellen einsammeln, in eigenen *beneficios* aufbereiten und ihn dann in dreizehn riesigen Magazinen dreschen und einlagern. Damit haben die in anderen Ländern üblichen halsabschneiderischen *coyotes* keine Geschäftsgrundlage. Fedecafé übernimmt auch die Vermarktung. Vom Verkaufspreis werden, je nach Weltmarktlage, zwischen 83 und 92 Prozent an die Produzenten weitergegeben – so viel wie nirgendwo sonst. Und der Verband verkauft nicht nur Rohkaffee, sondern besitzt auch eigene Röstereien und Verpackungsanlagen.

Kein anderes Land ist so erfolgreich mit der internationalen Vermarktung seines Kaffees, wobei der Ursprung der heutigen Marketingstrategie in einem präsidialen Dekret von 1932 liegt. Das ordnete an, dass aller Exportkaffee den Schriftzug »Café de Colombia« tragen musste. Fedecafé griff das auf und bewirbt heute den exportierten Kaffee mit der Herkunftsbezeichnung »100% Café de Colombia«. Der permanente Hinweis blieb im Kopf der Käufer. Nach einer Umfrage von 2005 in den USA, dem wichtigsten Konsumentenmarkt, wussten 83 Prozent der Befragten, dass es kolumbianischen Kaffee gibt; die Hälfte glaubte, es sei der beste der Welt.

Für die Werbung hat der Verband die Figur des Juan Valdez erfunden: ein einfacher Kaffeebauer mit Strohhut und Schnauzbart, der seine in Hanfsäcke gepackte Ernte auf dem Rücken eines Eselchens in einer idyllischen Landschaft aus den Hügeln hinunter ins Tal bringt. Kurioserweise wurde dieser 1958 entworfene fast comicartig gezeichnete Sympathieträger im ersten Jahrzehnt seiner Existenz in Zeitungsanzeigen und Fernsehspots nicht von einem Kolumbianer, sondern von dem kubanischen Schauspieler José Duval dargestellt. Juan Valdez ist heute eine eigene Marke für kolumbianische Spitzenkaffees.

»Vom Preis eines Pfunds Kaffee in Europa kommen, wenn er unter den Bedingungen des Weltmarkts exportiert wird, beim Kaffeebauern im allerbesten Fall zehn Prozent an«, sagt Roberto Vélez Vallejo, der Geschäftsführer von Fedecafé. »Wenn wir vom Preis einer Tasse Kaffee in Zürich oder London ausgehen, sind es nicht einmal

0,1 Prozent.« Und was folgt daraus? »Wir müssen die eigenen Wertschöpfungsketten verlängern.« Genau das versucht Fedecafé. Unter der Marke Juan Valdez gibt es inzwischen über fünfhundert Verkaufsstellen in dreizehn Ländern, die meisten davon in Lateinamerika und in der Karibik, aber auch in den USA, in Spanien und im Nahen Osten. Vielen dieser Verkaufsstellen ist ein Café angeschlossen, das ähnlich eingerichtet ist wie die Etablissements der viel größeren US-amerikanischen Kette Starbucks. Auch in der Hauptstadt Bogotá und in anderen großen kolumbianischen Städten gibt es Läden und Cafés von Juan Valdez. Allerdings nur für eine zahlungskräftige Minderheit. »Unser Kaffee ist für die meisten Kolumbianer zu teuer«, sagt Vélez Vallejo. »Wir verdienen unser Geld in der Nische der Qualität, und da hat die Produktion ihren Preis.« Keine fünf Prozent der nationalen Ernte werden auf dem lokalen Markt verkauft. »Die meisten Kolumbianer trinken billigen Importkaffee.« Aber das sei ein soziales Problem, das Fedecafé nicht lösen könne.

Die in den Export gehenden 95 Prozent sind viel zu viel Menge, als dass sie über die Läden von Juan Valdez vermarktet werden könnten. Und nicht jeder Abnehmer will schon gerösteten und verpackten Kaffee. Fedecafé ist deshalb auch Vermittler zwischen Röstereien in den Konsumentenländern und den Produzenten im Hinterland von Kolumbien. Die sind viel zu klein und haben keine internationalen Kontakte. Fedecafé stellt die Verbindung her und hilft so, die wachsende Nachfrage nach Spitzenkaffees zu befriedigen; Kaffees, die nicht wild zusammengemischt sind, sondern bis auf die Finca zurückverfolgt werden können. Nur so kommen die Charakteristika einer besonderen Bohne zur Geltung, ein Ergebnis der Kombination aus Sorte, Boden, Höhenlage, Pflege der Plantage und Aufbereitung. Bei der Direktvermarktung erhalten die Produzenten bei entsprechender Qualität das Drei- bis Vierfache des Weltmarktpreises, bei absoluten Spitzenkaffees sogar noch mehr. Das Ziel ist immer, die Hungereinkommen, die bei der Vermarktung über die Kaffeebörsen erzielt werden, zu überwinden. Vélez Vallejo formuliert das so: »Wir wollen für unseren Kaffee einen Prosperitätspreis. Der nächsten Generation von Kaffeebauern soll es besser gehen als ihren Vätern.«

Die Voraussetzungen dafür, dass die nächsten Generationen überhaupt noch Kaffee anbauen können, soll das Centro Nacional de Investigaciones del Café (Cenicafé), das Nationale Zentrum für die Erforschung des Kaffees, schaffen. Der Sitz dieses Forschungsinstituts von Fedecafé liegt am Rand des Städtchens Manizales im Kaffeedepartement Caldas, mitten in mit Plantagen bestandenen Hügeln. Sechzig Forscher arbeiten hier an den Kaffeesorten der Zukunft. Agrarwissenschaftler gehören genauso zum Personal wie Mikrobiologen und Klimatologen. »Das Saatgut, an dem wir heute arbeiten, muss den klimatischen Bedingungen angepasst sein, die in dreißig Jahren herrschen«, sagt Vélez Vallejo. Denn es dauert fünf bis sechs Generationen von Pflanzen, mindestens 25 Jahre, bis neue Sorten genügend stabil sind, um den heutigen Qualitätsstandards für Saatgut zu genügen.

Fedecafé setzt dabei vor allem auf hybride Sorten, Neuzüchtungen, deren Gensatz Anteile von Robusta hat, weil diese Art mit dem Rostpilz eben sehr viel besser zurechtkommt. Die Kunst ist, den Bohnen gleichzeitig die für Robusta typische Bitterkeit zu nehmen. Die Konzentration auf rosttolerante Sorten ist eine Lehre aus der Epidemie von 2008 bis 2011. Damals konnte der Pilz in 65 Prozent der kolumbianischen Anbaufläche verheerend wüten; 35 Prozent waren mit hybriden Sorten bepflanzt. Das war allerdings viel mehr als in anderen lateinamerikanischen Ländern. Inzwischen stehen auf 87 Prozent des kolumbianischen Kaffeelands rosttolerante neue Sorten. Nur die Produzenten von absolutem Spitzenkaffee schwören weiterhin auf die klassischen Arabicas. Den Hybriden haftet das Stigma an, sie schmeckten immer noch ein bisschen nach Robusta. Doch Vélez Vallejo sagt: »Dieses Stadium haben wir längst überwunden. Bei Blindverkostungen schneiden unsere neuen Sorten oft besser ab als die Klassiker.«

Es gibt noch ein zweites Problem: *Hemileia vastatrix* passt sich an. »Man muss sich die Abermilliarden Sporen vorstellen wie einen riesigen Schlüsselbund«, sagt Vélez Vallejo. »Der Pilz probiert einfach alle durch, bis er einen findet, mit dem er eine neue Sorte knacken kann.« Die ältesten von Cenicafé entwickelten Sorten sind inzwischen anfällig für den Kaffeerost. Vélez Vallejo spricht deshalb nicht von »Resistenz«, sondern von »Toleranz«; die lasse im Lauf der Jahre nach, weil immer neue Mutationen des Pilzes auftauchen. Die Wissenschaftler bei Cenicafé müssen also nicht nur die klimatischen Bedingungen berücksichtigen, die in dreißig Jahren mutmaßlich herrschen werden, sondern auch mit neuen Varianten des Rostpilzes rechnen. Es ist ein nie endender Wettlauf, der sich um die Frage dreht: Werden neue hybride Sorten gefunden, bevor die Krankheit ihre Vorgänger vernichtet? Vélez Vallejo glaubt, dass die Forscher von Cenicafé diesen Wettlauf gewinnen können.

Fedecafé hat bis weit in die neunziger Jahre hinein empfohlen, auf den neu bepflanzten Plantagen die Produktivität so weit wie möglich zu steigern, um Krisen für die Mitglieder erträglicher zu machen. Man riet dazu, die Schattenbäume zu fällen, weil Monokulturen in der prallen Sonne höhere Erträge bringen. Funktionierende Ökosysteme, Biodiversität, Bodenerosion oder Wasserkreisläufe spielten dabei keine Rolle. Siebzig Prozent der Kaffeebauern haben sich an den Rat gehalten. Inzwischen haben die Forscher erkannt, dass in solchen Kulturen die fruchtbare Krume bei den stärker werdenden Regenschauern weggeschwemmt wird; was bleibt, laugt schneller aus. Die Bauern müssen also mehr in Düngemittel investieren und genauso in Pestizide. *Hemileia vastatrix* nämlich, haben sie gelernt, kann sich sehr viel schneller ausbreiten, wenn das schützende Dach der Schattenbäume fehlt. Zwar haben die großen Agrochemiekonzerne inzwischen sogenannte systemische Pestizide entwickelt, mit denen sich der Pilz in Schach halten lässt. Sie verhindern sein Keimen und die weitere Sporenproduktion. Aber sie sind teuer. Sie müssen auch zum genau richtigen Zeitpunkt ausgebracht werden; werden sie zu spät gesprüht, nützen sie nichts mehr.

Es waren nicht die chemisch hochgerüsteten Plantagen mit hohen Erträgen, die die kolumbianische Rostkrise von 2008 bis 2011 am besten überstanden haben, sondern traditionelle Betriebe mit biodiversen Schattenbäumen. Am besten kamen organisch bewirtschaftete Fincas durch die harten Jahre. Die Arbeiter dort sind es gewohnt, die Sträucher genau anzusehen. So erkennen sie schon die ersten befallenen Blätter und können früher als andere eingreifen. Cenicafé hat aus dieser Erfahrung gelernt und macht deshalb wieder Werbung für die althergebrachte Anbaumethode. Die mag in guten Jahren nicht so viel Gewinn bringen wie eine ganz auf Ertragssteigerung ausgerichtete Plantage, verspricht aber langfristig mehr wirtschaftliche Stabilität. Vélez Vallejo fasst die heutige Politik von Fedecafé so zusammen: »Unser Tisch hat drei Beine: eine gesunde Umwelt, gesunde soziale Verhältnisse, und eine Finca muss wirtschaftlich rentabel sein. Wenn ein Bein zu kurz ist, kippt der Tisch.«

Massenware, Bio, Fair Trade, Qualität – verschiedene Krisenstrategien

Die Kaffeebauern in anderen Ländern mussten ohne eine Organisation wie Fedecafé durch die Krise kommen, die sich nach 1989 – abgesehen von ganz wenigen Jahren – zu einer Dauerkrise entwickelte. Brasilien, der seit über 150 Jahren mit Abstand weltgrößte Produzent, setzte zunächst auf eine Industrialisierung der Großbetriebe, also auf Masse. Der Ertrag pro Hektar steigerte sich von 1990 bis 2020 auf durchschnittlich das Vierfache. Auf den Plantagen ohne Schattenbäume wurden die Sträucher immer enger aneinandergesetzt. Neuzüchtungen wie die Arabicasorte Catuai, die sehr viel kleiner ist als andere Arabicas und trotzdem hohe Erträge bringt, machten das möglich. Um die dreitausend Sträucher pro Hektar sind inzwischen eine übliche Dichte. Im brasilianischen Bundesstaat Minas Gerais sind Plantagen mit bis zu 20 000 Pflanzen bestockt. Zwischen den langen dichten Reihen sind Wege für die Erntemaschinen freigelassen; das mindert die Arbeitskosten. Diese Maschinen schütteln die Sträucher und fangen die herunterfallenden Kaffeekirschen auf. Hohe Qualitäten lassen sich damit nicht erreichen, weil unreife Kirschen genauso dabei sind wie reife und überreife.

Das Land stieg verstärkt auch in die Produktion von löslichem Kaffee ein und exportiert heute knapp zehn Prozent seiner Ernte in Form dieses Fertigprodukts. Abnehmer sind überwiegend ärmere Länder in Asien, denen Nescafé und Maxwell House zu teuer sind. Zudem profitierte Brasilien vom Rohstoffboom im ersten Jahrzehnt des Jahrtausends. Exportiertes Erdöl, Soja und Rindfleisch spülten Geld ins Land. Der linke Präsident Luiz Inácio Lula da Silva nutzte einen guten Teil davon für Sozialprogramme. Die Kaufkraft nahm zu, auch die der Armen. Gut zwanzig Millionen von ihnen stiegen in die untere Mittelschicht auf und konnten sich etwas leisten. Unter anderem tranken sie mehr Kaffee. Der Pro-Kopf-Verbrauch erhöhte sich von weniger als drei auf fast sechs Kilogramm im Jahr. Brasilianer trinken heute mehr Kaffee als Franzosen und etwa so viel wie Italiener und Deutsche. Sie verbrauchen vierzig Prozent der nationalen Ernte. Dieser Kaffee wird geröstet, verpackt und an die Konsumenten verkauft. Die Wertschöpfungskette ist also bedeutend länger als beim Export von Rohkaffee.

Der heimische Kaffee wurde auch besser. 1994 einigte sich die brasilianische Kaffeeindustrie auf das Siegel *Selo Pureza,* das besagt, dass die unter diesem Label verkauften Bohnen nicht mehr als ein Prozent andere Stoffe enthalten dürfen. Vorher war heftig mit geschmacklosen Füllstoffen gepanscht worden.

Auch Peru setzte auf höhere Erträge, allerdings nicht wie Brasilien durch Intensivierung, sondern durch eine Ausweitung der Flächen. Zwischen 1997 und 2007 wurden die Exporte um 73 Prozent gesteigert. Peru, das vorher nicht als Kaffeeland bekannt war, wurde zum viertgrößten Exporteur Lateinamerikas nach Brasilien, Kolumbien und Mexiko. Kaffee wurde zum wichtigsten landwirtschaftlichen Exportprodukt. Vor allem Nichtregierungsorganisationen sorgten dafür, dass die Bauern trotz niedriger Weltmarktpreise überleben konnten. In ländlichen Gegenden Perus sind sie traditionell einflussreich. Ihre Berater rieten den Kaffeebauern zu organischer Produktion und bildeten sie entsprechend aus. Heute kommen mehr als zwei Drittel der nationalen Ernte von Bioplantagen. Der höhere Preis, der mit diesen Bohnen erzielt werden kann, rechnet sich zwar nicht immer. Die Kosten der Produktion sind höher und auch die Zertifizierung als Biobetrieb muss von den Bauern bezahlt werden. Dafür ist der Preis dieser Ware sehr viel weniger starken Schwankungen ausgesetzt, als sie an den internationalen Kaffeebörsen üblich sind. Das Wirtschaften wird kalkulierbarer. Auch Mexiko und Guatemala stiegen verstärkt in die Produktion von Biokaffee ein. Mexiko exportiert inzwischen rund ein Viertel der weltweit gehandelten organischen Bohnen.

Die peruanischen Bauern profitieren noch von einem zweiten Nischenmarkt, zu dem sie über Nichtregierungsorganisationen Zugang fanden: Rund fünfzehn Prozent ihrer Ernten werden über Fair Trade, sogenannten gerechten Handel, verkauft. Der hat zwar nur in wenigen reichen europäischen Ländern einen nennenswerten Marktanteil von zwischen fünf und zehn Prozent und spielt weltweit gesehen keine Rolle. Wer seinen Kaffee aber darüber vermarkten kann, ist etwas besser dran als andere Bauern.

Die Anfänge von Fair Trade gehen auf die sandinistische Revolution in Nicaragua und den nachfolgenden Wirtschaftsboykott der USA gegen das zentralamerikanische Land zurück. Der US-Amerikaner Jonathan Rosenthal wollte diesen Boykott unterlaufen und gründete 1986 in Massachusetts die Organisation Equal Exchange. Darüber sollte Kaffee aus Nicaragua an Einkaufskooperativen für Lebensmittel in den USA verkauft werden. Rosenthal kaufte die Bohnen direkt bei Kooperativen und Kleinbauern ein und konnte ihnen so deutlich bessere Preise bieten als der Weltmarkt. Zudem unterstützte er die nicaraguanischen Produzenten mit Kreditprogrammen und Beratung bei der Umstellung auf ökologischen Landbau. Ein ähnliches Modell gab es zuvor schon in Deutschland. Seit 1975 kaufte die Gesellschaft zur Förderung der Partnerschaft mit der Dritten Welt (GEPA) mit Sitz in Wuppertal Kaffee und andere ehemalige Kolonialwaren zu festen Preisen direkt bei den Produzenten. Diese Produkte wurden nicht, wie bei Equal Exchange, an Einkaufskooperativen verkauft, sondern über die sehr kleine Nische der sogenannten Dritte-Welt-Läden vertrieben.

1988 wurde dann in Holland die erste europäische Fair-Trade-Organisation gegründet, die nicht nur eine kleine Marktnische bedienen wollte. Sie geht zurück auf den Priester Frans Van der Hoff und den Entwicklungshelfer Nico Roozen; Van der Hoff predigte seit 1980 in indigenen Gemeinden im mexikanischen Bundesstaat Oaxaca, und Roozen war seit 1984 im kirchlichen Entwicklungsdienst in Mexiko und in verschiedenen Ländern Zentralamerikas. Beide kannten die elenden Bedingungen der kleinen Kaffeebauern und wussten, dass sie von den *coyotes* um den größten Teil der Erlöse gebracht wurden. Die beiden gründeten zunächst eine Einkaufskooperative, beschafften sich einen Lastwagen und brachten die Ernte selbst aus den Anbaugebieten zum Hafen nach Veracruz. Schon allein dadurch konnte der Erlös der Kleinproduzenten fast vervierfacht werden.

Van der Hoff und Roozen wollten mehr. Sie wollten eine eigene Kaffeemarke, versehen mit einem Vertrauen schaffenden Siegel, und das sollte in den Regalen europäischer Supermärkte neben dem Kaffee der internationalen Großröster stehen. Am 15. November 1988 kam ihr *Café Solidaridad,* versehen mit dem Siegel Max Havelaar, mit royaler Werbung auf den Markt; der Käufer der ersten Packung war Claus von Amsberg, der Prinzengemahl der damaligen holländischen Königin Beatrix. Namensgeber des Siegels war der fiktive Max Havelaar, der im 1860 erschienenen gleichnamigen Roman von Eduard Douwes Dekker die sozialen Verhältnisse in den Kaffeeanbaugebieten der holländischen Kolonie Java anprangerte. Das Siegel schaffte den Sprung von Holland in die Schweiz. Heute gibt es Max-Havelaar-Ware auch in Belgien, Dänemark, Frankreich und Norwegen. Zum Kaffee kamen Kakao, Schokolade, dann Honig, Bananen und Tee.

Eine Organisation, die ebenfalls den Massenmarkt der großen

Lebensmittelketten im Auge hatte, entstand 1992 mit dem Verein Transfair, dessen direktes Vorbild das Max-Havelaar-Siegel war. Beteiligt waren zehn Organisationen, hauptsächlich mit christlichem Hintergrund, aber auch die Friedrich-Ebert-Stiftung der Sozialdemokratischen Partei Deutschlands und das Bildungswerk des Deutschen Gewerkschaftsbundes. 1997 entstand daraus die Dachorganisation Fairtrade Labelling Organizations International (FLO), deren Fair-Trade-Siegel heute außer in Deutschland auch in Italien, Österreich, Kanada, den USA und Japan vertreten ist. 2004 wurde schließlich die Zertifizierungsfirma FLO-Cert als unabhängige Tochter gegründet. Seither müssen die mit Fair-Trade-Siegel vermarktenden Produzenten ihre Zertifizierung selbst bezahlen. Vorher war das von den Konsumenten übernommen worden; man hatte die Kosten auf die Verkaufspreise umgelegt.

Lateinamerikanische und karibische Produzenten, die ihre Waren über diese Kanäle vermarkten, werden von der Coordinadora Latinoamericana y del Caribe de Comercio Justo (CLAC), der Koordinationsstelle für gerechten Handel in Lateinamerika und der Karibik, in San Salvador betreut. Sie vertritt sozusagen die FLO in der Region. Das Büro ist in einem lichten Gebäude im Bauhausstil aus Beton und Glas ganz oben im Stadtviertel Escalón der salvadorianischen Hauptstadt untergebracht, wo die Luft nicht so drückend ist und die Botschafter reicher Länder ihre Residenzen und internationale Handelsfirmen ihre Niederlassungen haben. Im Hof steht ein neuer großer Geländewagen. Internationale Nichtregierungsorganisationen haben in Ländern wie El Salvador ein hohes soziales Prestige und zeigen das auch gerne, ihre Angestellten werden in der Regel besser bezahlt als die von einheimischen Betrieben. Claudia Jiménez betreut von dort aus die salvadorianischen Kaffeeproduzenten, deren Bohnen das Fair-Trade-Siegel tragen. Alle sind Kooperativen, wobei jedes Mitglied nicht mehr als dreißig Hektar Land bewirtschaften darf. Sonst betrachtet sie die CLAC nicht mehr als Kleinproduzenten, für die das Fair-Trade-Programm da ist.

Die Kriterien, die erfüllt werden müssen, um das Siegel zu erhalten, sind standardisiert, erklärt Jiménez. Alle wirtschaftlichen Prozesse des Betriebs, von Versammlungen bis hin zu Entscheidungen, müssen dokumentiert werden. Alle Entscheidungen müssen demokratisch und partizipativ getroffen werden, also auch unter Einbeziehung der Frauen. Es gibt regelmäßige Finanzkontrollen von CLAC, um Korruption vorzubeugen. Es dürfen keine gefährlichen Pestizide verwendet werden wie etwa Glyphosat, wobei Jiménez weiß, dass alternative Produkte oft deutlich teurer sein können. Kinderarbeit ist verboten, obwohl die bei der Kaffeeernte in Zentralamerika noch immer gang und gäbe ist. Die erste Zertifizierung kostet umgerechnet rund 2300 Euro. Für kleine Kooperativen ist dies ein Batzen Geld. Die folgenden jährlichen Kontrollen aber sind deutlich günstiger. Nach drei Jahren muss die Zertifikation erneuert werden.

Wer diesen Prozess durchlaufen hat, dem garantiert CLAC einen Mindestpreis – Ende 2022 lag er bei 1,40 Dollar pro US-amerikanisches Pfund Rohkaffee (454 Gramm). Ist der Preis an der New Yorker Börse höher, wird dieser höhere Preis bezahlt. Zusätzlich erhält die Kooperative für jedes Pfund einen Sozialbonus von zwanzig US-Cent. Fünf Cent davon müssen in die Produktion investiert werden, der Rest in soziale oder Umweltprogramme. CLAC organisiert den direkten Export – die allermeisten Kooperativen haben dafür keine eigenen Kontakte.

Nur wenige profitieren davon. »Der Markt für Fair Trade ist noch immer viel zu klein«, sagt Jiménez. »Lange nicht alle, die daran teilnehmen wollen, können das auch.« Und der Markt ist unübersichtlich geworden. Großkonzerne wie Starbucks etwa verkaufen nur einen ganz kleinen Teil ihrer Ware mit dem Fair-Trade-Siegel, um sich als sozial verantwortlich darstellen zu können. Zudem gibt es inzwischen eine unübersehbare Zahl von weiteren Siegeln, die Verbraucher eher verwirren als ihnen ein einfaches Kriterium für die Kaufentscheidung an die Hand zu geben. Vor allem der Biosektor ist kaum mehr zu durchschauen. Es gibt lange nicht nur das grüne Blatt mit weißen Sternen als Zeichen, dass ein Produkt nach der relativ weit gefassten Öko-Verordnung der Europäischen Union hergestellt wurde. Daneben kann man eine Vielzahl weiterer Siegel finden, von *Bird friendly* (vogelfreundlich) bis hin zu *Shade Grown Coffee* (im Schatten gewachsener Kaffee). Solche Siegel haben oft liederlich vage Kriterien und dienen im Wesentlichen dazu, den Röstern, die sie auf ihre Verpackungen kleben, einen umweltfreundlichen oder sozialen Anstrich zu geben.

Viele Kaffeebauern in Costa Rica sind nicht auf Siegel angewiesen. Schon vor der großen Krise hatten sie sich von der Massenproduktion verabschiedet. Die Kaffeeindustrie des Landes ist von mittelgroßen Familienbetrieben geprägt. Sie suchen ihre Marktnische im

Segment der hochpreisigen Qualitätsbohnen. Zwar überlebten auch viele kleine Plantagen in Costa Rica nicht die Jahre der Niedrigstpreise. Die anderen aber versuchten verstärkt, ihre Ernten nicht mehr über Exportfirmen, sondern direkt an Röstereien in den USA und Europa zu verkaufen und so ohne die Gewinnspannen der Zwischenhändler höhere Preise zu erzielen. Das Internet hilft bei der Kontaktanbahnung. Die wesentliche Voraussetzung für den Erfolg aber sind besondere Kaffees mit eigenem Charakter. Das Qualitätssegment, in dem sich solche Direktvermarkter bewegen, wird oft etwas hölzern das der »Spezialitätenkaffees« genannt, bisweilen spricht man auch hochtrabend von »Gourmetkaffees«. Wir bezeichnen es als das der »Fincakaffees«, weil Konsumenten solchen Kaffee zur Plantage, von der er stammt, zurückverfolgen können. Costa Rica war das erste Land, in dem dieses Prinzip von vielen Kaffeebauern mit Erfolg angewandt wurde.

Für Spitzenkaffee zeichnet sich damit eine Entwicklung ab, die in der europäischen Weinproduktion bereits vor bald fünfzig Jahren begonnen hat. Bis in die achtziger Jahre wurde Wein zum Beispiel in Deutschland vor allem von Supermarktketten vertrieben. Die brauchen riesige Mengen derselben Ware, die immer gleich schmecken soll. Das konnten nur Großbetriebe oder Weinbaugenossenschaften liefern. Das Hauptaugenmerk liegt auf dem hohen Ertrag; die Qualität spielt eine untergeordnete Rolle. Die Verbraucher wussten gerade noch, ob es sich um Chianti oder um Bordeaux handelte, aber sie wussten nicht, wo genau dieser Wein herkam und was genau in der Flasche war.

Dass da alles Mögliche drin sein konnte, erfuhren viele erst bei den Weinpanschskandalen von 1985. Unter anderem wurde damals entdeckt, dass österreichischer Massenwein mit Glykol versetzt worden war, einem Frostschutzmittel, das Autofahrer im Winter zum Wasser in ihre Scheibenwischanlage schütten. In mehreren europäischen Ländern wurde österreichischer Wein daraufhin vom Markt genommen – eine Katastrophe für die betroffenen Weinbauern. Ähnliche Skandale gab es in Deutschland und in Italien. Das Vertrauen der Verbraucher war verspielt.

Der Skandal eröffnete aber auch Raum für kleine und mittlere Betriebe, die vorher im Schatten der Massenproduktion großer Genossenschaften und Großproduzenten nur einen kleinen Kreis von Weinliebhabern bedienten. Letztere mussten bereit sein, ein bisschen mehr zu bezahlen. Die Zahl solcher kleinen und mittleren Weinbaubetriebe nahm nach den Skandalen deutlich zu. Viele, die vorher ihre Ernte bei großen Genossenschaften abgegeben hatten, kelterten nun den eigenen Wein mit ganz eigenem Charakter. Die Verbraucher wussten, wo er herkam und welcher Winzer dahinterstand. So konnte Vertrauen zurückgewonnen werden. Heute wird in Deutschland rund die Hälfte des Weins entweder von den Betrieben direkt vermarktet oder über den Fachhandel vertrieben. Die Käufer wissen sehr viel mehr als noch vor dreißig Jahren über das, was sie trinken, und sie wollen auch wissen, wo ihr Wein herkommt.

Davon ist Fincakaffee noch weit entfernt, aber sein Marktanteil wächst. Das erfordert mehr Kaffeewissen bei den Produzenten und bei den Konsumenten, und es braucht eine Vermarktungsstrategie.

Entscheidend war dafür ein Wettbewerb, den Röster aus den USA und Japan 1999 zusammen mit brasilianischen Produzenten ins Leben riefen. Sie nannten ihn *Cup of Excellence* (exzellente Tasse). Solche Wettbewerbe für den jeweiligen nationalen Markt gibt es heute in zehn lateinamerikanischen Ländern und fünf weiteren in Afrika und Asien. Die Idee ist denkbar einfach: Produzenten reichen eine bestimmte Menge ihrer besten Ernte ein, die dann unter denselben Bedingungen geröstet und von ausgebildeten *catadores* verkostet und bewertet wird. Die Ergebnisse werden veröffentlicht. Dann werden die eingereichten Mengen über das Internet versteigert. In der Regel bezahlen Röster aus Japan, Südkorea oder Britannien die höchsten Preise; sie können den Weltmarktpreis um ein Hundertfaches übersteigen. So erzielte der Wettbewerbsgewinner 2022 in Costa Rica, ein Arabica der Sorte Geisha, der mit dem Honey-Prozess aufbereitet wurde, einen Preis von 140 US-Dollar pro US-amerikanisches Pfund. Der Kaffeebauer Luis Calderón erhielt also für die eingereichten 530 Pfund fast 75 000 Dollar.

Solche Kaffees sind nur für Leute mit sehr viel Geld. Wer ist schon bereit, in einer Kaffeeboutique zwei- oder dreihundert Dollar für ein Pfund hinzulegen; so viel kostet er mindestens für den Endverbraucher. Aber wichtiger als die Preise für die Gewinner des Wettbewerbs war seine Sogwirkung. Die Kaffeebauern lernten, dass man mit besonderen Kaffees bei der Direktvermarktung deutlich höhere Preise erzielen kann. Bei Fincakaffees spielt der gesamte Produktionsprozess eine Rolle: die Pflege der Plantage, die Ernte von auf den Punkt genau reifen Kirschen, das Aussortieren von geschädigten Bohnen und die sorgfältige Aufbereitung nach verschiedenen Methoden. Nur dann können gute Röster alle in den Bohnen schlummernden Aromen und Geschmacksnoten zur Geltung bringen. Wenn die Qualität stimmt, ergeben sich oft langjährige Beziehungen zwischen Röstern und Kaffeebauern. Es gibt immer mehr kleine unabhängige Röstereien, die auf dieses Marktsegment setzen; allein in Deutschland sind es über sechshundert. Meist steht auf ihren Packungen nicht nur die Arabicasorte der Bohnen, sondern auch die Region, aus der sie stammen, die Finca, ihre Höhe über dem Meeresspiegel und die Aufbereitungsart. Dazu oft noch ein paar Verkostungsnotizen über Aromen und Geschmacksnoten wie »brauner Zucker, Maraschinokirsche, Meringue, Vanille« und ein »langer Nachhall«.

Solcher Kaffee macht zwar mehr Arbeit, er wird aber auch deutlich besser bezahlt. Für die Verbraucher in Europa oder den USA kostet er knapp das Doppelte der Supermarktkaffees der internationalen Großröster, absolute Spitzenkaffees auch mehr. In Guatemala und Costa Rica wird bereits die Hälfte der jeweiligen nationalen Ernte als Fincakaffee vermarktet. Es ist der vielleicht vielversprechendste Weg, als Kaffeebauer trotz Niedrigstpreisen an den Börsen ein akzeptables Auskommen zu haben.

El Salvador – keine Strategie, aber viele Wege

Das einzige Land, in dem es keinerlei nationale Strategie zum Überleben in der Krise gibt, ist El Salvador, die einstige Kaffeerepublik. Auf den Preissturz von 1989 regierte die regierende neoliberale rechtsextreme ARENA-Partei, indem sie einfach auf einen ganz anderen Sektor setzte, die verarbeitende sogenannte Maquiladora-Industrie – und das, obwohl der damalige Präsident Alfredo Cristiani selbst riesige Kaffeeplantagen besitzt. Seine Familie aber verdiente längst sehr viel mehr Geld mit Banken, Versicherungen und mit einem Quasimonopol für den Import und den Verkauf von hybridem Saatgut und der dazugehörenden Agrochemie. Cristiani schuf zollfreie Produktionszonen, in denen sich Schwitzbuden der internationalen Textilindustrie niederließen. Die Löhne dort sind vergleichbar mit jenen, die auf den Kaffeeplantagen der Großgrundbesitzer bezahlt werden; die Arbeitsbedingungen können noch härter sein. Textilien wurden, was den Umsatz angeht, schnell zum weitaus wichtigsten Exportgut. Kaffee spielte bald nur noch eine untergeordnete Rolle. Aber die Zahlen der Statistik täuschen. Die Wertschöpfung der salvadorianischen Maquiladora-Industrie ist gering. Die Stoffe werden oft schon zugeschnitten importiert und nur noch vernäht. Zieht man die Importkosten für Halbfertigwaren von den Exporterlösen ab, bleibt nur wenig Gewinn in El Salvador.

Der neue Industriezweig konnte lange nicht alle Kräfte absorbieren, die in der Krise ihre Arbeit auf den Kaffeeplantagen verloren hatten. Die Folge war eine verstärkte Auswanderung, wobei nur schwer unterschieden werden kann, wer das Land wegen des Bürgerkriegs, wegen der überbordenden Gewaltkriminalität danach oder wegen Armut, Arbeitslosigkeit und fehlender Perspektiven verlassen hat. Jedenfalls stieg die Zahl der Emigranten mit der Kaffeekrise noch einmal an. Vielleicht war das auch gewollt. »Unsere politischen Führer sehen das Potenzial nicht, das die Kaffeeproduktion hat«, sagt Manuel Osorio. »Damit kommen derzeit pro Jahr nur gut hundert Millionen Dollar ins Land. Die Überweisungen der Auslandssalvadorianer aber belaufen sich auf über sieben Milliarden. Unsere Regierung will, dass die Leute in die USA gehen.«

Osorio ist Agraringenieur in der Forschungsabteilung des staatlichen Nationalen Zentrums für land- und forstwirtschaftliche Technologie (CENTA) und dort der einzige, der sich mit Kaffee befasst. Sein Büro in einem schlichten eingeschossigen Bau gleich hinter den Maya-Ruinen von San Andrés zeigt, dass die Regierung seiner Forschung keinen hohen Stellenwert beimisst. Er teilt sich das dunkle Zimmer mit fünf Kollegen, die sich anderen Nutzpflanzen widmen. Die kleinen Metallschreibtische stammen dem Augenschein nach aus den sechziger Jahren, die Bürostühle sind abgenutzt und wackelig.

»Wir bräuchten mindestens fünfzehn bis zwanzig Ingenieure in der Forschung«, sagt Osorio. »Und hundert Berater für die Kaffeebauern. Aber wir haben gerade einmal zwanzig.« Es gebe keine nationale Strategie für den Kaffeesektor, allenfalls einzelne kurzfristige Programme, die von internationalen Geldgebern finanziert werden. So sind 2021 und 2022 achtzehn Millionen Setzlinge von rosttoleranten Sorten unter den Kaffeebauern verteilt worden, dazu die nötigen Fungizide auf der Basis von Kupfer. Osorio und seinen Landwirtschaftsberatern bleibt dann nichts anderes, als möglichst vielen Kleinproduzenten beizubringen, wie man mit Pflanzen und Gift verantwortungsvoll umgeht. Der Niedergang der salvadorianischen Kaffeeindustrie aber sei so nicht aufzuhalten.

Die Zahlen in seinem Computer belegen das. El Salvadors Ernte zu Beginn der Krise lag bei knapp über 167 000 Tonnen Rohkaffee und sank seither kontinuierlich. Die Ernte von 2021/2022 erbrachte gerade noch 42 230 Tonnen, den bisherigen Tiefststand erreichte sie mit den 32 200 Tonnen der Kaffeerosternte von 2013/2014. Der einst größte Kaffeeproduzent Zentralamerikas wurde längst von seinen Nachbarn weit hinter sich gelassen. Honduras produziert heute mehr als 360 000 Tonnen im Jahr, Guatemala über 230 000 Tonnen.

In beiden Ländern gibt es eigene Forschung. Die Setzlinge, die in El Salvador verteilt wurden, stammten aus Guatemala. Dort wurden, wie in Honduras, inzwischen rosttolerante Sorten gezüchtet, deren Erbgut Teile von Robusta enthält. In El Salvador findet Forschung, wenn überhaupt, nur auf private Initiative hin statt. So betreibt die World Coffee Research (WCR), eine gemeinnützige internationale Forschungs- und Entwicklungsorganisation, in der Nähe von Santa Ana die kleine Versuchsfarm Flor Amarillo. WCR will Kaffee als nachhaltiges Produkt entwickeln, das unter sozial akzeptablen Bedingungen angebaut werden und trotz Klimawandel und Kaffeerost rentabel sein soll. Dazu hat die Organisation Dutzende Farmen in vielen Kaffee produzierenden Ländern aufgebaut, auf unterschiedlichen Höhen und mit unterschiedlichen Böden. Flor Amarillo liegt 950 Meter über dem Meeresspiegel – auf einer Höhe, auf der Kaffeeanbau in Zentralamerika, wenn überhaupt, eine sehr schwierige Zukunft haben wird.

Die Versuchsanordnungen auf allen diesen Farmen entsprechen sich. Auf einem Feld stehen 28 verschiedene Arabicasorten, überall auf der Welt dieselben. Der Ertrag jeder Sorte und ihre Anfälligkeit für Krankheiten werden registriert. So soll herausgefunden werden, welche Sorte in welcher Region in welcher Höhe und mit welchen Böden am besten geeignet ist. Auf einem zweiten Feld steht eine Sammlung von neunhundert verschiedenen Genotypen, also Kaffeesträuchern mit unterschiedlichem Erbgut. Viele davon sind wilde Sorten, die noch nicht domestiziert sind. Hier wollen die Forscher des WCR herausfinden, welche dieser Genotypen die größte genetische Vielfalt haben, welche als Grundlage für neue hybride Sorten in Frage kommen und aus welchen man unter Umständen stabiles Saatgut züchten könnte. Im letzten der drei Versuchsfelder wird mit sogenannten F1-Pflanzen experimentiert. Dabei handelt es sich um die erste Generation von neuen hybriden Sorten.

Julio Alvarado, der gerade in Italien seinen Master in Kaffeewirtschaft abgeschlossen hat und die Versuchsfarm Flor Amarillo allein betreibt, hat wilde Sorten aus Äthiopien mit domestizierten einheimischen Sorten gekreuzt, in 76 verschiedenen Variationen. Die dabei entstandenen neuen Pflanzen werden in einem biologischen Labor vervielfältigt – ansonsten müsste man mehrere Generationen und rund dreißig Jahre warten, um einigermaßen gleichmäßiges Saatgut zu erhalten. Aus seinen Kreuzungen muss Alvarado die vier auswählen, die am besten vier Kriterien erfüllen: Sie müssen stabiles Saatgut liefern, hohe Erträge bringen, möglichst resistent gegen Kaffeerost sein und geröstet und aufgebrüht einen aromatischen Kaffee ergeben. Die ausgewählten Kreuzungen kommen in eine zweite Versuchsphase. »Am Ende bleibt eine oder gar keine Sorte übrig, die dann zur Marktreife weitergezüchtet werden kann«, erklärt Alvarado. Seine Experimente stecken noch in den Kinderschuhen; aus seiner Versuchsfarm hat es noch keine neue Sorte zur Marktreife gebracht.

Mangels einer nationalen Strategie versucht in El Salvador jeder Kaffeeproduzent, auf eigene Faust zu überleben. Es gibt Anhänger aller möglichen Wege zur Überwindung der Krise, die in anderen Ländern ausprobiert wurden. Die einen setzen weiterhin auf Massenproduktion, andere auf neue hybride Sorten, ein kleiner Teil vermarktet die Ernte über Fair-Trade-Kanäle, und immer mehr mittlere und kleine Betriebe versuchen es mit Qualität und einer längeren Wertschöpfungskette.

Eduardo Palomo kommt aus einer alten Familie der Kaffeeoligarchie. Sein Großvater mütterlicherseits entdeckte auf einer seiner Plantagen eine spontan entstandene Arabicamutation. Er isolierte sie, züchtete Saatgut und nannte sie nach seinem Nachnamen »Pacas«. Die Sorte wird noch heute fast überall in Zentralamerika angebaut. Es sind relativ kleine Sträucher, die sich für eine dichte Bestockung eignen. Sie haben gute Erträge und können, wenn sie in Höhen um die 1600 Metern angebaut werden, bei entsprechender Sorgfalt einen sehr guten Kaffee ergeben. Palomos Vater, mit Vornamen ebenfalls Eduardo, war während des Bürgerkriegs Präsident des nationalen Unternehmerverbands ANEP. Er selbst war Präsident des Nationalen Olympischen Komitees und ist noch immer Vorsitzender des salvadorianischen Ruderverbands; er hat diesen Sport lange selbst erfolgreich praktiziert. Solche Karrieren sind typisch für die Mitglieder von Oligarchenfamilien. Nebenbei erzählt Palomo, dass sich die Herkunft seiner Familie bis nach Spanien zurückverfolgen lässt. Aber ihm ist Standesdünkel fremd. Er hat einen eher derben Humor und gibt sich als umgänglicher Mann vom Land, der in Jeans, Holzfällerhemd und Sonnenhut in seinen Pflanzungen zu finden ist.

Palomo besitzt in Juayúa mehrere Fincas, zusammen knapp dreihundert Hektar; seine Geschwister haben weitere Güter. Eduardos Land ist vom feinsten – vulkanische Böden in Höhenlagen zwischen 1250 und knapp 2000 Metern. Seine Arbeiter stellen das eigene Saatgut in einer großen Baumschule her. In langen Reihen stehen dort die keimenden Sprosse auf lockerem sandigem Boden. Wenn sie größer sind, werden sie mit ein paar Handvoll Erde in einen kleinen Plastiksack umgepflanzt und wachsen in einer Art Hangar, der aus Zweigen und Blätterwerk gebaut ist, heran. Der schützt die Jungpflanzen so lange vor Sonne und Regen, bis sie draußen auf die Plantage gesetzt werden können.

Palomo lässt seine Sträucher so eng setzen, dass es außerhalb der wenigen Wege kaum möglich ist, sich durch die Plantagen zu schlagen. Man bedauert die Erntearbeiter, für die jeder Schritt ein Kampf sein muss. Über fünftausend Pflanzen stehen auf einem Hektar, hauptsächlich die Arabicasorten Bourbon und Pacas. Mit rosttoleranten neuen Hybriden hat er bislang nur ein bisschen experimentiert. Seinen Arbeitern bezahlt Palomo den gesetzlichen Mindestlohn für ländliche Gegenden, 240 Dollar im Monat – das ist weniger als die Hälfte der minimalen Lebenshaltungskosten in El Salvador, ein Hungerlohn. Er sagt, er habe Probleme, in der Erntezeit genügend Pflücker zu finden.

Seine Fincas sind ganz auf hohe Erträge ausgerichtet. Es gibt so gut wie keine Schattenbäume. Nur an ein paar wenigen Stellen, wo vor allem im Oktober starke Winde einfallen und die Pflanzen schädigen könnten, stehen ein paar Reihen mit Windbrechern. Schatten aber, meint Palomo, brauche es nicht. »Die Wolken und der Nebel, den es hier oben häufig gibt, sind genug.« Nur oberhalb einer den Berg hinauf wachsenden Plantage steht ganz am Ende noch ein kleines ursprüngliches Wäldchen. Palomo will auch diese Bäume demnächst fällen und auf dem Gipfel Kaffee anbauen. Für ihn zählt nur der Ertrag, und auf den ist er stolz. Bis zu siebzig Quintales – umgerechnet gut 3,2 Tonnen – hole er aus einem Hektar. Das ist das Achtfache des derzeitigen durchschnittlichen salvadorianischen Ertrags.

Palomo bereitet seinen Kaffee nicht selbst auf. Er lässt ihn zum *beneficio* einer großen Kooperative in der Nähe fahren, wo er dann im Nassverfahren vom Fruchtfleisch befreit und getrocknet wird. Die Qualität interessiert ihn nicht, er verkauft nach Weltmarktpreisen. Dort gibt es zwar auch differenzierte Preise, aber die richten sich nicht nach der Qualität der Bohnen, sondern schlicht nach der Herkunft. Palomos Kaffee fällt, wie aller aus Zentralamerika, in die Börsenkategorie *Otros Suaves* (andere Milde), die nach den *Suaves Colombianos* (kolumbianischen Milden) die zweithöchste ist. Innerhalb dieser Kategorie wird noch einmal nach Höhenlage unterschieden, und da sind Palomos Bohnen in der höchsten Preisklasse SHG, was für *strictly high grown* steht und in Zentralamerika für Kaffee gilt, der in über 1200 Metern Höhe angebaut wird.

Die Höhenlage seiner Fincas hat Palomo bislang vor großen Rostausbrüchen verschont, aber er weiß, dass es mit an Sicherheit grenzender Wahrscheinlichkeit schlimmer werden wird. Hybride Sorten sind für ihn keine Lösung des Problems, er setzt auf die Wissenschaft. »Langfristig führt kein Weg an genmanipuliertem Saatgut vorbei«, ist er überzeugt. Dass solcher Kaffee nach derzeitiger Rechtslage in der Europäischen Union nicht verkauft werden darf, hält er für neokolonialistische Politik. »Die Europäer wollen uns zwingen, so zu produzieren, wie sie es wünschen«, sagt er. »Wer das nicht tut, wird vom Markt ausgeschlossen.«

Ganz in der Nähe der Ländereien Palomos arbeitet Luis Canales nach einem ähnlichen Prinzip. Auch er bestockt seine Finca eng, mit fast fünftausend Pflanzen pro Hektar. Auch er hat nur wenige Schattenbäume, bereitet seine Ernte nicht selbst auf und verkauft unter Weltmarktbedingungen nach Gewicht. Auch bei ihm spielt Qualität eine untergeordnete Rolle. Aber er ist kein Großgrundbesitzer wie Palomo, sondern besitzt nur 28 Hektar. Und seine Flächen liegen tiefer, rund neunhundert Meter über dem Meeresspiegel. Sein Kaffee ist also nicht mehr SHG, sondern nur noch HG, *high grown;* der Weltmarktpreis ist entsprechend niedriger. Aber auch bei ihm zählt nur das Gewicht, weshalb der Ertrag für ihn wie für Palomo der alles entscheidende Faktor ist. »Mit einem Weltmarktpreis von einem Dollar pro Pfund komme ich gerade noch über die Runden«, sagt er. Zum Zeitpunkt unseres Besuchs schwankte dieser Preis zwischen 1,50 und 1,60 Dollar; Canales war zufrieden.

Nicht nur Größe und Höhenlage unterscheidet seine Finca von

denen des Oligarchen Palomo. Canales baut ausschließlich rosttolerante Hybridsorten an, und das schon seit zwei Jahrzehnten. »Das war eine Entscheidung meines Vaters«, erzählt er. »Sie hatte ausschließlich wirtschaftliche Gründe.« Den ersten Hybriden eilte noch der Ruf voraus, sie seien so bitter, dass sie allenfalls für Mischungen taugten. Aber wenn nur Gewicht und Höhenlage die Erlöse bestimmen, kann man aus rein wirtschaftlichen Gründen die Qualität vernachlässigen. Der Sohn ist glücklich mit der Entscheidung des Vaters. Er kam gut durch die Rostkrise, obwohl sich der Pilz in dieser Höhe damals rasend schnell ausgebreitet hat. Die Nachbarplantage hatte einen totalen Ernteausfall und wurde von ihrem Besitzer aufgeben. Sie ist inzwischen verwildert. Der Rost sitzt in den Blättern der lange nicht mehr zurückgeschnittenen Kaffeesträucher. Canales beunruhigt dies nicht, dabei ist es nur eine Frage der Zeit, bis eine Mutation der Abermilliarden Sporen von *Hemileia vastatrix* einen Weg findet, auch seine Sorten zu befallen. Eine solche Mutation kann sich dann schnell auf seiner Finca ausbreiten.

Die Kooperative La Majada dagegen baut hauptsächlich klassische Arabicasorten an, Bourbon und Pacas. Nur bei Neubestockungen werden mehr und mehr hybride Sorten verwendet – eine Lehre aus der Kaffeerostkrise von 2013 und 2014. Damals hatte die Kooperative einen Ernteverlust von 86 Prozent, obwohl ihre gut vierhundert Hektar Land in Höhen zwischen 1400 und 1700 Metern liegen. Damals dachte man noch, solche Plantagen seien rostsicher. Bis 2022 hatten sich die Pflanzungen einigermaßen erholt, lieferten aber Erträge von nur rund 250 Kilogramm pro Hektar – zu besten Zeiten rechnete man in der Kooperative mit bis zu 850 Kilogramm.

Mit gut vierhundert Hektar ist La Majada eine der größten Kooperativen, die aus der Agrarreform von 1980 hervorgegangen sind und noch immer bestehen. Ihr Kaffeeland liegt rund um den Coatepeque, ein knapp 25 Quadratkilometer großer kreisrunder Kratersee im Westen von El Salvador. »Die ersten zwölf Jahre haben wir unsere Ernte an ein großes *beneficio* verkauft«, erzählt José Rigoberto Rojas, der eine Zeitlang Präsident von La Majada war und heute alle Kaffeeproduzenten des Landes koordiniert, die einen Teil ihrer Bohnen über die Fair-Trade-Kanäle von CLAP verkaufen. 1992 investierte die Kooperative in ein eigenes *beneficio,* das zu den größten des Landes gehört und neben der eigenen auch die Ernte vieler benachbarter Güter verarbeitet. Rund zehn Prozent des salvadorianischen Kaffees gehen durch diese Aufbereitungsanlage. Neben den höheren Erlösen für den eigenen Kaffee kommen so zusätzliche Einnahmen in die Kasse.

Um die Einnahmen weiter zu steigern, hat die Kooperative eine Marke geschaffen. Kaffee wird geröstet, verpackt und an Supermärkte in einer etwas billigeren und einer etwas teureren Variante ausgeliefert. Fünfzehn bis zwanzig Prozent der Ernte nimmt der lokale Markt inzwischen auf – zu Preisen, die unabhängig von den Weltmarktpreisen sind. Um weitere Einnahmen und Arbeitsplätze zu schaffen, hat der Kaffeebetrieb ein touristisches Projekt verwirklicht, ein rustikales Restaurant mit salvadorianischer Hausmannskost. Von der Terrasse aus hat man einen weiten Blick über den Coatepequesee. Hinter dem Restaurant stehen zwischen Kaffeesträuchern und Schattenbäumen ein paar kleine Bungalows, in denen Gäste übernachten können.

Seit 2008 vermarktet La Majada einen Teil der Ernte mit dem Fair-Trade-Siegel. »Wir haben fast immer vom garantierten Mindestpreis profitiert«, sagt Rojas. Nur bei zwei Ernten lag der Weltmarktpreis darüber. Vom Sozialbonus konnten sie Häuser für zehn Kooperativenmitglieder bauen, die zuvor in erbärmlichen Hütten wohnten. Und sie bezahlen 24 älteren Mitgliedern, die nicht mehr arbeiten können, eine kleine Rente. »Aber man darf sich nichts vormachen«, sagt Rojas. »Der Unterschied zwischen Fair Trade und der Vermarktung nach Weltmarktregeln ist der zwischen Armut und Elend.«

Eduardo Mendoza besitzt kein eigenes Land, und doch ist er eine Größe im salvadorianischen Kaffee. Er ist einer der erfahrensten und bekanntesten *catadores* und bildet solche auch aus. Er hat schon Tausende von Kaffees bewertet, sehr gute genauso wie sehr schlechte. Wenn er bei einer Verkostung den Kaffee vom sogenannten Cuppinglöffel schlürft, dauert das nicht länger als ein Augenzwinkern und macht ein pfeifendes Geräusch. Das Getränk soll mit viel Luft den Gaumen benetzen, um alle Aromen zu entfalten, und Mendoza macht das so schnell wie kein anderer. Er schwört auf traditionelle Sorten. »Resistente und tolerante Sorten mögen den Markt bedienen«, sagt er. »Aber sie können keinen Konsumenten befriedigen, der eine exotische Tasse erwartet.« Dafür brauche es mehr Süße, und die lieferten nur Arabicas wie Bourbon, Pacamara oder Kenia. Resistente Sorten wie Catimor oder Sachimor hätten noch immer einen trockenen, holzigen und bitteren Abgang. Mendoza ist anspruchsvoll.

Seit zwei Jahren ist er Verwalter einer kleinen Finca am Rand von Juayúa, gerade knapp fünf Hektar groß und auf 1450 Metern Höhe. Er hat die Besitzer von seinem Konzept überzeugt. Die Reihen dort sind luftig bestockt, alle anderthalb Meter eine Pflanze. Es gibt viel Schatten. Bisweilen fühlt man sich fast wie in einem Wald, in dessen Unterholz Kaffeesträucher wachsen. Natürlich stehen dort nur klassische Arabicas, roter und orangener Bourbon, Pacamara, Geisha und Kenia. Sie werden getrennt geerntet, in mehreren Gängen, und auf der Finca mit kleinen Maschinen aufbereitet. Mendoza will den gesamten Prozess unter Kontrolle haben. Gäbe er seine Ernte an ein großes *beneficio,* könne er nie sicher sein, ob er tatsächlich die Bohnen der Kirschen bekomme, die er abgeliefert habe. Und er könne nicht garantieren, dass bei der Verarbeitung nicht geschlampt werde. Wenn die vor zwei Jahren gesetzten Pflanzen die erste richtige Ernte bringen, »erwarten wir einen Ertrag von rund 1200 Kilogramm pro Hektar«, sagt er.

Mit einem solchen Kaffee lassen sich bei direkter Vermarktung das Drei- bis Vierfache des Weltmarktpreises erzielen. »Aber langfristig will ich die ganze Wertschöpfungskette«, sagt er. Er will nicht nur Rohkaffee produzieren, sondern ihn von seinem Bruder rösten, verpacken und verkaufen lassen. Dafür gibt es inzwischen auch in El Salvador eine Marktnische. Kaffeeläden in der Hauptstadt oder in Orten, die vom Tourismus leben, bezahlen für eine Pfundpackung eines solchen Spitzenkaffees zwölf bis fünfzehn Dollar. »Der wirkliche Gewinn aber liegt in der Tasse«, rechnet Mendoza vor. Ein Pfund Kaffee ergibt 57 Tassen. Zwei Dollar pro Tasse sind auch in El Salvador inzwischen üblich, wenn es sich um wirklich guten Stoff handelt. Das macht dann 114 Dollar pro Pfund. Mendozas Bruder ist einer der bekanntesten Baristas des Landes. Er hat schon den nationalen Wettbewerb gewonnen und betreibt in Ataco, einer vom Tourismus geprägten Gemeinde in der Nähe von Juayúa, ein kleines Café. Dort soll zumindest ein Teil der zukünftigen Ernte über den Tresen gehen.

Und der Kaffeerost? Kann nicht der nächste große Ausbruch Mendozas Geschäftsmodell zunichte machen? »Mit dem Kaffeerost ist es wie mit Covid: Wir müssen lernen, damit zu leben«, sagt er gelassen. »Wir werden den Pilz nie loswerden. Aber wenn wir die Plantage gut pflegen und ihn rechtzeitig entdecken, können wir ihn unter Kontrolle halten.«

Schluss

Welchen Kaffee wir trinken sollten

Kaffee war, nachdem er seine ursprüngliche Region in Afrika verlassen hatte, eine Kolonialware. Für ihn wurden Menschen versklavt und massakriert, für ihn wurden Verbrechen an der Umwelt begangen. Das Getränk steht noch immer in dieser Tradition. »Kaffee«, sagt man in Zentralamerika, »wird auf Armut angebaut«, und noch immer werden Umwelt und Klima von der Art des Anbaus und der Verarbeitung in Mitleidenschaft gezogen. In jeder Kaffeepreiskrise wird die Armut für diejenigen, die auf den Plantagen arbeiten, zum Elend. Die Krisengewinner leben nicht in den Anbauregionen in Lateinamerika, Afrika und Asien. Es sind die großen Händler und Röster in Europa und Nordamerika, und dort wird auch der größte Teil dieses Produkts konsumiert. Kaffee ist heute eine klassische neokoloniale Ware: Die armen Länder produzieren unter untragbaren sozialen und ökologischen Bedingungen einen landwirtschaftlichen Rohstoff, der in reichen Ländern veredelt und genossen wird. In letzteren bleibt auch der Profit. Kann man unter diesen Umständen guten Gewissens Kaffee trinken?

Man kann. Man sollte sich beim Kaffeekauf nur ein paar Tatsachen vergegenwärtigen.

1.

Wer Kaffee trinken will, ohne sozialen Schaden anzurichten, sollte keinen löslichen Kaffee und auch keine Mischungen aus dem Supermarkt oder von den großen Röstereiketten verwenden. Industrielle Röstereien kaufen den Rohkaffee für Instantpulver und Mischungen immer dort ein, wo er gerade am billigsten ist. Mit ihrer Macht – zwei Konzerne mit vielen Marken beherrschen die Hälfte des Weltmarkts – sind sie in der Lage, die Preise nach unten zu drücken. Sie sind es auch, die am meisten von Überproduktionskrisen profitieren. Wenn der Weltmarktpreis um die Hälfte fällt, bezahlen sie nur noch die Hälfte für den Rohstoff. Die Kaffeebauern hungern, aber im europäischen Supermarkt wird der Kaffee – wenn überhaupt – nur um ein paar Cent billiger. Die großen Händler und Röster sind die Hauptverantwortlichen dafür, dass es in Kaffee produzierenden Ländern so viel Armut und Elend gibt.

2.

Man sollte sich darüber im Klaren sein, was Siegel wie Fair Trade oder Max Havelaar für die Kaffeebauern bedeuten. Sie garantieren einen Mindestpreis, der ihnen ein Leben ermöglicht, das man in europäischen Industrienationen Sozialhilfeempfängern nicht zumuten würde. Aber sie können damit überleben. Der salvadorianische Kaffeebauer José Rigoberto Rojas hat das so ausgedrückt: »Der Unterschied zwischen Fair Trade und der Vermarktung nach Weltmarktregeln ist der zwischen Armut und Elend.«

3.

Es gibt heute unzählige kleine und mittlere Röstereien, die den Rohkaffee, allein oder im Verbund mit anderen, direkt bei den Produzenten einkaufen und ihn über das Internet und über den Fachhandel vertreiben. Kaffeebauern bekommen bei dieser Art des Handels Preise, die ein würdiges Leben möglich machen. Solche Röstereien findet man mit einer einfachen Internetrecherche. Auf ihren Seiten stehen in der Regel jede Menge Informationen über die angebotenen Kaffees, von der jeweiligen Arabicasorte über die Art des Anbaus bis hin zur Aufbereitung. Fachhändler, die verschiedene Sorten Kaffee von solchen Röstereien im Angebot haben, gibt es inzwischen in jeder mittelgroßen Stadt.

4.

Wer nicht nur sozial-, sondern auch möglichst umweltverträglichen Kaffee trinken will, muss sich ein bisschen mit den Informationen über Plantagen und Aufbereitung auf den Internetseiten der Röstereien beschäftigen. Unter diesen Gesichtspunkten ist direkt gehandelter Kaffee, der auf biodiversen Plantagen unter Schatten gereift ist und dann trocken aufbereitet wurde, die beste Wahl. Bei dieser Produktionsart werden nur wenige Treibhausgase freigesetzt und die Plantagen speichern sehr viel mehr davon als andere Anbausysteme. Zudem entsteht bei dieser Aufbereitungsart kein giftiges Abwasser. Aber trocken verarbeiteter Kaffee schmeckt nicht jedem. Halbnasse oder Honey-Verfahren schaden der Umwelt zwar mehr als das trockene Verfahren, aber deutlich weniger als gewaschene Kaffees. Ähnliches gilt für die Plantagenart: Die mit nur einer Schattenbaumart speichern immer noch wesentlich mehr Treibhausgase als die Produktion in praller Sonne. Schließlich sollte der Rohkaffee mit dem Schiff nach Europa gebracht werden. Kommt er mit dem Flugzeug, wird dadurch eine noch so günstige CO_2-Bilanz bei Anbau und Produktion ins Gegenteil verkehrt.

5.
Auch als Konsument kann man zur Verbesserung der CO_2-Bilanz beitragen: Indem man keinen Kaffeevollautomaten benutzt und zum Brühen nur so viel Wasser erhitzt, wie man tatsächlich braucht.

Solcher Kaffee ist teurer als das Sonderangebot im Supermarkt. Die Kaffeebauern, die Umwelt und das Klima sollten das wert sein. Man bekommt im Gegenzug mehr Qualität. Ob der Kaffee dann lieber dunkel oder hell geröstet sein soll, ob er aus einer Stempelkanne, mit einem Filterverfahren oder aus dem Espressomaschinchen am besten schmeckt, muss jeder selbst ausprobieren. Das ist einfach Geschmacksache.

Literatur

Acevedo, Carlos Siglo XX – Visión económica de El Salvador, San Salvador 2019

Acharya, U., und R. Lal Carbon Accounting for Coffee-Based Farming Systems, Columbus 2021

Acosta, Antonio Los orígenes de la burguesía de El Salvador. El control sobre el café y el estado 1848–1890, 2. Auflage, San Salvador 2014

Addad, J., und M. A. Martins-Neto Deforestation and Coastal Erosion. A Case from East Brazil, in: Journal of Coastal Research 16 (2), Charlotte 2000, S. 423–431

Afandi et al. Soil Erosion under Coffee Trees with Different Weed Managements in Humid Tropical Hilly Area of Lampung, South Sumatra, Indonesia, in: J. Jpn. Soc. Soil Phys. (91, 2002), S. 3–14, www.researchgate.net/publication/292028588_Soil_erosion_under_coffee_trees_with_different_weed_managements_in_humid_tropical_hilly_area_of_Lampung_South_Sumatra_Indonesia (zuletzt abgerufen am 12. Mai 2023)

Agegnehu, Eshetu, Ashok Thakur und Tewodros Mulualem Potential Impact of Climate Change on Dynamics of Coffee Berry Borer (Hypothenemus hampi Ferrari) in Ethiopia, in: OALib 02 (01), 2015, S. 1–11, DOI: 10.4236/oalib.1101127

Alianza por el café de excelencia. Resultados de la subasta de Taza Excelencia Costa Rica, 2022, allianceforcoffeeexcellence.org/costa-rica-2022/#1626373223108-e0a94038-d157 (zuletzt abgerufen am 27. April 2023)

Alisson, E. Destruction of an Atlantic rain forest fragment raises the local temperature, hg. von Phys.org., 2020, phys.org/news/2020-03-destruction-atlantic-forest-fragment-local.html (zuletzt abgerufen am 27. April 2023)

Allen, Stewart Lee The Devil's Cup. Coffee, the Driving Force in History, Edinburgh 2000

Alvarado, Jimmy Canciller y su familia exigen al Estado $ 254.9 millones por tierras expropiadas en 1980, in: El Faro, San Salvador, 23. Mai 2021

Apuzzo, Matt, et al. The Ransom. How a French Bank Captured Haiti, in: New York Times, 20. Mai 2022

Arcila, Jaime Sistemas de producción del café en Colombia. Crecimiento y desarrollo de la planta del café, Chinchiná 2007

Asociación Nacional del Café Guía de variedades de café en Guatemala, 2. Auflage, Guatemala-Stadt 2019

Avelino, Jacques, et al. The coffee rust crisis in Colombia and Central America (2008–2013). Impacts, plausible causes and proposed solutions, Heidelberg 2015

Avelino, Jacques, und Galileo Rivas La roya anaranjada del cafeto, 2013, hal.archives-ouvertes.fr/hal-01071036, (zuletzt abgerufen am 27. April 2023)

Babbar, Liana I. und Donald R. Zak Nitrogen Loss from Coffee Agroecosystems in Costa Rica. Leaching and Denitrification in the Presence and Absence of Shade Trees, in: Journal of Environmental Quality 24 (2), 1995, S. 227–233, DOI: 10.2134/jeq1995.00472425002400020003x

Baca, María, et al. An integrated framework for assessing vulnerability to climate change and developing adaptation strategies for coffee growing families in Mesoamerica, in: PloS one 9 (2), 2014 DOI: 10.1371/journal.pone.0088463

Barrera-Gaytán, Juan Francisco et al. Plagas y enfermedades del café. Identificación, bioecología y manejo agroecológico, 2. Auflage, Chapingo 2018

Beer, J., et al. Shade management in coffee and cacao plantations, in: Agroforest Syst 38 (1/3), 1997, S. 139–164, DOI: 10.1023/A:1005956528316

Berth, Christiane Biografien und Netzwerke im Kaffeehandel zwischen Deutschland und Zentralamerika 1920–1959, Hamburg 2014

Beyene, Abebe, et al. The impact of traditional coffee processing on river water quality in Ethiopia and the urgency of adopting sound environmental practices, in: Environmental monitoring and assessment 184 (11), 2012, S. 7053–7063, DOI: 10.1007/s10661-011-2479-7

Bisekwa, Emile, Paul M. Njogu und Taye Kufa-Obso Wet Coffee Processing Discharges Affecting Quality of River Water at Kayanza Ecological Zone, Burundi, in: OJAppS 11 (06), 2021, S. 707–721, DOI: 10.4236/ojapps.2021.116052

Blanco Sepúlveda, R. und A. Aguilar Carrillo Soil erosion and erosion thresholds in an agroforestry system of coffee (Coffea arabica) and mixed shade trees (Inga spp and Musa spp) in Northern Nicaragua, in: Agriculture, Ecosystems & Environment 210, 2015, S. 25–35, DOI: 10.1016/j.agee.2015.04.032

Browning, David El Salvador. La Tierra y el Hombre, 3. Auflage, San Salvador 1987

Bunn, Christian, et al. A bitter cup. Climate change profile of global production of Arabica and Robusta coffee, in: Climatic Change 129 (1 f.), 2015, S. 89–101, DOI: 10.1007/s10584-014-1306-x

Cabrera José Luis Las controversiales fichas de fincas salvadoreñas, antecedente, origen y final, San Salvador 2018

Calmon, M., M. Oliveira und R. Bidermann The Other Brazilian Rainforest. Why Restoring the Atlantic Forest Can Help Tackle Climate Change, World Resources Institute, 2019, www.wri.org/insights/other-brazilian-rainforest-why-restoring-atlantic-forest-can-help-tackle-climate-change (zuletzt abgerufen am 27. April 2023)

Capa, Daniel, Javier Pérez-Esteban und Alberto Masaguer Unsustainability of recommended fertilization rates for coffee monoculture due to high N_2O emissions, in: Agron. Sustain. Dev. 35 (4), 2015, S. 1551–1559, DOI: 10.1007/s13593-015-0316-z

Casaús Arzú, Marta Elena Guatemala – Linaje y racismo, 5. Auflage, Guatemala-Stadt 2018

Castellanos, Edwin J., et al. Climate Change, Agriculture, and Adaptation Options for Guatemala, IFPRI Discussion Paper 01789, International Food Policy Research Institute, Washington D.C. 2018

Chapagain, A. K., und A. Y. Hoekstra The water footprint of coffee and tea consumption in the Netherlands, in: Ecological Economics 64 (1), 2007, S. 109–118, DOI: 10.1016/j.ecolecon.2007.02.022

Ciscione, Marco La CLAC y la defensa del pequeño productor, Santo Domingo 2012

Comisión Económica para América Latina y el Caribe und Consejo Agropecuario Centroamericano del Sistema de la Integración Centroamericano (CAC/SICA) Impactos potenciales del cambio climático sobre el café en Centroamérica, México-Stadt 2014

Comité Departamental de Cafeteros en Caldas Manual de calidad del café, o. O. und J.

Córdoba, Claudia, et al. Demografía, inclusión social y pobreza de los hogares cafeteros (1993–2020), in: Ensayos sobre Ecomomía Cafetera 34 (1), Bogotá 2021, S. 7–34

Crutzen, P. J., et al. N_2O release from agro-biofuel production negates global warming reduction by replacing fossil fuels, in: Atmos. Chem. Phys. 8 (2), 2008, S. 389–395, DOI: 10.5194/acp-8-389-2008

Dalton, Roque Miguel Mármol, Los sucesos de 1932 en El Salvador, 3. Auflage, San Salvador 2000

Davis, Aaron P., et al. The impact of climate change on indigenous Arabica coffee (Coffea arabica). Predicting future trends and identifying priorities, in: PloS one 7 (11), 2012, DOI: 10.1371/journal.pone.0047981

de Lima, Renato A. F., et.al. The erosion of biodiversity and biomass in the Atlantic Forest biodiversity hotspot, in: Nature communications 11 (1), 2020, S. 6347, DOI: 10.1038/s41467-020-20217-w

de Souza, Helton Nonato, et al. Protective shade, tree diversity and soil properties in coffee agroforestry systems in the Atlantic Rainforest biome, in: Agriculture, Ecosystems & Environment 146 (1), 2012, S. 179–196, DOI: 10.1016/j.agee.2011.11.007

de Souza, Helton Nonato, Jan de Graaff und Miriam M. Pulleman Strategies and economics of farming systems with coffee in the Atlantic Rainforest Biome, in: Agroforest Syst 84 (2), 2012, S. 227–242, DOI: 10.1007/s10457-011-9452-x

Dean, Warren With broadax and firebrand. The destruction of the Brazilian Atlantic forest, Berkeley, Los Angeles, London 1997

Delgado Assad, Eduardo, et al. Impacto das mudanças climáticas no zoneamento agroclimático do café no Brasil, in: Pesq. agropec. bras. 39 (11), 2004, S. 1057–1064, DOI: 10.1590/S0100-204X2004001100001

Departamento de Agricultura de Costa Rica Café, clima y suelos, 2006, www.engormix.com/agricultura/articulos/cafe-clima-suelos-t26410.htm (zuletzt abgerufen am 27. April 2023)

Departamento de Agricultura de Estados Unidos Semilleros y viveros de café. Maximizando Oportunidades en Café (MOCCA), o. J., worldcoffeeresearch.org/guias (zuletzt abgerufen am 27. April 2023)

Deutscher Kaffeeverband Deutscher Kaffeemarkt 2020: 20 Tassen pro Kopf mehr konsumiert, Hamburg 2021, www.kaffeeverband.de/media/presse_pdf/PM_Kaffeemarkt2020.pdf (zuletzt abgerufen am 27. April 2023)

Deutscher Wetterdienst RCP-Szenarien. Die neuen RCP-Szenarien für den 5. IPCC Sachstandsbericht, Offenbach, www.dwd.de/DE/klimaumwelt/klimawandel/klimaszenarien/rcp-szenarien.html?nn=344918 (zuletzt abgerufen am 27. April 2023)

Diario Oficial de El Salvador 16 Bd. 12, San Salvador, 19. Januar 1882

Dass 32 Bd. 6, San Salvador, 1. März 1879

Enden, J. C. von, und K. C. Calvert Review of Coffee Waste Water. Characteristics and Approaches to Treatment, o. O. 2010

Forum Café El tueste del café, o. O. und J.

Galeano, Eduardo Die offenen Adern Lateinamerikas. Die Geschichte eines Kontinents, 13. Auflage, Wuppertal 1988

García Rodríguez, José Patricio et al. Manual Básico del Catador, Quito 2020

Gebrekidan, Selam, et al. The Ransom. Invade Haiti, Wall Street Urged. The U.S. Obliged, New York Times, 20. Mai 2022

Genanaw, Wubalem, et al. Effect of Wastewater Discharge From Coffee Processing Plant on River Water Quality, Sidama Region, South Ethiopia, in: Environmental health insights 15, 2021 DOI: 10.1177/11786302211061047

Global Methane Initiative Agricultural Methane. Reducing Emissions, Advancing Recovery and Use Opportunities, 2011, www.globalmethane.org/documents/ag_fs_eng.pdf (zuletzt abgerufen am 12. Mail 2023)

Gobierno de la República de Honduras Plan Nacional de Adaptación al Cambio Climático, Versión Resumen, Tegucigalpa 2018

Gould, Jeffrey L., und Aldo Lauria-Santiago 1932 – Rebellión en la oscuridad. Revolución, represión y memoria en El Salvador, San Salvador 2008

Grüter, Roman, et al. Expected global suitability of coffee, cashew and avocado due to climate change, in: PLOS ONE 17(1), 2022, doi.org/10.1371/journal.pone.0261976 (zuletzt abgerufen am 27. April 2023)

Guedes, Pinto, Luis Fernando und Mauricio Voivodic Reverse the tipping point of the Atlantic Forest for mitigation, in: Nat. Clim. Chang. 11 (5), 2021, S. 364–365, DOI: 10.1038/s41558-021-01035-4

Hagedorn, André Untersuchungen zur Bodenerosion in der Kaffeeregion Soconusco/Südmexiko, in: Mitteilungen der Fränkischen Geographischen Gesellschaft (42), Erlangen-Nürnberg 1995, S. 165–181

Hartemink, Alfred E. Soil fertility decline in the tropics. With case studies on plantations, Cambridge 2003

Hassard, H. A., et al. Product carbon footprint and energy analysis of alternative coffee products in Japan, in: Journal of Cleaner Production 73, 2014, S. 310–321, DOI: 10.1016/j.jclepro.2014.02.006

Hergoualc'h, Kristell, et al. Changes in carbon stock and greenhouse gas balance in a coffee (Coffea arabica) monoculture versus an agroforestry system with Inga densiflora, in Costa Rica, in: Agriculture, Ecosystems & Environment 148, 2012, S. 102–110, DOI: 10.1016/j.agee.2011.11.018

Hincapié Gómez, Edgar, und Fernando Andrés Ramírez Ortiz Riesgo a la erosión en suelos de ladera de la zona cafetera, in: Avances Técnicos Cenicafé (400), Chinchiná 2010

Hoffmann, James Der Kaffeeatlas. Die ganze Welt des Spitzenkaffees, 5. Auflage, München 2021

Ijanu, E. M., M. A. Kamaruddin und F. A. Norashiddin Coffee processing wastewater treatment. A critical review on current treatment technologies with a proposed alternative, in: Appl Water Sci 10 (1), 2020, DOI: 10.1007/s13201-019-1091-9

Instituto del Café de Costa Rica Manual Básico para la preparación del café. Unidad de control de calidad, San José o. J.

IPCC Summary for Policymakers, in: Climate Change 2013: The Physical Science Basis, Cambridge, New York 2013

Jacob, Heinrich Eduard Kaffee. Die Biografie eines weltwirtschaftlichen Stoffes, München 2006

Jaramillo, Juliana, et al. Some like it hot. The influence and implications of climate change on coffee berry borer (Hypothenemus hampei) and coffee production in East Africa, in: PloS one 6 (9), 2011, DOI: 10.1371/journal.pone.0024528

Jaramillo, Juliana, et al. Thermal tolerance of the coffee berry borer Hypothenemus hampei. Predictions of climate change impact on a tropical insect pest, in: PloS one 4 (8), 2009, DOI: 10.1371/journal.pone.0006487

Johnson, Melissa A., et al. Coffee Berry Borer (Hypothenemus hampei), a Global Pest of Coffee. Perspectives from Historical and Recent Invasions, and Future Priorities, in: Insects 11 (12), 2020, DOI: 10.3390/insects11120882

Jones, Bryan Modeling Climate Change-Induced Migration in Central America and Mexico. Methodological Report, New York 2020

Juárez Padilla, Francisco Fabian El café guatemalteco. Un enfoque en el mercado mundial y su productividad, Guatemala-Stadt 2018

Kaffee-Kampagne El Salvador (Hg.) El Salvador. Die Kaffeekolonie von innen, Stuttgart 1992

Karmalkar, Ambarish V., et al. Climate change in Central America and Mexico. Regional climate model validation and climate change projections, in: Climate Dynamics, Heidelberg 2011

Keppeler, Toni Revolution am Verhandlungstisch. El Salvador als Konfliktlösungsmodell für Lateinamerika?, Frankfurt a. M. 1992

Keppeler, Toni Schwarzer Widerstand. Sklaverei und Rassismus in Lateinamerika und der Karibik, Zürich 2021

Killian, B., et al. Carbon Footprint across the Coffee Supply Chain. The Case of Costa Rican Coffee, in: Journal of Agricultural Science and Technology, Bd. 3, Teheran 2013, S. 151–170

Koutouleas, Athina, et al. Shaded-Coffee. A Nature-Based Strategy for Coffee Production Under Climate Change? A Review, in: Front. Sustain. Food Syst. 6, 2022, DOI: 10.3389/fsufs.2022.877476

Krieger, Martin Kaffee. Geschichte eines Genussmittels, Köln, Weimar, Wien 2011

Kühl Arauz, Eddy Nicaragua y su café, Managua 2004

Laderach, Peter, et al. Predicted Impact of Climate Change on Coffee Supply Chains, in: Walter Leal Filho (Hg.), The Economic, Social and Political Elements of Climate Change, Berlin, Heidelberg 2011, S. 703–723

Lauria-Santiago, Aldo Una república agraria. Los campesinos en la economía y la política de El Salvador en el siglo XIX, San Salvador 2003

Lawrence, Deborah, et al. The Unseen Effects of Deforestation. Biophysical Effects on Climate, in: Front. For. Glob. Change 5, 2022. DOI: 10.3389/ffgc.2022.756115

Leal Filho, Walter (Hg.) The Economic, Social and Political Elements of Climate Change, Berlin, Heidelberg 2011

Lemon, Adam Historia del comercio del café, Claymont 2017, es.dailyforex.com/forex-articles/2017/12/precio-del-caf%C3%A9-invierta-en-caf%C3%A9/87665 (zuletzt abgerufen am 27. April 2023)

Lindo Fuentes, Hector La economía de El Salvador en el siglo XIX, San Salvador 2002

Lingle, Ted El manual de preparación del café, 4. Auflage, Irvine 2011

Lopez Guevara, Juan Manuel Erosión hídrica en suelos de laderas cultivadas con café sin sombra, en Copán Honduras, in: Ciencia y Tecnología, 2018, S. 135–151, DOI: 10.5377/rct.voi20.5953

Martínez Peñate, Oscar (Hg.) El Salvador. Historia General, San Salvador 2002

Masson-Delmotte, Valérie, et al. Climate change and land. An IPCC special report on climate change, desertification, land degradation, sustainable land management, food security, and greenhouse gas fluxes in terrestrial ecosystems. Summary for policymakers, Genf 2019

Mburu, J. K., J. T. Thuo und R. C. Marder The characterization of wastewater from coffee processing factories in Kenya, in: Kenya Coffee. The Coffee Board of Kenya Monthly Bulletin, 1994

McCook, Stuart G. Coffee is not forever. A global history of the Coffee Leaf Rust, Athen 2019

Mendes Júnior, Henrique, et al. Water Erosion in Oxisols under Coffee Cultivation, in: Rev. Bras. Ciênc. Solo 42 (0), 2018, DOI: 10.1590/18069657rbcs20170093

Méndes, José, et al. Caracterización ambiental del sector cafetero en Colombia, in: Ensayos sobre Ecomomía Cafetera 34 (1), Bogotá, 2021, S. 51–73

Ministerio Agropecuario y Forestal de Nicaragua Plan de Adaptación a la Variabilidad y el Cambio Climático en el Sector Agropecuario, Forestal y Pesca en Nicaragua, Managua 2013

Ministerio de Agricultura de El Salvador Guía Práctica de Caficultura, San Salvador 2020

Ministerio de Ambiente de Panamá Estrategia Nacional de Cambio Climático, 2050, Panamá-Stadt 2019

Ministerio de Educación Historia de El Salvador, 2. Auflage, San Salvador 2009

Ministerio de Medio Ambiente y Recursos Naturales de El Salvador Plan Nacional de Adaptación al Cambio Climático, San Salvador 2019

Monroig, Miguel Café. Clima y suelos, San José 2006, www.engormix.com/agricultura/articulos/cafe-clima-suelos-t26410.htm (zuletzt abgerufen am 27. April 2023)

Morellato, L. Patrícia C., und Celio F. B. Haddad Introduction. The Brazilian Atlantic Forest1, in: Biotrop 32 (4), 2000, S. 786, DOI: 10.1646/0006-3606(2000)032[0786:ITBAF]2.0.CO;2

Multatuli (eig. Eduard Douwes Dekker) Max Havelaar, Altenmünster o. J.

Muñoz-Villers, Lyssette Elena, et al. Coffee and shade trees show complementary use of soil water in a traditional agroforestry ecosystem, in: Hydrol. Earth Syst. Sci. 24 (4), 2020, S. 1649–1668, DOI: 10.5194/hess-24-1649-2020

Muschler, R. G. Shade improves coffee quality in a sub-optimal coffee-zone of Costa Rica, in: Agroforest Syst 51 (2), 2001, S. 131–139, DOI: 10.1023/A:1010603320653

Nab, Carmen, und Mark Maslin Life cycle assessment synthesis of the carbon footprint of Arabica coffee. Case study of Brazil and Vietnam conventional and sustainable coffee production and export to the United Kingdom, in: Geo: Geography and Environment 7 (2), 2020, DOI: 10.1002/geo2.96

Organización Internacional del Café Botánica del café, London o. J., www.ico.org/es/botanical_c.asp (zuletzt abgerufen am 27. April 2023)

Dies. Procesamiento del café, London o. J., www.ico.org/ES/field_processingc.asp (zuletzt abgerufen am 27. April 2023)

Paes de Camargo, Marcelo Bento The impact of climatic variability and climate change on arabic coffee crop in Brazil, in: Bragantia 69 (1), 2010, S. 239–247, DOI: 10.1590/S0006-87052010000100030

PCF Pilotprojekt Deutschland Case study Tchibo Privat Kaffee Rarität Machare by Tchibo GMBH, 2008, www.pcf-projekt.de/files/1232962944/pcf_tchibo_coffee.pdf (zuletzt abgerufen am 12. Mai 2023)

Pendergrast, Mark Uncommon Grounds. The History of Coffee and How it Transformed our World, 3. Auflage, New York 2019

Perfect Daily Grind Breve historia de los métodos manuales de preparación de café, 2020, perfectdailygrind.com/es/2020/02/12/breve-historia-de-los-metodos-manuales-de-preparacion-de-cafe/ (zuletzt abgerufen am 27. April 2023)

Dass. Especies de Plantas de Café. Arábica vs Robusta de Especialidad, 2016, perfectdailygrind.com/es/2016/09/11/especies-de-plantas-de-cafe-arabica-vs-robusta-de-especialidad/ (zuletzt abgerufen am 27. April 2023)

Pham, Yen, et al. The impact of climate change and variability on coffee production. A systematic review, in: Climatic Change 156 (4), 2019, S. 609–630, DOI: 10.1007/s10584-019-02538-y

Pleites, William La economía salvadoreña después de la independencia, San Salvador 2022

Pollan, Michael Kaffee, Mohn, Kaktus. Eine Kulturgeschichte psychoaktiver Pflanzen, München 2022

Porter, Catherine, et al. The Ransom. The Root of Haiti's Misery. Reparations to Enslavers, New York Times, 20. Mai 2022

Programa Cooperativo Regional para el Desarrollo Tecnológico y Modernización de la Caficultura en Centroamérica, Panamá, República Dominicana y Jamaica (IICA/PROMECAFE) Manejo Integrado de la deseñado con tres componentes, 2007, promecafe.net/?p=1258 (zuletzt abgerufen am 27. April 2023)

Puerta, Gloria Composición Química de una taza de café, Chinchiná 2011, www.researchgate.net/publication/324065737_COMPOSICION_QUIMICA_DE_UNA_TAZA_DE_CAFE (zuletzt abgerufen am 27. April 2023)

Rahmstorf, Stefan, und Hans-Joachim Schellnhuber Der Klimawandel. Diagnose, Prognose, Therapie, 6. Auflage, München 2007

Reinhard, Wolfgang Die Unterwerfung der Welt. Globalgeschichte der europäischen Expansion 1415–2015, 4. ergänzte Auflage, München 2018

Ribeiro, Milton Cezar, et al. The Brazilian Atlantic Forest. How much is left, and how is the remaining forest distributed? Implications for conservation, in: Biological Conservation 142 (6), 2009, S. 1141–1153, DOI: 10.1016/j.biocon.2009.02.021

Rochac, Alfonso (1957), Diccionario del Café, 4. Auflage, San Salvador 1957

Salgado, Melissa Factores clave para entender la violencia en El Salvador, in: El prisma de las seguridades en América Latina. Escenarios regionales y locales, Buenos Aires 2012, S. 81–94

Samper, Mario, und Steven Topik (Hg.) Crisis y transformaciónes del mundo del café. Dinámicas locales y estrategias nacionales en un periodo de adversidad e incertitumbre, Bogotá 2012

San Martin Ruiz, Macarena, Martin Reiser und Martin Kranert Composting and Methane Emissions of Coffee By-Products, in: Atmosphere 12 (9), 2021, S. 1153, DOI: 10.3390/atmos12091153

Dies. Nitrous Oxide Emission Fluxes in Coffee Plantations during Fertilization. A Case Study in Costa Rica, in: Atmosphere 12 (12), 2021, S. 1656, DOI: 10.3390/atmos12121656

Sanneh, Kelefa Sacred grounds, in: The New Yorker, 21. November 2011

Schnyder-von Waldkirch, Antoinette Wie Europa den Kaffee entdeckte. Reiseberichte der Barockzeit als Quellen zur Geschichte des Kaffees, Zürich 1988

Sedgewick, Augustine Coffeeland. A History, London 2021

Segesvary, Louis S. Deutsche Siedler, Kulturträger und deutsches Gedankengut in Guatemala, Dissertation im Fachbereich II, Romanistik Sprach- und Literaturwissenschaften der Universität Trier, Trier 2001

Siddiqui, Weqar A., und Muhammad Waseem A Comparative Study of Sugar Mill Treated and Untreated Effluent. A Case Study, in: Orientjchem. 28 (4), 2012, S. 1899–1904, DOI: 10.13005/OJC%2F280451

Silva, Patricia, et al. Cocreación de valor en la cadena del café especial. El movimiento de la tercera ola del café, in: Revista de administración de empresas, 2017, dx.doi.org/10.1590/S0034-759020180306 (zuletzt abgerufen am 27. April 2023)

Spiegel Wissenschaft (Hg.) Regenwaldzerstörung an Brasiliens Ostküste nimmt drastisch zu. Auswertung von Satellitenbildern, Hamburg 2022, www.spiegel.de/wissenschaft/natur/brasilien-regenwald-zerstoerung-an-der-ostkueste-nimmt-drastisch-zu-a-85eab7c4-5745-45f6-a115-5928dea9d02b (zuletzt abgerufen am 27. April 2023)

Staal, Arie, et al. Feedback between drought and deforestation in the Amazon, in: Environ. Res. Lett. 15 (4), 2020, S. 44024, DOI: 10.1088/1748-9326/ab738e

Sullivan, Martin J. P., et al. Long-term thermal sensitivity of Earth's tropical forests, in: Science 368 (6493), New York 2020, S. 869–874, DOI: 10.1126/science.aaw7578

Tian, Hanqin, et al. A comprehensive quantification of global nitrous oxide sources and sinks, in: Nature 586 (7828), 2020, S. 248–256, DOI: 10.1038/s41586-020-2780-0

Torquebiau, Emmanuel (Hg.) Climate Change and Agriculture Worldwide, Dordrecht 2016

Turcios, Roberto Siglo XX. Tendencias y conyunturas de cambio, San Salvador 2019

Urwin, Roland, Hema Kesa und Erica Sao Joao The rise of specialty coffee. An investigation into the consumers of specialty coffee in Gauteng, in: African Journal of Hospitality, Tourism and Leisure, Bd. 8, Johannesburg 2019

USAID Normas y estándares de catación para la región de Centroamérica, o. O. 2005

Vaast, Philippe, et al. Coffee and Cocoa Production in Agroforestry. A Climate-Smart Agriculture Model, in: Emmanuel Torquebiau (Hg.), Climate Change and Agriculture Worldwide, Dordrecht 2016, S. 209–224

Valerio, Iker Las diferencias entre el café de primera, segunda y tercera ola. Caracas, 2021, https://www.eraofwe.com/coffee-lab/es/articles/olas-del-cafe (zuletzt abgerufen am 12. Mail 2023)

van Rikxoort, Henk, et al. Carbon footprints and carbon stocks reveal climate-friendly coffee production, in: Agron. Sustain. Dev. 34 (4), 2014, S. 887–897, DOI: 10.1007/s13593-014-0223-8

Verchot, Louis V., et al. Nitrogen availability and soil N_2O emissions following conversion of forests to coffee in southern Sumatra, in: Global Biogeochem. Cycles 20 (4), 2006, DOI: 10.1029/2005GB002469

Wagner, Fabien H., et al. Mapping Atlantic rainforest degradation and regeneration history with indicator species using convolutional network, in: PloS one 15 (2), 2020, DOI: 10.1371/journal.pone.0229448

Wanderley, Raianny L. N., et al. Relationship between land surface temperature and fraction of anthropized area in the Atlantic forest region, Brazil, in: PloS one 14 (12), 2019, DOI: 10.1371/journal.pone.0225443

Wang, Xiuju, und Loong-Tak Lim Effect of roasting conditions on carbon dioxide degassing behavior in coffee, in: Food Research International 61, 2014, S. 144–151, DOI: 10.1016/j.foodres.2014.01.027

Wild, Antony Coffee. A Dark History, New York 2005

Wilson, Oliver Brazil's Atlantic Forest will change more in the next 50 years than at any time since the last ice age, 2021, theconversation.com/brazils-atlantic-forest-will-change-more-in-the-next-50-years-than-at-any-time-since-the-last-ice-age-164434 (zuletzt abgerufen am 27. April 2023)

World Coffee Research Guía de buenas prácticas de producción de semillas de café, 2. Auflage, Portland 2021

World Coffee Research Las variedades de café arábica, Portland 2019

Yemane Tekle, Dejen Effect of Coffee Processing Plant Effluent on the Physicochemical Properties of Receiving Water Bodies, Jimma Zone Ethiopia, in: AJEP 4 (2), 2015, S. 83, DOI: 10.11648/j.ajep.20150402.12

Zullo, Jurandir, et al. Potential for growing Arabica coffee in the extreme south of Brazil in a warmer world, in: Climatic Change 109 (3 f.), 2011, S. 535–548, DOI: 10.1007/s10584-011-0058-0

Zullo, Jurandir, Silveira Pinto Hilton Silveira und Eduardo Delgado Assad Impact assessment study of climate change on agricultural zoning, in: Meteorol, App. 13 (S1), 2006, S. 69, DOI: 10.1017/S135048270600257X

Firmen-, Namens- und Ortsregister